講談社選書メチエ

KODANSHA SENSHO MÉTIER

462

完全解読

カント『純粋理性批判』

竹田青嗣

●目次

Ⅱ 先験的方法論……321

はじめに

竹田青嗣

本書は、『完全解読　ヘーゲル『精神現象学』』に続く完全解読シリーズの二冊目に当たる。このシリーズのねらいは以下のとおり。

翻訳された哲学書を一般の読者が自分で読み進めてその内容を理解することは、ふつうまず不可能である。翻訳の問題をおいても、哲学はそのような一般読者を想定して書かれていない。一般の読者が哲学の内容を理解するには、一定期間の努力と訓練が必要になる。

つまり、哲学の読解は、音楽の楽譜を読むのに似ていて、必ず一定の訓練を必要とする。平均的には、三年から五年の持続的な訓練の時間が必要である。

そうでなければ、しばしば、特定の「述語」を拾い読みしてそこに自分の独自の思い入れをもつといった、哲学にとってはあまり望ましくない哲学の読み方になる。これは非西洋圏の人間が西洋哲学を受け入れようとするときに典型的に生じる事情だ。

このシリーズのねらいは、ひとことで言って、第一に、普通の読者が西洋哲学の一般的理解に必要な〝余計な〟時間を削減すること、第二に、いま述べたような、なくもがなの恣意的な哲学理解の余地を取り払うことにある。

＊

この本を、西洋哲学における最も重要な哲学書の内容をよく理解するための便利なツールとして、単独で利用することもできる。ふつうならば一定の素地を積んでいても読了するのに数ヵ月はかかる哲学書を、早ければ数日で、そのまま読み通してその核心点をつかむことができるはずである。

しかしまた、この本を原文テクストや翻訳書と並読しつつ読み進めることで、おそらくはるかに深く一級の哲学のエッセンスを把握することができると思う。とくに若い世代には、そういう仕方でこのシリーズを利用してほしいと思う。

これまで哲学には近づかなかった一般の読者に、もっと身近な仕方で哲学の扉を開いてもらいたいということ。そして、哲学に対してやや壁を感じていた若い世代に、新しい時代を拓くための大きな武器としてこれを利用してもらいたいということ、この二つが著者の望みである。

＊

カントは、西洋近代哲学が切り拓いた重要なプロブレマティークの中心点に立つ哲学者である。このため、近代哲学の核心的な問題群を明確に理解する上で、カントから出発することはきわめて理にかなった道である。

カント哲学の最大の業績は二つある。一つは、「近代認識論」という問題を最も本質的な形で提示し、これに一つの決定的な答えを与えたこと。もう一つは、近代倫理学の始発点を確立したことである。

カントに即して言えば、前者は、『純粋理性批判』のアンチノミーの議論によって、伝統的な「形而上学」の不可能性を〝証明〟したこと、つまり、人間の〝世界認識の限界と可能性を確定する〟という本質的な課題を提示したこと。後者は、「道徳哲学」の創始である。

そして、なにより重要なのは、この二つの哲学的主題は、現代のわれわれにとって、いまだ決定的に重要な問題として生きているという点だ。このため、現在カントを読み直すことは、決して単に近代初期の哲学的古典の内容を知ることではなく、われわれが現代社会の問題をもう一度設定し直す上で、必須の作業だとわたしは思う。

＊

認識論の問題は、もともとはヨーロッパのキリスト教内部の信念対立の問題から生じてきた。それはやがて、キリスト教的世界観対近代的理神論、啓蒙主義の対立となり、さらには政治イデオロギーの対立、そして人文科学における異説の対立の問題へと形式を変えて進んできた。

つまりこの問題は、これまで決して十分に解かれてはおらず、われわれが適切に受け継ぐべき重要な問いとしていまも生きているのである。

＊

近代倫理学は、カントが、〝定言命法〟によって「道徳法則」を定義した地点を出発点としている。

人間にとってなにより肝要な問題は「何を知りうるか」を超えて「何をなすべきか」である。このカントの定式は、神という伝統的な倫理の根拠の喪失の直接の帰結であり、やがて「ヨーロッパのニヒリズム」の問題にまで進むことになる。

そしてそれはいま、近代における「自由」の普遍的解放と、それが生み出す過剰な欲望競争の中での、倫理的根拠の全般的な崩壊の問題へと姿を変えている。しかしここでも、カントがはじめに立てた哲学的な問題設定は、まだ有効な問いとして生き続けている。

＊

われわれの時代はどういう時代か。

「近代」は、人類がはじめて拓いた「自由」の普遍的解放という可能性の時代だった。しかしそれは巨大な「光と闇」の可能性の時代でもあった。近代の「市民社会」は、近代を先行したヨーロッパの圧倒的な生産力によって、一方で、万人の「自由」を解放したが、もう一方で国家間の競合をその極限まで推し進めた。

いま、近代社会の功罪は明瞭である。それははじめて人間に広範な自由を与えたが、同時に万人を、そして人間の生活の一切を、欲望競争の不合理な渦の中に巻き込んでいる。マルクス主義やポストモダン思想は、これに対抗しようとする大きな思想の潮流だったが、いまやその限界効用に達してしまった。

人間と社会についての根本的に新しい展望と構想が拓かれるべき時代が来ているのだ。そしてその課題を引き受けるのはつねに新しい世代である。さまざまな古い叡智とともに、近代についての基本構想として現われた西洋哲学の再理解が、いまなによりも重要なものとなっている。カントから始めよう、とわたしは言いたい。

＊

以下は、解読『純粋理性批判』についてのコメント。

『純粋理性批判』の完全解読の試みをはじめてから一五年ほどたっている。カルチャーの講義や読書会を重ねるつど草稿を増やしてゆき、最後にもう一度すべてを改訂しなおした。最終章を終えた時、さすがに、長いトンネルを独力で掘り抜いたような到達感があった。これが、誰でも歩いて通れる哲学の通路となればありがたい。

『精神現象学』のときにも言及したが、厳密には哲学テクストの正しい理解というものはありえず、この解読も、基本的に解読者のカント解釈である。しかし、カントの場合には、ヘーゲルと違ってかなり大きな共通理解が成立する余地があり、この点で、ヘーゲルや後期ハイデガーに比べてはるかにフェアな文章だと言える。とはいえ、カントの解読にも独自の困難がある。

＊

カントの論述の特質は、煩瑣《はんさ》をきわめた反復と冗長語法《じょうちょうごほう》で、彼が簡潔な文章家の精神をもっていたなら、『純粋理性批判』は四分の一程度の長さに縮減されたに違いない。そしてこの反復と引き延ばしの文章の中できわめて難解な言い回しが現われるので、読者は最も無用の場所で最も時間を費やさなくてはいけないことになる。わたしは一般の読者のために、できるだけそのような無用の労を省き、論旨の重要部分を残すように心がけた。

場所によってはカントの意を憶測しつくせない部分もあった。解読の文章が十分判明でないところは、わたしの理解が底まで行き届かないために、あいまいなままになった箇所である。だが幸いなことに、それらはたいてい些末な箇所にすぎず、議論の核心的な進み行きの場面では、カントの意はほとんど疑問の余地なくたどることができると思う。

文章読解の困難に比べて、カントの論理自体はきわめて誠実なものであり、読者はこの解読から、彼の哲学的建築術の厳密さと堅固さと設計の妙を十分読み取れるだろう。つまり『純粋理性批判』における哲学的論理の展開を、最後まで明瞭にたどることができるはずだ。

＊

いうまでもないが、この解読の試みは先達のカント研究に多くを負っている。ここではとくに、高峯一愚氏と岩崎武雄氏の名を挙げて感謝の念を示したい。

【凡例】

＊今回は、解読の詳しさについてとくに章ごとの指定はしていない。重要な箇所は詳しく、そうでないところはその度合いに応じて簡略になっている。

＊『純粋理性批判』解読では、「章頭解説」ではなく補記的に「章末解説」をつけた。もっと詳しい解説を読みたい人には、石川輝吉著『カント　信じるための哲学』（ＮＨＫブックス）を推める。

石川氏とは、長くともにカントのテクストを解読してきたので、この完全解読『純粋理性批判』と併読できる解説として、最も明快で一貫した理解が示されている。もちろん現代のカント論としてもきわめて水準が高い。

＊全体の「緒言」と、各章の「一般的注」については時代的対応も多く、完全解読を省略した。

＊目次および主要述語は、原則として岩波文庫版、篠田英雄の訳を使用した。

＊最も重要な述語の一つ transzendental は、近年「超越論的」という訳が主流になっており、そのほうが適切と思える面もあったが、「先験的」は、〝経験にかかわりなく〟〝経験に先んじて〟という意味をよく伝えているので、ここでもあえて篠田訳を踏襲した。

＊重要な箇所の原文翻訳は『　　　』（太字）で示した。訳は竹田、数字は原著B版ページを示す。

ただし短い語句の引用では篠田訳をそのまま使用し、その場合は「　　　」で示した。

解説上重要と思える箇所のみ原文を付した。原文引用は、Meiner Philosophische Bibliothek "Kritik der reinen Vernunft" を使用した。また索引の重要術語にも独語を付した。

＊解読文章の途中に挿入される（⇒　　　）は竹田の「補注」。（☆⇒　　　）は同じく竹田の「解説」。単なる（　　　）は解読の一部なので、区別してほしい。

☆『純粋理性批判』全体構成

Ⅰ　先験的原理論 → 第一部門　先験的感性論　空間・時間

第二部門　先験的論理学

第一部　先験的分析論　概念の分析論

カテゴリー　原則の分析論　判断力

第二部　先験的弁証論　純粋理性の誤謬推理（魂）

先験的宇宙理念　アンチノミー（世界）

純粋理性の理想（神）

Ⅱ　先験的方法論 → 第一章　純粋理性の訓練

第二章　純粋理性の規準

第三章　純粋理性の建築術

第四章　純粋理性の歴史

I

先験的原理論

第一部門　先験的感性論

§1　緒言

まず、ここで使われる基本の術語について述べておこう。

人間の認識が「対象」をとらえる基本の方法は「直観」による。対象が意識を「触発」して（⇒事物が感官を通して意識に現われてくる）ことで、はじめて人は対象の像を受け取るからだ。対象を感覚的に直観するこの能力を、ここでは「感性 Sinnlichkeit」と呼ぶことにする。

さて、対象は、ただ「感性」によって受けとられるだけではない。それはつぎに「悟性 Verstand」によって〝思考〟される。つまり悟性の働きによって概念的な把握が生じるのだ。とはいえ、人間の思考はあくまで「直観」からはじまるので、結局、「感性」が人間の思惟一般の最も基礎である。およそ、「対象」は、まず感性によって与えられるのだ。

対象によって意識に生じた像（表象）を「感覚」と呼ぼう。また、感覚による対象の経験を「経験的直観」と呼び、この経験のありようを「現象」と呼ぶことにする（⇒カントでは、経験的認識は、「物自体」＝事物自体が感性を通して意識に〝現われた〟像なので、「現象」と呼ばれる）。

つぎに、感覚を通してわれわれに現われる対象のありようを、「現象の質料」（素材）と「現象の形式」（形式）という二つの柱で考えてみよう。というのは、感覚として意識に現われる質感（素材）は雑多で多様だが、それは一定の形に整理されてはじめて明確な「対象」の像となるからだ。

ところで、この〝形式〟の能力は、じつは感覚自体がもっているものではない。感覚の素材＝「質料」の側面は、アポステリオリ（後天的・経験的）なもの、つまり経験によってはじめて与えられるものだが、これに形式を与える枠組み自体は、「アプリオリ」（先天的・生得的）、つまり人間の感性にはじめからそなわったものと考えるべきだからだ。

われわれは、雑多で多様な感覚を整理して「対象」へとまとめあげる人間の感性の形式性を、それ自体として考察できるはずだ。それを「純粋形式」（⇓生まれつきもっている）と呼ぶと、このような「純粋形式」それ自身のありようを、われわれは自分の中で把握することができる。つまり「直観」することができるのである。これは外部からの感覚的な像によらない一つの独自の直観だから、「純粋直観」と呼ぼう。

では、どのようなものが「純粋直観」と呼べるだろうか。たとえば、試みに、ある物の感覚的な直観から、実体とか、力とか、可分性といった観念を取り除いてみよう。さらに不可入性、堅さ、色などといった性質もみな取り払ってみる。それでも残っている経験的な直観があるだろうか。

それはつまり、「延長」と「形態」、つまり一定の大きさ（量）と形である。そして、これを追いつめて言うと「空間性」ということになるだろう。

これはどんな物の感覚にも経験的直観としてつきまとっている共通性、したがってその純粋な形式性、つまり「純粋直観」として残るものだと言える。別の言い方をすると、「空間性」は、感覚によって経験的に与えられるものではなく、むしろ人が物を感覚するための「形式的条件」なのである。

さて、このような仕方でわれわれの認識能力の純粋な形式性だけを取り出すような試み、つまり**『アプリオリな感性の諸原理についての学を、私は先験的感性論と名づける。』**(35) そうすると、感性のアプリオリな原理についての学は、人間の一切の対象認識の原理(⇒世界認識の原理)を探究する上で、最も基礎をなすものであることが分かる。

こうして、感性のアプリオリな形式性の原理は、「空間」と「時間」であることがすぐに示されるだろう。また、人間の認識原理の探究において、感性のアプリオリな形式性を考察する「先験的感性論」は、純粋な「思惟」(悟性的判断)のアプリオリな原理を扱う「先験的論理学」と対をなすものである。

(☆⇒)「アプリオリ」は、「もともと」、「無前提に」、「はじめから」というほどの意味で適宜置き換えて読むとよい。「先験的」「超越論的」transzendentalは、哲学的な意味の限定がある。第一に、経験に先んじて、経験を超えた、という意味。第二に、経験によって形成されたものではなく、人間の認識の仕組みに本来そなわっている、という意味。第三に、人間の認識の本質構造を、経験的な観点からではなくアプリオリな原理として探究するカント哲学の観点による、という意味。

したがって、「感性のアプリオリな原理」と「先験的感性論」は、結果的には同じ意味になるが、「感性のアプリオリな原理」と言うと、単に、「感性が、もともともっている働きについての原理」というほどのニュアンスだが、「先験的感性論」という言い方は、人間の認識を、経験的な領域と先験的な領域とに区分するカント哲学の観点からの、人間の感性についての原理論、といった含意になる。

第一節　空間について

§2　空間概念の形而上学的解明

まず、大きな区分を示そう。

①事物などの外的対象は、「外感」（⇓外的感官、視覚、聴覚、触覚などの五官）によって受けとられる。

②自分の内的状態（心の状態）は「内感」によって受けとられる。

このとき、「外感」の受けとりは必ず「空間」という基本形式をもち、「内感」の受けとりは、「時間」という基本形式をもつ。

では「時間」と「空間」とは何なのか。これは昔からある哲学上の難問である。それらは「現実存在」なのか、あるいは単に物と物との関係だろうか、あるいはまたそれは「物自体」なのか。

このことをいま考察し、解明してみよう。ただし、基本としての「形而上学的解明」と、その展開形としての「先験的解明」（超越論的解明）とをおいてみる。

（☆⇓）「物自体」はカントの独自の概念。人間は「対象」を自分の感性〈五官〉を通してのみ認識する。しかし、たとえば神のような存在を想定すると、人間の認識（五官）の能力は〝制限されたもの〟だから、「対象」のすべてを完全に認識しているとは言えない。「対象」の「完全な認識」は、「神」のように「制限されない認識」をもつ存在にしか可能ではない。それゆえ「対象それ自体」つまり「物自体」は、人間には認識不能だということになる。

まず「形而上学的解明」。これは、空間が人間にとって「アプリオリに与えられたもの」であることを解明するもの。(⇒空間が「アプリオリに与えられたもの」とは、空間の表象は、経験のつみ重ねで形成されたものではなく、もともと人間の観念にそなわったもの、という意味。)

(一)「空間」はわれわれの経験から抽象された観念だという説がある。しかしこの説は、原因と結果を取り違えている。たしかに、事物についての経験は、「事物」の並びや隔たりというものを教える。だから経験が「空間」という観念を作るような気がする。

しかしよく考えると、そもそも並びや隔たりという関係の表象(イメージ)がわれわれに形成されるには、まず前提として「空間」という表象それ自身が必要なのだ。だから、事物の経験が空間表象をもたらすのではなく、その逆なのである。

(二)**『空間の中に対象がまったく存在しないと考えるのは、かくべつむずかしいことではない、しかし空間そのものがまったく存在しないと考えることは、絶対に不可能である。』**(38)

このこともまた、「空間」は現象から経験的に作り上げられる観念ではなく、あらゆる事物の現象の土台となっている「アプリオリな表象」であることをよく示している。つまりそれは、もともと人間の観念にそなわる表象の根本形式であって、この根本形式が、空間や事物についてのわれわれの経験を可能にしているのだ。

（三）ふつう、たとえば多くの丸いものの経験から、「円」とか「球」という概念が抽象されると言われる（ライプニッツやロック）。しかし空間という概念については、われわれはそれを唯一のものとしてしか表象（イメージ）できない。「多くの空間」という言い方もたしかにあるが、それは結局、唯一の空間の多くの部分を意味しているにすぎない。だからふつうの概念のように、多様な「空間」についての経験があって、そこから「空間」という概念が共通性として取り出される、というわけではない。

われわれにとって空間は唯一のものであり、むしろそうであるがゆえにそこから多様な空間を抽出できるのだ。つまり、われわれのさまざまな空間の表象（イメージ）の根底には、必ず唯一の空間についてのアプリオリな直観が存在する、と言うのが正しい。

こうして、空間は「純粋直感」だといえる。のちに論ずるが、幾何学の直観がアプリオリなものであるのも、まさしくこのことに根拠をもっているのである。

（四）われわれにとって空間は、「無限」のものとして表象されている。なるほど、どんな概念も無数の表象をもつことができる。しかし、どんな概念であれ、それ自身が「無限の表象」を含んでいるようなものは存在しない。

たとえば、われわれは無数の「物」という表象をもてるが、「物」という概念自体は、「一切の事物を含んだ総体」を表現する概念ではなく、一つ一つの「物」を表象する。ところが「空間」の概念は、個別の空間をも指すが、同時に、つねに一切の個別の空間を含む「空間全体」を指してもいる。このことを考えても、空間は、個別の事象を寄せ集めた経験的に形成された概念ではないことが分かる。空間が「アプリオリな直観」だというのはそういうことだ。

§3　空間概念の先験的解明

あるアプリオリな原理から別のアプリオリな原理が綜合的に導かれるとき、これを先験的解明と呼ぼう。ここでは、われわれがすでにもっている幾何学的なアプリオリから空間の本質を解明してみる。

（☆⇓）「アプリオリな原理」は、ここでは、それ以上の根拠をたどれない根底の原理、ぐらいに理解するとよい。「綜合的に」は、数式のように「分析的に」ではなく、ある命題を基礎として、そこから他の命題や判断を綜合しつつ〝合理的な推論〟によって新しい命題が導かれるということ。

幾何学は「空間の諸性質を綜合的に、しかもアプリオリに、規定する学」である。だとすれば、幾何学は、空間の本質についてある重要なことをわれわれに教えるはずだ。

ふつうは、単なる概念から、それに関係するさまざまなことがらを厳密な仕方で取り出すことはできない。ところが幾何学では、われわれの内的な「空間表象」だけを土台としてそこに含まれる諸概念を無限に、しかも厳密な仕方で展開できる。点、直線、平面、円、多角形、垂線、等々の諸関係など。こういうことが可能なのは、まさしく空間が「アプリオリな直観」だからである。

誰も知るように、こうして取り出された幾何学的命題はすべて必然的な命題であって、経験によってはじめて確かめられるというものではない。たとえば、「空間は三次元をもつ」という命題は、経験的判断ではないし、単に推論によって得られたものでもない。これはアプリオリな空間表象に基づくアプリオリ（かつ綜合的な）命題である。（⇩経験とは関係なく、われわれの脳裏に存在するいわば「それ自体としての空間のイメージ」から抽出された、「それ自体としての諸概念」である。）

このことをどう考えればよいだろうか。一切の外的対象（事物）は、必ず空間的直観を伴っている。これはつまり、「空間」とは、経験から形成された直観ではなくて、むしろわれわれの外的経験を可能にする基本形式であるということだ。いま見たように幾何学はそのことをよく教えている。

（☆⇩）絵が描かれるにはふつう必ず白地のキャンバスが必要だが、空間とは、いわばさまざまな事物がその上に描かれる白地のキャンバスのようなもので、それがなければ、個々の対象の絵が存在しえないということ。

上記のことから生じる結論

（a）空間は「物自体」ではない。空間は、人間の感性が物を受けとる（認識する）その基本の形式性である。人間は物を「空間的枠組み」の中でのみ認識する。

（b）空間は外感による一切の事物認識の「形式」である。言いかえれば、「感性の主観的条件」である。

主観は対象に触発されて（＝直観）、これを受け取るのだが、それを「空間」という形式の中で受けとる。それがわれわれが物を「経験する」ということだ。このことで「現象」が生じる。また、対象は「空間」という形式を通してのみ直観されるのだから、空間は、あらゆる事物直観を可能にしているものという意味で、「純粋直観」と呼ぶことができる。

逆に言うと、物が物としてわれわれに現われるには、必ず「空間」という形式を取らざるをえない。「空間」は、事物直観を可能にするその形式、基礎条件なのだ。もう少し厳密に言えば、「空間」は、「物」を可能ならしめるものではなく、物の「現象」を可能ならしめるものである。（⇒カントでは、「感性」〈空間・時間〉は物の「存在条件」ではなく、物の「現象条件」である、という言い方になる。）

　こうして、「空間」という直観の形式は、われわれにとって「実在性をもつと同時に、観念性をもつ」。すなわち、空間は、われわれにとって「実在的」なものでもあるが、同時にそれは一つのアプリオリな観念でもある。『**したがって、物自体は、経験においてはまったく問題にならない。**』（45）（⇒物自体は、対象が空間という感性形式を通して現われる前のものだから、これを経験する＝知覚することはまったくできない。）

第二節　時間について

§4　時間概念の形而上学的解明

（一）空間の本性について述べたので、つぎは「時間」について考えよう。結論的には、時間は空間とともに、「感性の基本形式」である。

　時間もまた、空間と同じく、経験から抽象された経験的概念ではない。時間表象もまたアプリオリな直観の形式であり、これがなければ人間は、そもそも事物の継起性（順序）や同時性などを認識できない。

（二）空間的形式がなければ物は経験されない（現象しない）が、時間も同じで、それは経験、つまり「現象」の根本形式である。「時間」という形式性がなければ、そもそもどんな経験も可能でない。（⇒カントでは、「現象」とは、対象が人間の経験に〝現われ出ること〟を意味する。）

（三）アプリオリな空間直観が幾何学を可能にしていたように、時間一般に関する数学的公理も、アプリオリな時間直観によって可能となっている。たとえば、多くの時点が同時的ではなく継時的であること、それらは必ず前後関係をもつこと、など。これらは経験によってではなくアプリオリに認識されることだ。

だからわれわれはつぎのように言うことができる。経験的知覚は、あるものがかくかくであることを教えるが、アプリオリな直観は、あるものがかくあるべきことを教える、と。

（四）時間はまた、論証的な概念でもいわゆる「一般概念」でもない。これも空間と同じで、「多くの時間がある」とは言えるが、それらは必ず唯一の時間の部分であり、根本的な時間自体のうちにある。たとえば、「多くの異なる時間は同時に存在しえない」という命題は、経験から生じた概念ではなく、われわれのアプリオリな時間表象から必然的に現われるものだ。

（五）時間が無限である、ということは、われわれが経験する一定の時間とは、必ず無限の時間の中でのある限定された量（長さ）の時間だ、ということでもある。つまり、部分的時間は、限定されない時間形式の中ではじめて表象される。ここでも、時間表象は人間の経験のアプリオリな形式であり、それが個々の時間表象を可能にしていることが理解されるはずだ。

§5 時間概念の先験的解明

これについては、右で見た時間の形而上学的解明の（四）が、ほぼこれにあたる。ただ、変化や運動の表象もまた、アプリオリな時間直観なしには成立しない、ということをここでつけ加えておく。物体の変化のみならず、あらゆる「変化」は、時間直観という形式においてはじめて可能である。だからこの純粋な時間概念が、一般力学の多くのアプリオリな認識の土台となっているのだ。

§6 これらの概念から生じる結論

（a）時間は、それ自体存在する存在（物自体）でもないし、物の属性（性質）でもない。むしろそれは、物の経験を可能にしている人間の直観の根本形式である。だからそれはアプリオリに表象されうるし、そこからアプリオリな綜合的判断を取り出すこともできる。

（b）時間は「内感の形式」である。つまりわれわれが自分の内的状態を直観する場合の基本形式である。この内的直観は、「空間」のような明確なイメージ（表象）をもたないので、われわれはふつうそれを直線（⇒一定の方向に延び続ける）のイメージでつかむ。そしてこのイメージから時間についてのアプリオリな公理を取り出している。

だから、時間は内感の形式なのだが、じっさいはわれわれは、時間の関係を外的直観の形式（直線的な流れのイメージ）で代行的に表象しているのである。

（c）かくして時間もまた、「一切の現象一般のアプリオリな形式的条件である」。ただしそれは、まずわれわれの内的（心の）現象の形式的条件であるが、外的な対象もわれわれの心のうちでの経験として現われるから、このことでいわば間接的に外的現象の条件となる。

したがって、われわれはこう言うことができる。**『感覚の一切の対象は時間のうちにあり、また必然的に時間の関係に従っている』**(51)、と。

しかし、空間の場合と同じく、時間もまた「物自体」としては「無」ということになる（⇩実体としては存在しない）。つまり、時間という存在は、人間の経験世界（＝現象世界）においてのみ存在するものなのだ。だから時間は「事物」それ自体ではなく、事物の現象の、根本的な形式条件なのである。

われわれは「一切の物は時間の〝うちに〟ある」と言うことはできない。時間は「物」と同じレベルで存在するのではないから。時間は経験としてだけ実在するのであって、絶対的に（物のように）実在するものではない。

時間は「物」と〝ともに〟存在するのではなく、「物」の現象の先験的条件である。あるいはこうも言える。「物自体」はそれ自体としてではなく、「時間という形式」を通してのみ感性にもたらされ、われわれにとっての「対象」となる。これをわれわれは「時間の先験的観念性」と呼ぼう。

（☆⇩）巨大な容器の中に多くの事物が存在するように、時間の中に事物が存在するのではない。これはじつは空間も同じ。空間はその中にさまざまな事物が入っている大きな容器のようなものではなく、事物一般が経験されることを可能にする形式的条件だ、とカントは主張している。

§7 説明

時間は実在しないという考えへの反論として、時間は〝現実的なもの〟だという主張がある。たしかに時間は「現実的」なものではあるが、それは主観的な現実性なのであって、〝対象そのもの〟として実在するのではない。

反論者たちの錯誤の原因は以下である。彼等は、われわれの対象の経験というものが二つの側面をもつことを理解しない。すなわち第一に、対象それ自体のありようという側面。第二に、その対象の諸性質をわれわれが直観する仕方（形式）という側面である。この直観の形式とは、対象それ自体のありようではなく、われわれの主観のあり方である。だから、われわれが経験する「対象」（事物）は、あくまでこの形式を通して現われた対象であって、「物自体」ではない。

すなわち**『時間と空間とは、一切の感性的直観の二つの純粋形式であり、これによってアプリオリな綜合的認識が可能になる。』**（56）

空間・時間はそれ自体として存在するという仮説をとれば、どういうことになるだろうか。それは、時間と空間という二つの永遠かつ無限な実体が〝実在〟している、という奇妙なことを想定することになる。またこの想定は、幾何学や数学など、アプリオリな認識判断の必然的な確実性を否定することになる。

時間・空間が物自体に属するもの（それ自体存在する実体）だとすると、それは人間がアプリオリに認識することができないものになり、したがって幾何学的なアプリオリというものもなくなってしまう。それらは実体ではなく、一切の事物の経験を可能にする直観の形式性として存在するだけである。

最後に、感性のアプリオリな直観的形式がこの時間・空間の二つ以外にはないことは、感性に関する他の一切の概念を検討すれば明らかである。たとえば、運動や変化の概念なども一見根本的なものに見えるが、それらはあくまで経験から形成されるものなのだ。

§8 先験的感性論に対する一般的注（省略）

先験的感性論の結語
われわれははじめに、先験的哲学の重要な課題の一つとして、「アプリオリな綜合認識はどうして可能なのか」、という問いを立てておいた。（⇒幾何学のような、単なる概念の分析的命題ではないのに、誰にも妥当する綜合的な命題がなぜ成立するのかという問い。）ここでの時間と空間についての哲学的考察によってわれわれはその答えをはっきりと示した。つまり、それは「アプリオリな純粋直観」としての「空間および時間」によって可能となる、ということになる。
空間・時間は、単に経験的対象なのではなく、人間の感性の基本形式である。つまりわれわれは空間・時間の形式性についてのアプリオリな直観をもっており、だからわれわれは、幾何学や数学の諸命題を、綜合的に展開できるのだ。言いかえれば、「アプリオリな綜合的判断」が可能になっている。
ただし、このようなアプリオリな綜合的判断も、あくまで「可能的経験の対象だけにしか妥当しない」。つまり、「物自体」についての認識を可能にするものではありえない。

★章末解説①（竹田）

哲学の出発点はどの哲学者にとってもたいへん重要な意味をもつものだが、カントは、自分の哲学体系を、人間が外的世界を認識するその仕組みの全体を描くという場面から出発している。

それはまず、外部の印象を受け取る働きとしての「感性」から踏みだし、つぎにこの印象をまとめあげて現実的対象を認識する仕組みとしての「悟性」、そして最後に、現にある対象の認識から、直接知りえない世界の総体を推論する能力としての「理性」へと進んでゆく。

少し整理すると、人間の「感性」（つまり人間の五官）がどういう仕組みになっているか、についてのカント流の説が「先験的感性論」。「悟性」と「理性」がどんな仕組みで働いているかの論が「先験的論理学」。先験的論理学はまた、悟性を論じる「先験的分析論」と「原則論」と、理性の働きを論じる「弁証論」に分かれる。

これらの区分はやや煩雑だが、読み進んでゆくとほぼ理解できるはずなので、ここでは感性論のポイントをいくつか挙げておこう。

カントの先験的感性論の第一の特徴は、人間の「感性」は空間と時間という基本形式をもっている、という構図である。どんな認識対象も、空間的に、これこれの場所を占めるもの、時間的に「いまここに」という時点にあるもの、という仕方で感受される。

いまわたしが目前に見ているリンゴは、必ず一定の空間を占めつつ、いま、こ、こ、に存在している。われわれは視覚や触覚や嗅覚によってリンゴを認知するが、それは必ず、対象を、空間的にこれこれこういう大きさをもっているもの、時間的にいまここにあるもの、という仕方で認知するのであって、それ以外の仕方ではわれわれは具体的対象（＝物）を認知できない、ということである。この構図は、基本的に近代科学の考えにのっとっているので、まず誰にも理解できるはずだ。

しかしこのあとに、カントの独創的な考えが現れる。それが「物自体」の概念である。

われわれはいま見たように具体的な対象を、空間・時間という基本の枠組みの中で捉える。だが、このことはわれわれが対象を人間の感官の能力に応じた仕方で捉えている、ということを意味する。この考え方を引き延ばせば、人間は人間の感官の能力に応じて、他の生き物はその独自の感官の能力に応じて、対象を捉えているということである。そして、カントの考えはこうなる。

神のような〝一切を完全に認識する〟認識能力をもつ知性があるとして、この存在以外は、人間を含めどんな動物も、それぞれの限定された感官の能力に応じた不完全な認識しかもてない。つまり、人間はただ、人間の感性の形式を通した仕方においてしか対象を認識できず、完全な認識というものは、神のような全知者においてのみ想定されるものとなる。この全能者だけが、対象それ自体、つまり「物自体」を認識するであろう。

こうして、「物自体」の概念は、カントの先験的感性論の第一にして最も重要な帰結である。「物自体」の概念が理解できなければ、カントの感性論を理解できたことにはならないし、逆に、「物自体」の概念がほぼ腑《ふ》に落ちれば、問題なくつぎの章へと足を踏み入れることができる。

第二部門　先験的論理学

緒言　先験的論理学の構想

（☆⇒）ここで論じられる「先験的論理学」の大きな構図を示すと、以下の通り。

〔先験的感性論〕

「感性」→直観（受容）→経験的……感覚（質料）
　　　　　　　　　　→純粋……形式性　時間・空間

〔先験的論理学〕

「悟性」→概念（能作）→経験的……感覚など
　　　　　　　　　　→純粋……形式性「カテゴリー」

＊一般的悟性使用の論理学→悟性一般の本質学

「論理学」→「一般論理学」→「純粋論理学」
（悟性、理性による論理・判断のアプリオリな基本規則について

の学）
↓分析論（形式論理学）
↓弁証論（詭弁論）
「応用論理学」（経験的）
（主観の心理学↓経験的原理についての学）
「先験的（超越論的）論理学」認識の根本的起源（根源）についての学
↓分析論（カテゴリー論）
↓原則論（判断力）
↓弁証論（アンチノミー）

I　論理学一般について

（☆⇓）カントによる人間の認識（能力）の全体は、①感性　②悟性　③理性　という構造をもっている。大きくは以下のよう。

①感性は、人間が自分の感官を通して事物対象を表象として受けとる能力（直観の能力）

②悟性は、感性的直観による表象を統合して、判断にもたらす能力（概念判断の能力）

③理性は、与えられた対象の判断から、さらに推論によってある全体像を導く能力（主として推論の

能力）

「感性」は、対象によって触発され意識に現われた表象（像）を受けとる感官の能力だが、すでに見たように、それは時間・空間という基本形式をもっている。だが、人間の認識は、この感性的表象の能力に加えて、これをいわば〝まとめあげる〟「悟性」の能力をもつ。つまり、対象（事物）の認識は、「感性」と「悟性」という二つの働きの結びつきによって可能となっていると言える。「感性」はいわば受動的な働きであり、「悟性」は自発的、能動的な働きである。

すでにわれわれは「感性」の本質的な原則について、「先験的感性論」という形で考察したが、「悟性」の本質の考察については、これを「先験的論理学」と呼ぼう。（⇒先験的「論理学」と呼ばれるのは、人間の判断は、およそ「AはBである―ない」とか「AはBかもしれない」といった論理的な述語形式として示されるからである。）

従来の論理学、つまり「一般論理学」は、大きく「純粋論理学」と「応用論理学」に区別されるが、前者だけが学問として成立する。ここで論理学者は、つぎの二つの規準を心得ておく必要がある。

①「純粋論理学」は、認識の内容や対象の一切の差異を度外視して、判断の（アプリオリな）形式性だけを論じる。

②「純粋論理学」は、経験的原理を含まず、完全にアプリオリなものでなければならない。

これに対して、「応用論理学」と呼ばれるものは、悟性の具体的使用、すなわち「主観の偶然的条件によって規定された悟性使用」についての規則を扱うものだ。つまり、注意力、注意の結果、誤謬の原因、疑問、確信などの状態がどんな具合であるかを考察するが、これは経験的にのみ与えられる諸規則なのである。（⇩スピノザやヒュームなどが行なっている、主観内部の哲学的心理学のことを指している。）

「純粋論理学」と「応用論理学」との関係は、ちょうど「純粋道徳哲学」とその「徳論」（実用的倫理学＝情意、欲望などと道徳の関係などを考察する）との関係と同じである。（⇩純粋道徳哲学は、道徳の先験的原理の導出〈定言命法など〉、徳論はその応用編としての具体的な道徳論で、こちらは経験的なものを含んでいる。）

（☆⇩）カントが行なおうとしているのは、従来の一般論理学における「純粋論理学」ではなく、人間の認識能力の根本原則、その可能性の原則を問う、彼独自の哲学的論理学としての「先験的（超越論的）論理学」。言いかえれば、人間の論理判断の能力一般を可能にしているものが何であるのか、についての学。これがカントの先験的論理学の立場。

Ⅱ　先験的論理学について

従来の「一般論理学」では、認識についてのすべての具体的な内容を捨象して、その論理的な形式性の規則だけを取り出そうとする。しかし、「感性」が、純粋直観（⇩時間・空間という形式性）と経験的直観（⇩具体的で多様な事物の直観）とに区分されたように、「悟性」（思惟）もまた、「純粋思惟」と「経験的思惟」とに区分することができる。

経験的な思惟は、認識対象の具体的な内実を把握しようとする。だから具体的な経験的思惟のあり方を扱う応用論理学では、人間間の認識がいったいどのような出発点（起源）から生じ、どう進歩していったか、といったことがらなどを問題にする。

しかし「純粋論理学」では、思惟の「アプリオリな形式性」だけを考察し、その対象が、アプリオリなものか経験的なものかにかかわりなく、人間の判断についての、その論理規則の形式性だけを問題にする。

ところで、ここで一つ十分注意しておくべきことがある。つまりそれは、ここで言う「先験的（＝超越論的）な認識」とは「アプリオリな認識」と同じ意味ではないということだ。われわれの言う「先験的認識」とは、「ある種の対象がアプリオリにのみ適用されることが可能であること、またなぜそうであるのか」ということについての本質的な認識、を意味する。

たとえば、幾何学における認識は、空間の表象がアプリオリであることに基づくので、それ自体「アプリオリな認識」であることをすでに述べた。だが、この幾何学の諸認識を「先験的な認識」と呼ぶことはできない。

「空間」の「先験性」とは、人間の空間表象（直観）自体がアプリオリな形式として可能となっており、まったく経験的なものではないこと、またどんな具体的な事物対象の経験も、必ず「空間」という形式を通して現われるといった、感性的な認識の根本原則それ自体を指している。したがって、先験的、経験的という区分は、あくまで認識の根本原理、つまり人間認識の本質的批判に関係した区分であって、さまざまな認識対象に先験的な対象と経験的な対象があるのではない。

（☆⇩）「アプリオリ」と「先験的」はカントの用法にもやや混同があって分かりにくい。しかし一般的には、「アプリオリ」は、単に「本来」「もともと」「経験以前に」とおき、「先験的」は、人間認識が基本的に「経験」を超えた枠組みをもつというカント的な観点、という意味に受けとるとよい。つまり、空間の表象＝直観（それが三次元性をもつこと）は、われわれにとって経験的なものではなくて「アプリオリ」である。しかしこのことについての認識自体は、先験的（＝超越論的）な認識（つまり認識についてのカント哲学的観点）と言える。

だから、「先験的論理学」は、人間の論理能力が経験にかかわりなく、本来そなえている認識や判断の基礎原理が何か、についての論理学のこと。

さて、このようなわけで、われわれがここで行おうとしているのは、論理形式の一般規則だけを扱う従来の「純粋論理学」ではなく、あらゆる対象認識の判断一般を可能にしている諸「概念」についての、アプリオリな規則と原則についての学である。この学をわれわれは「先験的（超越論的）論理学」と呼ぼう。

（☆⇩）つまり、判断一般を可能にする概念の枠組みの規則はアプリオリであるが、それについての学＝認識は、先験的な認識である。また事前に言うと、この学は、「悟性」（判断）については「先験的分析論」と呼ばれ、「理性」（推論）については「先験的弁証論」と呼ばれることになる。

Ⅲ　一般論理学を分析論と弁証論とに区別することについて

認識にかんして、昔から「真理とは何か」という難問が存在していて、誰でも知っている。そして、一般的には「真理とは認識とその対象との一致である」という定義が認められている。しかしじつは、問題はむしろ、ある認識が真理であることを示す普遍的な「標識」は何であるか、ということなのである。

というのは、「真理とは何か」という問いを追いつめると、「認識と対象の一致」が「真理」であるという従来の定義は、ほとんど無意味であることが分かるからだ。むしろ、真に問題なのは、「正しい認識」の普遍的な「標識」をどう言えばよいか、という点にある。しかし、このことを明瞭に理解することはそう容易ではない。

もし真理が「ある認識とそれに相関する対象との一致」ということなら、認識というものはすべて個別的なものになってしまうだろう。つまり、一切の対象に妥当するような具体的な認識は存在しえないのだ。だから、われわれが問うべきなのは、さまざまな認識が真理であることを示すその普遍的な「標識」が何か、ということである。言いかえれば、総じて「認識」が「対象」と一致するためのその形式的、普遍的な一般条件は何か、ということが問題なのである。

こうして、真理の「標識」なるものは、まずは真理の形式性、すなわち思惟の一般形式の妥当性として取り出すほかはない。しかしまたここにも問題がある。というのは、思惟の一般形式に適合する認識はすべて「真理」である、と言えるとはかぎらないからである。つまり、判断の論理的な整合性は、真理の「必要条件」であっても「十分条件」ではないということだ。このことをまず押さえておく必要がある。

ところで、「一般論理学」は、悟性や理性の判断の一般的な規則を、個々の要素に区分しつつ論理的判断の基本原則として示すものだ。これをわれわれは一般論理学の「分析論」と名づけよう（⇒矛盾律や排中律等々のこと）。しかしこの判断の論理的な原則は、いま述べたように真理の形式的な条件であって、十分条件とは言えない。

正しい認識を得るためには、一般にわれわれは、まず個々の対象についての具体的な知識を集め、これを論理的に適切に使用しつつまとめあげることで、あることがらの実質的な認識をつかむ。だから、論理の形式性だけを扱う一般論理学の分析論は、真理認識の形式的条件、つまり必要条件を満たすだけであって、個々の対象についての真理の十分条件とはなりえない。

しかし、判断についての論理形式の規則についての学を、認識の真理についての絶対的条件・規準と見なし、これに合致していさえすれば客観的真理を獲得できるかのような錯誤が存在してきた。形式的条件にすぎない論理規則の学を、客観的な真理を獲得する絶対的「道具」（オルガノン）と見なして利用する論理学が、「弁証論」と呼ばれて昔から存在している。

このような弁証論は「仮象の論理学」と呼ぶべきものだが、ギリシャでは（ソフィスト的）詭弁術という形をとっていた。われわれは、後に、この「仮象の論理学」（詭弁的な論理学）に対する原理的批判を、「先験的弁証論」という形で行なうだろう。

これまでの論理学では、論理的思考の方法の一般的形式性だけしか問題にしてこなかった。つまり、「真理の標識」を、思惟一般の形式性だけに限定して考えていた。しかしそれは真理の必要条件でしかなく、十分条件とは言えない。

（☆⇓）対象の「表象」とは、ある認識対象についてわれわれの意識が受けとるその「像」のこと。「リンゴの表象」は、リンゴを知覚するとき、われわれの脳裏に現われるそのリンゴのありありとした像のこと。しかし、知覚表象だけでなく、想像や想起の場合も、意識のうちにその表象が現われる。

Ⅳ　先験的論理学を先験的分析論と弁証論とに区分することについて

「先験的論理学」は、認識と判断における悟性と理性の働きの、絶対的にアプリオリな形式的原則を考察する。まずわれわれは「悟性」の基本形式についての分析を行なうが、これを「先験的分析論」(⇒カテゴリー論)と呼ぼう。

対象の認識は、感性による対象の表象と、悟性によるその統一(まとめあげ)という機能を必要としている。だから悟性認識のアプリオリな形式的原理は、対象の認識にとって絶対的に不可欠なものである。この意味でそれを「真理の論理学」と呼ぶこともできる。

ところで、悟性の判断は、感性によって受けとられた対象をその素材として必要とする。われわれの認識は、感性的な対象として与えられたものを、悟性の正しい判断によって統合しつつ(まとめあげて)認識し、そのことで対象についての客観的な認識をうるのである。しかし人間の悟性は、しばしばこの原則を忘れ、具体的な感性的な与件(材料)をもたないものにまで、この悟性判断を拡張する。

悟性は空疎な思弁を弄して、現実には与えられておらず、また与えられるはずのない対象についてまで悟性的な判断を下すことができる。また、これを意図的に行なうと「詭弁」となる。

先験的分析論の第二部は、こうした錯誤による論理使用に対する徹底的な批判論であって、これを「先験的弁証論」と名づけよう。

(☆⇒)したがって先験的弁証論は、単に悟性推理の誤った適用への批判だけではなく、アリストテレスがその論理学で意図したのと同様に、詭弁論、ソフィズムに対する批判を含んでいる。悟性推理の誤った適用とは、悟性が、推論が不可能であるような対象の認識まで、正しい推論が可能だと考えてこれを強行すること。たとえば、後にくわしく論じられるが、神の存在証明などである。

第一部　先験的分析論

「悟性」は対象を概念的に適切に区分しつつ認識判断を行なうが、先験的分析論は、「純粋悟性」のこの概念的区分の能力についての原理を考察する。そのポイントは以下の四つである。

（1）ここで使う「悟性」（純粋悟性）という言葉は、「純粋概念」、つまり、人間の判断能力が生得的にもつ概念区分の原則であって、「経験的概念」、つまり、われわれが経験によって形成してゆくいわゆるさまざまな概念のことではない。

（2）「純粋悟性」は思惟と悟性に属し、感性・直観には属さない。

（3）これは基本概念であって派生的概念ではない（⇓（1）とほぼ同じで「純粋概念」だということ）。

（4）純粋概念の基本的区分（これを「カテゴリー表」と呼ぶ）は、完全なものであって悟性認識（判断能力）の全領域をカバーする。

純粋悟性概念の分析論は右の条件を満たすものでないといけないが、そのためになにより大事なのは、純粋悟性（カテゴリー）の基本区分が、任意に列挙されたものではなく原理的な根拠をもつことである。またそれは全体的な統一体系をなしていなければならない。

このあと、1、「純粋悟性の概念（カテゴリー）」を中心的に論じる「概念の分析論」、2、純粋悟性の「原則」を中心的に論じる「原則の分析論」、という順序で進むことにする。

（☆⇒）「カテゴリー」は「概念区分」の根本的枠組みのこと。物としての対象は、分量・性質・関係・様態という基本の概念区分＝カテゴリーに即して認識される。これに対して、「原則の分析論」は、「カテゴリー」を用いて対象認識を行なう人間の「判断力」の基本原則についての哲学的考察。

第一篇　概念の分析論

感性によって受けとった対象の表象をまとめあげ、それが「何であるか」を概念的に判断するのが「悟性」である。ここでの「概念の分析論」とは、この「悟性」の概念的能力のアプリオリなあり方、つまり人間の「悟性」がもともともつ概念的枠組みのあり方についての哲学的な吟味を意味する。言いかえれば、悟性能力の純粋な作用の原則、あるいはその基本枠組みの分析がここでの課題である。

第一章　すべての純粋悟性概念を残らず発見する手引きについて

われわれがものごとを認識するとき、当然ながらさまざまな概念を用いる。(⇒たとえば、これは、いま机の上に存在する、一つの、現実の、赤いリンゴである、等)。この概念のありようの本質的考察が重要な課題なのだが、ここで、ただささまざまな概念を寄せ集めて任意に区分するだけでは、この課題は果たされない。

概念についての先験的な考察とは、アトランダムで恣意的な区分を行なうことではなく、概念が本来もっているはずの本質的区分を、一つの原理に従って完全な形で見出すことでなくてはならない。(⇒「残らず発見する」のでなくてはならない。)ここにこの課題の大きな困難がある。

第一節　悟性の論理的使用一般について

「感性」は、対象の質料的なものを表象する能力である。「悟性」は、この多様な表象を、秩序をもった一つの新しい表象へとまとめあげ、統合する一つの能力である。われわれはこの統合を「概念」を用いて行なうから、悟性は、概念を適切に使用する能力でもある。

この点で、感性は受動的能力であり悟性は自発的能力だと言える。悟性＝概念はまた「判断」の能力だと言えるが、それは対象そのもの(物自体)を認識する能力ではなく、対象についての表象を統合する能力である。言いかえれば、概念＝判断は、対象の直接的な認識ではなく、その間接的認識、つまり、対象の表象についての表象(「高次の表象」)だと言える。

たとえば「すべての物体は可分的である」という一つの判断において、「分割可能」という概念のうちには、すでに、物体という概念の表象、つまりさまざまな物体的なもの一般の表象が暗黙のうちに含まれている。このように「あらゆる判断は、われわれの表象を統一する機能である」と言える。こういうわけで、「悟性は判断の能力」なのである。

悟性は、思惟の能力、概念の能力である。だが、概念は、対象の具体像を表象する能力ではなく、あくまで対象の存在を一般的・形式的表象として思惟し、まとめあげる能力だ。したがって、この、対象の存在を一般的表象としてまとめあげる（統合する）概念の区分をあますところなく表示できれば、悟性の基本機能は完全な仕方で把握されることになる。そしてそれは悟性機能の先験的な区分だと言える。

実際それは、以下のように示すことができる。

第二節　すべての純粋悟性概念を残らず発見する手引き

§9　判断における悟性の論理的機能について

われわれのさまざまな判断のありようから、その具体的内容をすべて捨象し、判断の形式性だけを取り出すなら、つぎのような四つの大きな項目と、それぞれがもつ三つの判断様式へと区分される。

《判断表》

「全称的判断（すべてのAはBである）（すべての人は名をもつ）……包含

（1）分量┬特称的判断（幾つかのAはBである）（ある人々は日本人だ）
　　　　└単称的判断（このAはBである）（この人は日本人だ）……特定・指定

（2）性質┬肯定的判断（AはBである）（人は死ぬ）死―不死
　　　　├否定的判断（AはBでない）（人は神ではない）神―非神
　　　　└無限的判断（Aは非Bである）（魂は不死である）死―不死（魂は不死領域に属す）

（3）関係┬定言的判断（AはBである）
　　　　├仮言的判断（AがBならば、CはDである）
　　　　└選言的判断（AはBであるか、さもなくばCである）

（4）様態┬蓋然的判断（AはBでありうる）
　　　　├実然的判断（AはBである）
　　　　└必然的判断（AはBでなければならない）

以下、それぞれについての重要なポイントを記そう。

（1）分量 Quantität について。

これまでの形式論理学では、単称的判断と全称的判断は、区別されなかった。いずれも、A＝Bを表示するという点では等しいからだ。しかし先験的論理学では、これらの判断は対象の

「量」（大いさ）についての判断となり、両者は異なるものとされる。

単称的判断は単一の対象（単一性）についての判断であり、全称的判断は同一のすべての対象（無限性）についての判断だからである。

（2）性質 Qualität について

（1）の場合と同じく、一般的論理学では、無限的判断は肯定的判断の一形態とされているが、先験的論理学では両者は別の意義をもつ。たとえば、一般には、「霊魂は死ぬ」という肯定的判断と「霊魂は死なない」という否定的判断とが対極の考えをなす。が、「霊魂は不死（非—死）である」という無限的判断は、論理形式としては肯定だが、違った立場を作り出している。

つまり、この判断は、まずすべての対象を「死するもの」—「不死なもの」という二つの領域に区分し、つぎに霊魂は、この一方の領域に属するものだ、という判断をおく。だからそれは、こちらの領域（不死なるものの領域）に属する存在者のすべては不死である、という意味を含んでいる。要するに、無限的判断は、肯定的判断でありながら、単なる肯定判断ではなしえない領域的な制限性（どこに属すか）を表現する。そのためこれは別のものとして扱われるのである。

（3）関係について

「関係」の判断は、つぎの三つに区分される。第一に「主語と述語との関係」。第二に「理由とその帰結との関係」。第三に「区分されたものとその選択可能性の関係」。

「定言的判断」は条件のない判断で、「述語」によって「主語」の〝何であるか〟だけを規定する。（この場合は真理性が問題になる。）

「仮言的判断」は、たとえば「完全な正義があるなら、悪人は罰される」という判断では、はじめの命題とあとの命題の「真理性」それ自体は問題にされない。ただ、両者の論理的な帰結関係の妥当性だけが問題とされる。

「選言的判断」は、二個以上の命題の対立関係を含むが、これらの理由―帰結関係の判断ではなく「論理的対立」の関係を表示する。

（☆⇓）選言的判断は、AかBかどちらかという二項対立だけではなく、複数項の対立関係。たとえば「世界は偶然的に存在しているか、内的必然性によって存在しているか、あるいは外的必然性によって存在しているのかのいずれかである」という命題では、世界の存在の原因のすべての可能性が挙げられており、互いに他と排外的関係に立ちながら、全体として真実を提起していると言える。このような関係の判断が選言的判断である。

（4）様態 Modalität について

「様態」の判断は、判断の内容にかかわるのではなく、いわばただ対象事態の「現実性の度合い」にかかわる。「蓋然的判断」は、（肯定・否定にかかわらず）その可能性をみてとる判断。たとえば右に挙げた「完全な正義があるなら、悪人は罰される」という命題（判断）は、この命題の現実性ではなく、条件がついた蓋然的可能性についての判断となる。また「世界は偶然に存在する」という命題も、このような可能性が論理的にはありうるという判断として、直接真実に結びつくわけではないが、それでも真実な命題を発見する上での一つの手段となりうる。

「実然的判断 assertorisches Urteil」（⇓あるいは「確証的判断」も可）は、事態の論理的現実性、真実性を確証する判断である。

「必然的判断 apodiktisches Urteil」は、事実、真実を確証する判断（実然的命題）を、悟性の法則に結びついた必然的なものと見なす判断で、必ずそのようになる、というアプリオリな断定をもたらす。

この、蓋然的判断→実然的判断→必然的判断という「様態」の判断の進み行きは、ちょうど、人間の悟性が、事物に対する認識の度合いを深めてゆくプロセスに対応していると言える。

第三節　すべての純粋悟性概念を残らず発見する手引き（つづき）

§10　純粋悟性概念すなわちカテゴリーについて

従来の一般論理学は、さまざまな認識の表象の一切について、その内実は捨象して判断の形式性だけを分析的に概念へと構成しようとするものだ、ということについてはすでに述べた。これに対して、先験的論理学（超越論的論理学）では、まず人間の認識能力における「感性」と「悟性」という二つの領域を明確に区分することから出発する。「感性」は、直観から入ってくる多様な印象を受けとる能力であり、「悟性」は、この多様な印象という素材を「綜合」して、一つの認識にまとめあげる能力である。

この素材のまとめあげの能力を一般に「綜合」の能力と呼ぶが、そのうちでも、素材が経験的なものではなく「アプリオリ」なものの綜合は、これを純粋綜合と呼ぼう。（⇩たとえば数学的な綜合の場合。）ともあれ、われわれの認識は、このように、まず与えられる多様な素材（⇩それが「経験的なもの」であれ「アプリオリなもの」であれ、つまり事物の知覚であれ、数学的な計算の場合であれ）と、これをまとめあげる綜合、という二つの要素（契機）をもっている。

この「綜合」の能力は、認識対象を概念的に把握する能力であり、したがって「判断」の能力だと言える。だから、われわれの認識の可能性の根源をつきとめるには、この能力のありようの基本原理を把握することが肝要となる。

「綜合」の働きは、一般的に言えば、「構想力」（⇩いまで言う想像力）の作用だと言える。われわれはそれを意識してはいないが、この構想力による綜合の働きなしにはどんな認識も成立しない。しかしまた、この綜合の働きを、「概念」的な認識、つまり判断の形式に仕上げるのは、あくまで「悟性」の能力である。（⇩いわば構想力がまとめあげ、悟性の枠組みがこれを判断形式にもたらす。つまり、たとえば「これは、いま目の前にある一個の赤いリンゴである。」といった述語形式へもたらす。）

先に、アプリオリな素材についての綜合、つまり数学的な綜合を「純粋綜合」と呼んだ。数学的計算の場合は、経験的な素材をまとめあげるのではなく、すでに「概念」となったものを組み合わせるだけだから、「純粋綜合」と呼ぶ。そして、このような「純粋綜合」をモデルとして、われわれは「純粋悟性概念」（これを「カテゴリー」と呼ぶことにする）を取り出すことができる。それはつぎのような事情による。

いまアプリオリな「対象」の認識（数学的認識）の基本の構図を、つぎの三つの段階に分けることができる。

①多様な純粋直観（アプリオリなものの多様性）。（⇩直線、線分、角度、垂線であるといった直観的判断。）

②構想力によるこの直観の綜合（まとめあげ）＝純粋綜合（⇒三本の線分から三角形ができる、など。）

③「純粋悟性概念」によって、この「純粋綜合」（構想力による綜合）を、概念的な判断にもたらす「綜合判断」。（⇒数学的命題の展開など。）

アプリオリな認識（数学的な認識）では、まず直観的受けとりがあり、これを構想力がまとめあげ、最後に概念的判断にもたらす綜合判断の働きによってそれが仕上げられる。ところで、じつは感性的な事物（リンゴや机など）の認識の場合も、これと同じ構造が存在すると考えてよい。まず直観として与えられる多様な外的表象（印象）がまとめあげられ、つぎにそれが純粋悟性概念によって統一されて具体的な判断にもたらされる。

だから、純粋悟性概念（カテゴリー）は、どんな具体的な対象の認識＝判断にとってもアプリオリに存在する認識の基本の枠組みだと考えてよい。この概念の基本の枠組みの原理については、これまでの一般論理学は（⇒感性と悟性の区分を行なわないために）これに近づくことができないのである。

そのようなわけで、事物の直観的認識をアプリオリに（無条件に）規定している、純粋悟性概念（カテゴリー）の働きが、先に挙げた《判断表》」と同じ数だけ取り出されることになる。悟性とは、判断の能力であり、およそ判断の可能性のタイプは、この表で尽くされているはずである。

すでに述べたが、われわれはこの基礎的な「概念」的枠組みのあり方を、アリストテレスにならって「カテゴリー」と呼ぼう。アリストテレスの意図ももとはわれわれのそれと同じものだったはずだからだ。（⇒アリストテレスのカテゴリーは一〇個。実体、分量、性質、関係、能動、受動、時間、場所、位置、状態、である。）

《カテゴリー表》

「数学的カテゴリー」

（1）分量
- 単一性
- 数多性
- 総体性

（2）性質
- 実在性
- 否定性
- 制限性

「力学的カテゴリー」

（3）関係─┬─自存性と付属性（実体性と付随性）
　　　　　├─原因性（因果性）と依存性（原因と結果）
　　　　　└─相互性（能動者と受動者との間の相互作用）

（4）様態─┬─可能と不可能
　　　　　├─現実的存在と非存在
　　　　　└─必然性と偶然性

第一類　↓（1）（2）「数学的カテゴリー」……対象の「直観」（↓純粋直観と経験直観）に関係する
第二類　↓（3）（4）「力学的カテゴリー」……対象の存在様式に関係する

右が綜合の純粋悟性概念すべてを列挙した表であり、悟性はこれらの判断上の概念をアプリオリに含んでいる、と言える。重要なのは、このカテゴリー表が、アトランダムに寄せ集められた判断類型ではなく（⇓ちょうど感性の形式が空間・時間という二項目をもったように）、この四綱目と三分肢は、純粋悟性の必然的な全体性をなしているということだ。

アリストテレスは一〇のカテゴリーを立てたが十分原理的でなかったので、後につけ加えを行なっているが、根本的な概念と派生的な概念とがよく区分されているとは言えない。

派生的概念についてはここでは詳述しないが、さしあたり「客位語」と名づけて位置づけておくことにする。たとえば、因果性のカテゴリーには、「力」「動作」「受動」など、相互性のカテゴリーには、現在、抵抗など、様態のカテゴリーには発生、消滅、変化などを「客位語」として位置づけることができる。

§11（カテゴリー表についての注1）

カテゴリー表は、人間のすべての理性認識にとって、きわめて有用でかつ不可欠の意義をもつはずである。これについて、以下、いくつかの重要な注をおいておこう。

（1）第一類（分量と性質）と第二類（関係と様態）の区分について。前者、つまり量と質は、直観の対象つまり事物に関係するものであり、「数学的カテゴリー」と呼ぶ。これは「相関者」をもたない。（⇒関係と様態では、可能―不可能といったように、概念が対立項になっている。つまり概念の対立的な「相関者」をもつということ。）後者は、事物対象の〝存在の仕方〟に関係する。こちらは「力学的カテゴリー」と呼ぼう。ここではカテゴリーは対概念の形をとる、つまり相関者をもっている。

（2）四つの項目は、それぞれがまた三つのカテゴリーを含む。注意すべきは、各項目について、第三のカテゴリーは、第一カテゴリーと第二カテゴリーの結合から生じていること。つまり「総体性」は、単一性と見なされた数多性であり、「制限性」は、否定性と結合した実在性。「相互性」は他の実体と相互的に規定しあう実体の因果性。「必然性」は存在の可能という規定をうけた実際的存在、という具合である。つまり、第三のカテゴリーは派生的概念ではない。
（３）第三項目の「相互性」のカテゴリーだけは、《判断表》の「選言的判断」との一致が他のものと比べて明確でない。そこで以下のことをつけ加えておく。

「選言的判断」では、それぞれの主張は、従属関係をもっておらず、たがいに並存的、つまり等価である。つまり、いくつかの主張は、一方的な規定関係ではなく、相互的な規定関係であり（⇩一つが肯定されれば他のすべてが否定されるし、その逆も成り立つという点ですべてが同じ権利をもつということ）、この点でまさしく「相互性」をもつのである。

さまざまな諸物の全体も、これと似ていて、相互的に随伴、あるいは並存している。しかしここには、原因と結果の関係はない。（⇩これに対して、「選言的判断」の相互性は、こちらが存在するならあちらは存在しない、という因果性を含んでいる。）

§12

スコラ哲学における「およそ実在するところのものは、一者、真、および善である」（⇩神の存在証明を意味する）という命題についての注。

スコラ哲学のこの命題はいまでは空疎なものに見えるが、じつは上述した「純粋悟性概念」と一定の対応関係をもっている。つまりこの「一者、真、善」の概念は、純粋悟性概念（カテゴリー）における、「分量」の「単一性、数多性、総体性」を基礎としている。

スコラ哲学者たちは、およそ対象の認識には、まず必ず概念の統一性（＝単一性）があると考え、つぎに与えられた概念から帰結する多くの真理がある、と考え（＝質的数多性）、さらにこの多数の真理は完全に与えられた概念に一致すべきもの（＝質的完全性）、と考えたのである。

要するに、対象の認識において、その対象の分量としての存在は「同質的」なものでなければならないのに、彼等はこれを異質な個々の認識を結合しようとして改変し、説明根拠の単一性（＝一者）、帰結の真理性（＝真）、説明根拠の完全性（＝善）へと置き換えたのだ。だから「単一性、真理性、完全性」といった概念は、われわれのカテゴリー表の欠陥を補うものではなく、むしろその逆、つまりわれわれのカテゴリー表によってはじめてその意味をよく理解できるようなものである。

第二章　純粋悟性概念の演繹について

第一節　先験的演繹一般の諸原理について

§13

法学者は、事実問題と権利問題を区別して考え、まずは権利問題として、使用や占有の権利の正当性を証明し、確保しようとする。これと同じく、われわれも、「純粋悟性概念」が人間にとってアプリオリなものであるということの〝権利問題〟について、まず証明を行なわねばならない。私はこれを「先験的演繹」（⇒先験的証明）と呼びたい。先験的演繹は、「経験的演繹」、つまり経験の反復とその反省によって形成される概念の証明（概念の経験的証明）とはっきり区別されねばならない。

われわれはすでに、「感性」の形式として「時間・空間」がアプリオリであること、また、悟性の根本形式としての「カテゴリー」がアプリオリであることを見てきた。この「感性」と「悟性」の根本形式についてはこれを経験的に演繹することはできない。ただ、これらを、われわれがとってきた「認識一般の可能性の根源」という観点からではなく、個々の認識が生み出される「機会因」として、経験的に、その実質と形式のありようを反省することもできる。

たとえばロックは感性や悟性についてのそのような経験的な考察を行なっている。しかし先験的演繹は、このような経験的反省によって取り出されえない。これは、いわば、事実として感性や悟性がどうなっているかという「事実問題」ではなく、およそ認識が可能であるには、感性や悟性が〝権利的に〟どういうものでなければならないか、という「権利問題」だからである。

幾何学の認識がアプリオリなものであることについては誰でもそれを認めるだろう。それでもあえてわれわれは、「時間・空間」という感性的直観の形式性がアプリオリなものであることを、先験的演繹によって明らかにした。というのは、直観的な事物を認識する悟性の条件としての「純粋悟性概念」がアプリオリであることは、まだそう自明ではなかったからである。

以下の点に注意しなければならない。先に行なった時間と空間の概念の分析では、われわれはその形式性がアプリオリなものであることを比較的容易に証明することができた。しかし「悟性」の先験性、すなわちカテゴリー（純粋悟性概念）という悟性のアプリオリな形式性についての証明は、そう簡単ではない。

カテゴリーは、時間・空間とは違って、事物対象がわれわれに与えられるその基本の仕方として明示されるわけではないからだ。つまり、「悟性」については、われわれは、**『思惟の主観的条件が、い**

かにして客観的妥当性をもつのか、言いかえれば、一切の対象認識の可能性の条件となるのか』(122)、という難問を解かねばならないのである。

たとえば「原因」という概念を考えてみよう。「AはBによって生じる」と言う場合、われわれはAとBの関係を「原因」という概念で「綜合」する(結びつける)。このとき、この「結びつき」は、現象それ自体に存在するというよりわれわれのほうで与えているものと見えるから、われわれはこれを、感性の形式性のように、明証的にアプリオリなものと言うことはむずかしい。だからこそ、「原因」という概念は、われわれがある事象とその似たような結果についての経験の繰り返しから、経験的に取り出したものだ、という考えも成り立つ(⇒ヒュームの経験主義の考え)。

しかし、「原因」という概念は、そのようないわば経験の近似値としては出てこない。「原因」の概念を蓋然的なものではなくて「必然性」として考えるかぎり、この概念は、決して経験的なものから取り出すことはできない(帰納的に取り出すことはできない)。つまり、この絶対的に必然的な「結びつき」の概念は、アプリオリなものとして「悟性」それ自身のうちにその根拠をもつ、ということをわれわれは示した。

§14 カテゴリーの先験的演繹への移りゆき

およそ認識というものを、大きく二つに分けて考えることができる。一つは感性的な事物対象(机やリンゴといった)の認識であり、この場合には、われわれは対象を経験的な知覚(表象)によって把握する。もう一つは、外的対象ではなく内的な表象だけによる認識（⇒たとえば数学的な認識）である。

ここでは、表象は対象を実在として与えるのではないが（神がその思念＝表象だけで事物を創造する場合は別だが）、概念の表象によってその対象の妥当性が認識されうる。ただ、このような表象による認識が可能であるためには二つの要素が必要だ。一つは「直観＝表象」、もう一つは「概念」である。

さて、すでに先験的感性論で詳しく見てきたように、感性的事物を対象とする場合には、われわれは知覚的「直観」においてこれを受けとるが、それは時間・空間という感性のアプリオリな形式を通してはじめて与えられる。これに対して問題なのは「概念」のほうだが、つまり、概念の認識についてもそのようなアプリオリな形式というものが想定されないだろうか。

すなわち、およそ経験的な認識判断というものが、対象についての感性的な「直観」とともに、それについての「概念」を含むとすれば、われわれは、対象一般が含む概念についての、あるアプリオリな形式性、つまり「カテゴリー」（純粋悟性概念）を想定すべきではないだろうか。もしそうでなければ、対象についての経験的認識はありえないことになるからである。

こういうわけで、「アプリオリな概念」（⇒カテゴリーのこと）の先験的な演繹は、一つの原理に基づいていると言える。つまり、この「アプリオリな概念」こそ一切の経験的対象の悟性的認識を可能にする形式的条件である、ということだ（⇒どんな経験も、カテゴリーという根本形式を通してでなければ認識となりえない）。

だからこの「カテゴリー」の必然性を演繹（証明）することが必要なのだが、この際、（ロックやヒュームがやったように）これを経験的に取り出そうとするのは無意味である。そのやり方では、カテゴリーはアプリオリなものではなく、偶然的、蓋然的なものとしかなりえない。

ロックとヒュームは、人間の経験的認識がどのようにして可能か、どのように経験がさまざまな概念を作り出すことができるかを、内省的、経験的な観察によって取り出して示したし、それは大きな功績だった。しかし彼等は、この課題が、先験的な演繹を必要とすることを十分に理解していなかった。

そのためにロックは、経験的に取り出された原則を、経験を超える領域にまで拡張してしまっているし、一方ヒュームは、一切は経験的であり蓋然的であって、認識についての絶対的に必然的な原則を取り出すことはできない、という徹底した懐疑論に落ち込んでしまった。

彼等はともに認識の原則を経験的に取り出そうとしたのだが、この方法では、数学的な領域の認識においてなぜ必然的、普遍的な認識が成立するのかを理解することはまったくできない。数学的な客観性の存在は、彼等の誤りをよく示している。われわれはこの両極の間に、人間の認識というものの根本原則を設定する必要がある。（⇒つまり、数学的な厳密な客観性と、事物知覚の多様性の間に。）

これからカテゴリーの演繹を試みるが、その前に、一つだけカテゴリーの適用の例を示してみよう。

従来の論理学の定言的判断の関係の規定では、つぎのような二つの定言的命題、「すべての物体は可分的である」と、「ある可分的なものは物体である」はともに「AはBである」を意味し、その機能的な意味を決定できない。しかし、このとき「カテゴリー」による「実体」の概念を適用すれば、経験的な対象認識の判断においては、事物の「実体」がつねに主語となって、決して述語にはなりえないことがはっきり理解されるのである。

第二節　純粋悟性概念の先験的演繹

§15　結合一般の可能について

事物対象を認識するとき、まず感性的な「直観」が多様な表象（印象）を受け入れるが、「感性」はあくまで受動的な能力なので、多様な表象を「結合する」（まとめあげる）自発的な能力は、「感性」ではなく「悟性」がこれを受けもつと考えるほかはない。対象が感性的なものであれ非感性的なもの（＝概念的なもの）であれ、この多様なものを結合する悟性の能力を「綜合」と呼ぼう。

さらにまた、「分析」は「綜合」を前提としている。逆に言えば、われわれが自分のうちであらかじめ「綜合」しておいたものだけが、「分析」可能となるのである。そもそも分析可能なものは、悟性によって結合されたものとして、人間の表象能力に与えられるからだ。

さて、悟性は「綜合」の能力をもつが、それだけではなく綜合されたものを「統一」する能力ももつと考えねばならない。たとえば、ある事物を「単一のもの」と判断する場合、「単一性」はカテゴリーの一つだが、この「単一性」の概念自体が、じつはすでに対象における多様なものの「統一」を前提としている。こう考えると、われわれは、対象を認識し判断する根本的な根拠として、対象の多様の「結合」の能力（＝カテゴリー）だけではなく、この結合を可能にする前提的な「統一」の根拠をも探究しなければならない。

つまり、「カテゴリー」は、多様をまとめあげる（結合する）根拠だが、もう一つ上位の、意識の「統一」の根拠が、この「結合」自体を可能にしていると言える。このことをつぎに考察しよう。（⇓つまり、「意識統一の根拠」が問題。これをカントは「根源的統覚」→「統覚の綜合的統一」と呼ぶ。そして根源的統覚がカテゴリーの使用を可能にしている、と主張する。）

§16 統覚の根原的―綜合的統一について

『私は考える』という意識が、私の一切の表象に伴いうるのでなければならない。』 Das: Ich denke, muß alle meine Vorstellungen begleiten können;（131）。もしそうでなければ、意識の統一ということ自体がありえず、およそ認識というものが成立しないだろう。認識においては必ず「直観」の多様（表象）がまず思惟に先立って存在するが、しかしまたこの直観の多様は、どんな場合もつねに「私は考える」という意識に伴われうるのでなければならない。

これは表象の結合（まとめあげ）ということとはまた違った意識の自発性であり、私はこの最も根本的な意識の自発性を「純粋統覚」と名づけたい。それは「根源的統覚」とも呼ばれる。

また、人間的意識につねに存在する、この「純粋統覚」における「統一」を、「先験的統一」と呼ぼう。この統一はアプリオリなものであるし、またどんなアプリオリな認識も、これによってはじめて可能となっている。また、この純粋統覚による多様なものの綜合が、われわれがさまざまな対象を「分析」できるその可能性の条件だと言える。

もし私が、自分のうちのさまざまな直観、表象、概念などを、つねに「自分のもの」として綜合することができなければ、それは「私の」直観や思惟であるとは言えなくなる。この場合、私はさまざまな自己をもつことになってしまうだろう。

ところでこの根源的結合の能力は、知覚などを通して対象から得られた経験的知識などではなくて、そもそも「悟性」がもつ本来的な能力と考えるほかはない。つまりそれは悟性のもつアプリオリな結合し統一する能力なのである。『**この統覚の統一という原則こそ、一切の人間認識の最高原理である。**』...unter Einheit der Apperzeption zu bringen, welcher Grundsatz der oberste im ganzen menschlichen Erkenntnis ist.（135）

統覚の必然的統一性という原則は、これを命題にするなら「私の一切の表象は、つねに〝私の表象〟である」という分析的命題（判断）になるだろう。だがまたこの命題は、直観の多様性（⇓直観における多様なもの）がつねに「綜合」されて「一」なるものとなっていることの必然性をよく示している。「自我」も一つの表象だが、この表象が多様なものを与えるわけではなく、ただ、多様なものがつねに「私の表象」として統一されているという意識が、「自我」の表象を与えているからだ。

神のような一切を直観する「知性」とは違って、われわれの悟性は多様なものを直観できない。だからわれわれは多様なものを感性によって直観しつつ、同時にそれをまた、つねに「私の表象」としても直観している。つまりわれわれは、それら多様な表象が必然的に統合されていることをアプリオリに意識している。これが「統覚の根源的統一」と呼ばれるものである。

（☆⇓）「統覚の統一こそ、人間の認識全体の最高の原理である」という言い方が意味しているもの。

カントの問い方は、たとえば「感性を可能にしているものは何か」、という問い方である。そしてカントによれば、感性を可能にしているものは、時間・空間という感性のアプリオリな形式性である。またこれを素材として概念的認識が可能になっているが、概念的認識は、それ自体また「カテゴリー」という悟性＝概念のアプリオリな形式によって「可能となっている」。

さてしかし、時間・空間というアプリオリな感性形式と、カテゴリーというアプリオリな概念の形式性が、さまざまな認識一般を「可能にしているもの」だが、今度は、この感性形式と悟性形式（カテゴリー）の統一を可能にしているものがある、それが「先験的統覚」である。そしてこれが認識を「可能にしているもの」の系列の最後で、われわれは「何が『先験的統覚』を可能にしているか」を問うことはできない。それはそうなっているとしか言いようがないもので、ここが行き止まりである。だからそれは「人間の認識全体の最高の原理」だと言える、という推論になっている。

§17　統覚の綜合的統一の原則は一切の悟性使用の最高原則である

感性の最高原則が、直観における多様なものは時間・空間というアプリオリな形式性に従う、ということだったとすると、悟性における最高原則は、直観における多様なものが統覚の根源的統一に従う、ということである。とくに、この「統覚の先験的統一」ということがなければ、どんな判断も、自分の判断であるという意識を構成できないことになるだろう。この「意識の統一」こそは、対象認識がわれわれに可能となるための絶対条件なのだ。

たとえば、一本の線を認識するために私は一本の線を引くが、その際、「自分がこの線を引いている」という行為の統一の意識が、線の概念が一つの認識としてもたらされるためには必ず必要である。この意味で、意識の綜合的統一（＝「先験的統一」）は、一切の認識の客観的条件であると言わねばならない。つまりそれは、直観が私にとって対象となるために、必ずそれに従わなければならない必然的な前提条件である。

このことを命題として表現すれば、**『私に生じた一切の直観＝表象は、私がそれらを〝私の表象〟として自己同一性にもたらすための条件に（略）従わねばならない』** alle meine Vorstellungen in irgend einer gegebenen Anschauung unter der Bedingung stehen müssen, unter der ich sie allein als meine Vorstellungen zu dem identischen Selbst rechnen, ….（138）、という分析的命題となるだろう。この条件が「統覚の綜合的統一」という原則にほかならない。

ただし、このような悟性における先験的統一の原則は、人間の悟性にとってだけあてはまる原則である。思惟が直ちに対象存在をもたらすような（神の）悟性においては、このような綜合作用は必要ないからだ。

§18　自己意識の客観的統一とは何かということ

統覚の先験的統一は、直観の多様性を結合して、対象を客観として認識する絶対的な条件なので、これを「客観的統一」と呼ぶ。それは、内感の多様性の統一である意識の「主観的統一」と区別される。

意識＝内感の経験的統一は、表象の「連結」（つながり）によって意識の内的現象それ自身に関係するので、その統一はまったく偶然的である。だから、それはただ主観的妥当性をもつにすぎない。これに反して、直観の純粋形式としての、時間と空間の意識は「私は考える」という先験的統覚をその必然的条件としており、したがってつねに客観的妥当性をもち、この意味で「客観的統一」だと言える。

たとえば、ある人は一つの言葉（概念）をある意味で理解するが、別の人は同じ言葉を別の意味で理解する、ということがある。このように意識の経験的統一（主観的統一）は、つねに偶然的、蓋然的であり、普遍的な妥当性をもつと言えない。これに対して、意識の先験的統一は、認識が必ず「私の認識」として現われることの根拠であるとともに、その認識がなんらかの客観的なものとして現われることの根拠でもあり、だからおよそ客観認識のあるところ必ず「先験的統覚」が存在しなくてはならない。

§19　およそ判断の論理的形式の旨とするところは判断に含まれている概念に統覚の客観的統一を与えるにある

従来の論理学者たちは、判断は主語と述語の間の関係を表示する、という説明ですませている。しかしこれは、せいぜい定言的判断だけにあてはまるものであり、上述した「仮言的判断」や「選言的判断」についてはうまく説明できない。もっと肝心なのは、この言い方では、定言的判断の場合でも、主語と述語の「関係」の本質について何も理解できないということだ。

これに対して、判断一般についてのわれわれの先験的考察からは、この問題をつぎのように理解することができる。対象の判断が総じてアプリオリな「純粋悟性概念」を条件とすること、これはすなわち、判断とは「与えられた認識に、統覚の客観的統一を与える仕方にほかならない」ということである。

たとえば、経験的な直観は、「私が一つの物体を手にもつと重く感じる」といった感覚を与える。これはあくまで主観的な判断一般である。しかしこれが「純粋悟性概念」によって判断にもたらされることは、この主観的判断が、「この物体は、重さをもつ」という一般的な判断形式をとることを意味する（⇓つまりここでは、述語とは、「実体」としての主語の存在の「属性」を、〝客観的に〟規定するものとなる）。このことがすなわち、対象を、単なる主観的妥当性から、客観的に妥当するものとして、すなわち一つの「認識」として、措定することなのである。

（☆⇓）「私はこの物を重たく感じる」は、内的な連想の法則に従った「主観的判断」（主観的統一）。これに対して、「事物は重さをもつ」は「客観的判断」（客観的統一）。自分の主観的認識に客観的統一を与えること。このような客観的統一が可能であるためには、「カテゴリー」（純粋悟性概念）とそれを統一する「統覚」があらかじめ存在していなければならない、とカントは言っている。

§20　およそ感性的直観はかかる直観において与えられた多様なものが結合せられて一つの意識になりうるための条件としてのカテゴリーに従っている

これまでの確認。感性によって受け入れられた多様な表象は、必ず統覚によって統一される。つまり、直観的なものであれ、概念的なものであれ、すべての表象の多様性は、悟性において統覚のもとに統一され、客観的な「判断」という形式をとる。この統一のアプリオリな形式性をわれわれは「純粋悟性概念」と呼んできた。

§21　注

直観における多様性（＝多様なもの）が、つねに〝いま私が経験している〟なんらかの「対象」として現われるのは、そこに悟性の綜合の働きがあるからだ。この綜合はまた「純粋悟性概念」（カテゴリー）によって可能になっている。だから「カテゴリー」は多様なものによる対象の経験が、必ずアプリオリな自己意識として現われることの理由ともいえる。これは経験的な直観が、アプリオリな感性の形式を根拠としてもつのと同じである。

さて、ここでは「純粋悟性概念」の演繹がわれわれの目標なのだが、「カテゴリー」は悟性の働きだから、この演繹は、あくまで悟性の能力の演繹でもある。しかしまたこの演繹が成し遂げられることで、直観の多様性の統一の根拠も明らかにされることになる。だから「カテゴリー」の演繹は、およそ感覚的な認識一般が可能となるための根本的な根拠となるだろう。

ただし、ひとつ重要なことは、悟性の綜合の前に直観における多様なものが与えられていなければならないが、しかしこのことが「どうしてそうなのか」はここでは解決することができない、という点だ。

「カテゴリー」はあくまで人間の悟性の原則であって、神の悟性ではこのような綜合は不必要である。人間では、あくまでまず感性による多様な直観の受け取りがあり、悟性がそれをまとめあげ、綜合することではじめて対象の「認識」ということが可能になっている。なぜそうなのかの根拠を知ることはできないが、そのような構造がわれわれにとってアプリオリであり、絶対的なものであるということは疑うことができない。

またなぜ人間の悟性が、ある一定の種類と数のアプリオリなカテゴリーによって、統覚の統一をもたらしているのか、ということも、根本的には説明されえない。これは、なぜ時間・空間という二つがわれわれの感性の根本形式であるのかが説明不可能であるのと、同じことである。

§22 カテゴリーは経験の対象に適用されうるだけであってそれ以外には物の認識には使用せられえない

だから、対象を「思惟」することと「認識」することとは、別のことがらである。繰り返し述べてきたように、認識は、感性＝直観による多様なものという与件と、これを統合し統一する思惟（悟性）とによってはじめて成立する。悟性は「カテゴリー」によって対象を概念的判断にもたらすのだが、これは対象の直観の多様性という素材を必ず必要とする。

われわれの感性的直観は、二種類ある。一つは空間・時間についての「純粋直観」で、もう一つは具体的な事物を時間・空間的な形式で捉える経験的直観である。われわれは空間の純粋直観をあらかじめもっているために、幾何学的な知識を作り出してそれを共有することができる。「数学的概念」はそれ自体としては、まだ「思惟」であって「認識」（⇒客観的な対象認識）とは呼べない。つまり、数学的な概念は、それと具体的対象との妥当な対応が確認されることで、はじめて客観的「認識」と呼べるものになる。
ここからつぎのことが明らかになる。悟性の「カテゴリー」は、経験的直観に適用されることによってはじめて妥当な「認識」となる。「カテゴリー」はあくまで〝経験的認識〟を可能にする条件であって、経験を超えた対象の「認識」を可能にするものではないのだ。それはただ、「思惟」を可能にするだけなのである。

§23（つづき）

いま述べたことはきわめて重要な意味を含んでいる。空間・時間は、感官の対象のみに妥当する直観の形式性、つまり経験的対象においてのみ妥当する形式性であって、経験を超えたことがらについては適用できない。これに対して、「カテゴリー」（純粋悟性概念）はこのような制限をもたず、感性的な事物の直観に対してだけでなく、概念的なことがらの直観に対しても適用することができる。ここに問題が生じるのである。

「カテゴリー」がわれわれの感性的な直観を超えて、概念的な直観にも適用されるとき、それは見たようになんら客観的な「認識」をもたらすわけではない。しかし、にもかかわらず「悟性」は、それを客観的な認識と見なす誤りをしばしば犯す。

たとえばいま、ある「非感性的」な直観的対象が与えられていると考えよう。この対象は、たとえば「この対象は延長をもたない」とか「この対象は時間的持続をもたない」「この対象には変化というものが存在しない」といった術語をもつものとして示されるだろう（⇒「神」という言葉を想定するとよい)。しかし、このような判断は、妥当な判断とは言えても本来の意味での「認識」とは言えない。この場合われわれは、ただ「~ではない」「~でもない」という仕方で対象を規定しているだけで、対象の現実性については何も積極的なことを言っていないからである。

重要なのは、このような「何かあるもの」については、「カテゴリー」は決して適用されないということだ。つまり、「実体」=主語としてのみ存在し、単なる述語としては存在しえない「何かあるもの」についての概念は、経験的直観を欠いており、ただ「思惟」されるだけである。したがって表象や想像することはできても、実際にその現実存在については、それを決して規定できないのである。

§24 感官の対象一般へのカテゴリーの適用について──→「構想力 Einbildungskraft」

まず感性は時間・空間というアプリオリな形式をもち、われわれはこの形式に従って多様な印象を受けとるが、この直観の多様性は悟性によってまずまとめあげられ、「カテゴリー」による綜合的な統一を通して概念にもたらされる、つまり判断・認識となることができる。

直観の多様性をまとめあげる働きはアプリオリなものであって、これを「形象的綜合」(多様な印象を一つの像にまとめあげる働き)と呼ぼう。これに対して、カテゴリーによる概念的綜合を「悟性的結合」と呼ぶことにしよう。

いうまでもないが、これらはともに先験的綜合である。この二つの綜合の働きは一切の経験に先だって存在し、そのことでわれわれの認識(判断)が可能になっている。

さて、「形象的綜合」は、直観の多様性をまとめあげる働きだが、これは感性の形式と同じくアプリオリなものだから、人間的悟性に関するかぎり（つまり神のような知性を度外視すれば）、「構想力の先験的綜合」と呼ばれなくてはならない。さしあたり言えば、「構想力」とは、対象が現存しなくてもこれを直観的に表象する能力である。

表象を直観する能力は感性に属するので、構想力も基本的には感性に属する。しかしまた、構想力による多様なものの綜合は、感性が基本的に受動的な働きであるのに対して、自発的（能動的）な働きである。この意味では、構想力は感性によって規定されるのではなく、むしろこれを規定する能力と言える。

わたしは、このような感性の自発的に綜合する構想力の働きを「産出的構想力」と呼び（⇓いわゆる想像力）、単なる対象の連想的な想起としての「再生的構想力」と区別しよう。

（☆⇓）構想力が、感性のアプリオリな原理なのか、悟性のアプリオリな原理なのかは、カントの言い分では判定が微妙。構想力は、表象を直観する能力という点では感性に属すると言えるが、感性があくまで受動的な働きであるのに対して、構想力は自発性をもつという点で、悟性の作用とも言える、という感じ。

全体としては、構想力は、これまで見てきた「感性」と「悟性」をつなぐ役割として考えられている。ここまではカントは、感性のアプリオリな形式（時間・空間）と、この形式によって与えられた多様なものを概念にもたらす悟性におけるカテゴリーというアプリオリな形式、という二項図式で来たが、ここで、両者の間に、感性の多様性の統合の働きとしての「構想力」を入れ、感性—構想力—悟性（カテゴリー）という三項図式を導き入れていると言える。

ここで、§16で示唆した「私」の表象に関するパラドックスについて考察しよう。問題は、われわれは、われわれ自身が自らに表象される（現われ出る）その仕方を通してしか、われわれ自身を把握できない、ということである。われわれは、われわれ自身をあるがままに（直接的に）認識することはできないのだ。するとわれわれは自分自身の把握について受動的な態度しかとれないことになり、ここには矛盾があるように思える。

「私」は「私」を内感によってしか表象できないが、この内感は、直観の多様性を統覚にもたらす悟性の能力によって規定される。ここで問題になるのは「構想力」の自発的能力（悟性的能力）であって、すなわち構想力の先験的綜合（統覚）が内感の多様なものをまとめあげている。従来の心理学ではこの「統覚」と「内感」とを混同するが、両者ははっきり区別されなければならない。

統覚（その綜合的統一）は、多様なものを結合し、これをカテゴリーによって認識にもたらす。これに対して、内感は、直観における時間形式であって、まだ直観の多様性を結合していない。この多様なものは、構想力の自発的な働きによってはじめて統一される。

たとえば、このことをつぎのような例で示すことができる。

われわれが一本の直線を考える場合、心の中で自分でこれを引いてみないことには、直線を表象できない。円も同様である。空間の三次元についても、一点に交錯する三本の直線を心の中で表象することで、はじめてわれわれは「空間」の概念をイメージし、捉えることができる。また「時間」についても同じで、われわれは一本の直線を〝引きながら〟（イメージしながら）、そこで生じている多様なものを綜合するその継続性に注意を向けることで、はじめて時間の「継続」ということを把握できる。
つまり、構想力の自発性が、直観の多様性をまとめあげ一つの像に形成することを通してはじめて、内感は、直観における多様なものを一つの認識として捉えることができるのである。

さて、はじめの問題にもどろう。
思惟する「私」と自分自身を直観する「私」とは別のものだが、しかしどうして双方の「私」は同一の「私」たりうるのか。つまり、思惟する「私」と思惟された客観（対象）としての「私」の一致は、いかに保証されるのか。あるいはまたこうも言える。「どうして私が私自身に対して一般に対象となりうるのか、しかも私自身の直観と内的知覚との対象になりうるのか」。

これについては、つぎのように言うほかはない。時間は言うまでもなく外的感官の対象ではない。だからわれわれは時間を表象するのに、自分の中で「直線」のようなものを引いてみて、これになぞらえて時間の長さや、単位、継続というものを表象するほかはない。

つまり内感のありようを思い描くために、われわれは外感を統合するその仕方を適用しているのである。だから、ちょうど外的事物についてと同様に、われわれは、われわれ自身を「それ自体」として認識することはできず、ただ内感において内的に触発される仕方に従って、つまり「現象」として自分自身を認識している、と言うほかはない。

§25（つづき）

これに対して、内感から受け取られた現象としての「私」ではなく、私が意識する「統覚の根源的統一」としての「私」は、いわば現われるままの私（現象としての私）でもないし、かといって、あるがままの私（物自体としての私）とも言えない。根源的統覚としての私は、ただ、「私は存在する」ということを意識している存在としての「私」であり、このような表象は、「純粋な思惟」であって「直観」とは言えない。

われわれにとって客観（対象）の認識は、まず感性による直観の多様性の受け入れと、カテゴリーによるその多様の綜合とを基本の条件とする。私が「自分自身」を認識するためには、やはりこの二つの条件を必要とする。

なるほど私の存在は単なる「現象」とは言えない。しかし私はこの二つの働きを通してしか自分自身を認識できないから、そうして現われる「私」の認識は、あくまで「物自体」としての「私」ではなく、外的対象になぞらえれば、「現象としての私」（＝「現われるがままの私」）、の認識にすぎない。だから「自己意識」は、「自己」の認識とはまったく言えない。

私は知性者として存在するが、認識の対象が自分自身である場合でさえ、感性と悟性の形式に従わざるをえないのであって、そのかぎりで、われわれの自己認識は、現象としての認識にとどまるのだ。

（☆⇩）ここの要点は、自己認識は、一般的な対象の認識とは異なる自己認知性をもっているが、しかし原則としては人間の自己認識もまた、感性的直観、カテゴリーという枠組みを通してしか存在しえない、ということ。つまり、現象としてしか自分自身に現われないということ。先験的統覚は、「私は考える」という思惟の形でしか「私」に現われない。

§26　純粋悟性概念の一般的に可能な経験的使用の先験的演繹

純粋悟性概念の「形而上学的演繹」では、カテゴリーのアプリオリ性は、思惟の一般的、論理的機能がカテゴリーと完全に一致することによって示された。また、純粋悟性概念の「先験的演繹」は、カテゴリーを直観的対象（事物）一般の認識のアプリオリな条件として示すことによってなされた。

そこでつぎにわれわれがなすべきことは、われわれの感官に現われうるかぎりの一切の対象のありようを、カテゴリーによってアプリオリに認識することができること、つまり、一切の自然存在が、カテゴリーに従ってのみ現われ出ることができること、あるいは、カテゴリーが、われわれにとっての自然存在のありようを規定している、ということを示すことである。

まず、ここで私は、「覚知の綜合」という概念を、経験的直観における多様なものの綜合的統一という意味で使う。知覚などの経験意識がこれによって可能となる。

すでにわれわれは、われわれの感性的直観が時間・空間というアプリオリな感性形式に従って表象されることを見てきた。内的なもの、外的なものを問わず、直観における多様なものの一切は、アプリオリな感性の形式において結合されるとともに、カテゴリーの枠組みに従って綜合的に統一される。つまり、知覚を含む一切の綜合が、カテゴリーに従う。こうしてカテゴリーは、経験一般を可能にする基本条件である。
たとえば、私が一軒の家を知覚的に経験するとき（⇒空間的知覚の例）、空間における多様な印象を「綜合」することでこの家の全体の大きさや形を把握する。しかし同時に私は、（空間形式を度外視して）この家の大きさや形を、悟性のカテゴリーによって「分量」として認識している。このとき、家の知覚はあくまでカテゴリーに従っている。言いかえれば、知覚（＝覚知）それ自体は経験的綜合だが、それは同時に統覚の綜合（＝知性的綜合）に必然的に従うのである。

もう一つの例を挙げよう（⇒変化するものの知覚）。私が「水の氷結」を知覚する場合、知覚それ自体としては私は（固体と液体という）二つの状態を対立するものとして捉える。しかし私は、時間的形式としては、はじめ液体だったがのちに固体となったという仕方でそれをつかむ。つまりこの現象を、多様なものの綜合的統一として、すなわち「一つの同じ物」の時間的変化として表象する。そしてまた私は、内感形式としての時間を度外視して、悟性において、この現象をカテゴリーにおける「原因―結果」という関係として把握することができる。

こうして私は、事物を感性的に知覚しながら、同時にこれをカテゴリーにおいてつかむことで、はじめてその対象の何であるかを認識している。言いかえれば、「覚知の綜合」（感覚的印象の綜合）を行ないつつ同時に「知性的綜合」（悟性による綜合＝概念的判断）を行なっている。この場合、「覚知の綜合」があくまでカテゴリーの原理のもとに組み入れられることで、はじめて対象の認識が可能となっている、と言えるわけである。

こうしてわれわれは、カテゴリーがあくまで悟性（思惟）の原理でありながら、しかし自然事物の感性的直観が認識にもたらされるための根本条件であること、したがってカテゴリーという枠組みが、われわれにとっての自然の現われに一定の法則を与えている、ということを理解できる。

逆に言えば、自然法則は、自然自身から導出されるのではなく、むしろ、われわれが自然を認識するそのアプリオリな形式・枠組みこそが、自然がわれわれに〝現われ出る〟その仕方を規定していることを理解する。つまり、対象の〝現われ方〟の規則が、われわれにとって自然法則として認識されるのである。

だがここで一つアポリアが生じる。こうしてわれわれの観点からは、カテゴリーが自然の法則を規定するのだが、しかしこれは矛盾ではないのか。つまり、自然法則が自然それ自身からではなく、なぜ人間の悟性のほうから規定されなければならないのか、という問題である。

このアポリアの解決はつぎのようになる。

われわれの自然事物の経験は、「物自体」としての自然の経験なのではない。それはあくまでわれわれの感性と悟性の形式を通してわれわれに現われた、「現象」としての自然である。知覚され経験された自然は、われわれの感性と悟性の形式性の規定を受けないわけにはいかないのである。

つまり、われわれの一切の経験は「現象」であり、だからわれわれは「物自体」(世界それ自体)を経験し認識することはできない。「現象」は、まず直観における多様なものの結合として現われる。この結合を作り出すのが構想力だが、これがすでに悟性のカテゴリーの能力に依拠している。しかし構想力は、直観の多様性の綜合については感性に依存するのである。(⇒構想力は、感性と悟性の間を架橋する。それは多様性を綜合する自発性においてはカテゴリーに従い、その形象性においては感性の原理に従う、ということ。)

§27　悟性概念のかかる先験的演繹から生じた結論

こうして、われわれの経験的認識の一切は、感性と悟性のアプリオリな能力に依存する。逆に言えば、われわれは経験可能な対象についてしか、客観的な認識をもつことができない、ということになる。

ここでもう一つの問題を提示することができる。経験はわれわれのアプリオリな感性と悟性の能力に依存する。だとすれば経験と経験対象の概念との「必然的一致」は、どこに根拠をもつだろうか、という問題である（⇩いわゆる人間の認識と認識対象の一致、主観―客観の一致の問題）。

可能性は二つで、経験が概念を可能にしているか、あるいは概念が経験を可能にしているかということになる。

しかし、見てきたようなわれわれの前提からは前者は成立しえず、後者だけが残される。（⇩ヒュームなどの経験論者は、その逆で、経験の積み重ねが概念を可能にしていると主張する。カントは逆に、概念の先験的枠組みがなければ対象認識の経験自体がないと主張する。）つまり、カテゴリーは、経験一般を可能にする根拠なのである。いかにしてそうであるかについては、判断力の先験的使用を論じる次篇でさらに詳しく考察したい。

ちなみに、「もう一つの道」の可能性を提案する人もある。すなわちカテゴリーは、悟性からでも経験からでもなく、いわば神によって仕立てられたもので、この使用は、自然法則と自ずと合致するように「予定調和」的に作られているのだ、と（⇩マールブランシュやスピノザの説）。

しかしこのような説では、われわれのカテゴリーの概念は、神によってわれわれの主観につけ加えられた付属物にすぎないということになり、われわれの判断の客観的妥当性は、結局、主観的必然性にすぎないことになる。また自分のうちにそのような主観的必然性が存在することを認めない人間も出てくるに違いない。つまりこんな説を立てるや否や、われわれの認識の根拠についての議論は意味のないものになってしまうだろう。

この演繹の要約

純粋悟性概念（カテゴリー）は、一切の経験を可能にするアプリオリな原理である。ここでわれわれは、この純粋悟性概念の解明、つまり演繹を行なった。また統覚の先験的統一は、感性形式としての時間・空間を可能にするアプリオリな悟性形式を意味する。この演繹は、経験一般をそのような綜合的統一の原理として解明したものである。

★章末解説②（竹田）

＊カテゴリーの演繹

『純粋理性批判』におけるカント哲学の力点をあえてまとめると二点。一つは、人間が対象を認識するそのアプリオリな〝仕組み〟を、先験的観念論として示したこと。もう一つは、理性の能力が自分の限界を超えて世界の極限認識を求める結果作り出す、〝誤謬推理〟への批判。これがアンチノミーの議論。

ここではまずはじめの点について。

「世界とは何か」を直接認識しようとする前に、まず人間の観念の仕組みを認識すべきである。世界が何であるかの認識には、本質的かつ原理的な限界があるが、人間の観念の仕組みの認識については誰もが納得できる仕方で（普遍的な仕方で）認識できる。なぜならわれわれは、誰もそれを現に自分のものとしてもっているからである。これがカントの「先験的観念論」の基本構想である。

カントによる人間の認識（能力）の全体は、①感性、②悟性、③理性、という構造をもつ。これをまとめると以下。

①感性は、人間が自分の感官を通して事物対象を表象し、受けとる能力（直観の能力）

②悟性は、感性的直観による表象を統合して、判断にもたらす能力（概念的判断の能力）

③理性は、判断された諸対象から、推論によって世界の全体像に迫ろうとする能力（主として推論の能力）

「概念の分析論」では「悟性」の働きが考察されたが、その中心軸は二つ。一つは「カテゴリー」。もう一つは「先験的統覚」。

「感性」は外界の多様な印象を受けとる能力で、人間の「五官」の働きに対応する。しかし視覚、聴覚、触覚といった感官だけでは、「対象が何であるか」を判断し認識することはできない。感覚として受けとった「多様なもの」を、いわば概念的にまとめ直すことで、われわれはその何かを「対象」

として認識することができる。

言いかえれば、われわれは感覚的印象の束として入ってきた「多様なもの」をどのように――たとえば「一つのリンゴ」として――認識するのか。これがカントが立てている問いである。

カントの答えは、感覚として直観された「多様なもの」を、「悟性」が概念的にまとめあげて（綜合して）一つの対象として認識している、ということになる。そしてカント説の独自の点は、感性が「空間・時間」という決まった形式をもっていたように、悟性も、人間に固有の（生来の）形式性をもっている、という主張である。

悟性のアプリオリな形式性は、「分量」「性質」「関係」「様態」（それぞれがまた三つの分肢をもつ）である。人間はどんな対象をも、必ずこの「まとめあげ」の形式性に従って綜合し、概念的な判断として認識している。すなわち、たとえば「これは、いま、机の上に存在する、一個の、赤い、リンゴである」、といった具合に。

さて、興味深いのは、ここでカテゴリーの「先験的演繹」と言われている問題、つまりなぜこの四つが悟性の絶対的にアプリオリな形式性と言えるのか、についての証明である。

カントは、かつてアリストテレスが一〇のカテゴリーを提示したが、それは十分原理的でなく、それが絶対的にアプリオリな形式性であることを追いつめていない、と言う。空間・時間が、対象認識の基本カテゴリーであることは、哲学的な解明は別として、ほとんどの人が認めるだろう。しかしこの〝悟性の基本四カテゴリー〟が、なぜ絶対的に〝アプリオリ〟だと言えるのかについては、全ての人が彼の議論を疑問の余地ないものとして納得するとは言えそうもない。

ちなみに、哲学者たちの「カテゴリー」の分類はきわめて多様である。ヒュームは、対象認識の区分として、まず関係、様相、実態という項目をおき、関係をさらに、類似、同一性、空間、時間、量、性質、度合い、反対などに細分化した（『人性論』）。カントのカテゴリー分類を十分に意識したヘーゲルでは、基本カテゴリーは、存在（有）、本質、概念であり（『大論理学』）、カントの四項に対して弁証法的三項である。

ともあれ、ここではカントのカテゴリーについてこれ以上議論を展開することは避ける。ただ、つぎのことを言っておこう。

人間が対象を認識するその概念的枠組みとしてのカテゴリーについては、カントやヘーゲルのように絶対的にアプリオリな形式性として主張される場合もあるが、哲学的にはそれぞれの説という以上の合意は現われていない。ただカントの力点は、感性が時間・空間という厳密なアプリオリな形式をもつのと同じように、悟性もなんらかの厳密な形式性をもっている、という点にある。カントからすれば、このことではじめて、人間の経験的な対象認識の「客観性」が保証されることになるからである。

たとえばカントでは、人間悟性が「原因─結果」というアプリオリなカテゴリーを内在しているのでなければ、自然科学の広範な客観性が現われることを説明できないことになる。しかし現在の哲学的知見からは、「原因─結果」という概念は、生活の中でたえず不安を縮減しエロス的合理性を追求しようとする、人間的身体の普遍的な共通性という点から十分に説明できるので、人間の観念の「アプリオリな形式」であるとする必要はなくなる。カテゴリーがこの四つであるというカントの〝先験的〟証明（先験的演繹）も、十分に成功しているとは言いがたいかも知れない。

＊先験的統覚について

「先験的統覚」は、人間のどんな判断や認識にも、必ず「私」がそれを判断し認識しているという「コギト」の意識が伴っているということで、これ自体は誰も納得できることであるに違いない。ただ、カントの力点をもう少し解説すると以下になる。

カントの先験的観念論（人間の認識はどうなっているか）の問いを特徴づけているのは、そもそも人間の認識を〝可能にしているのは何か〟、という問い方である。たとえば、「感性」（五官による感覚）を〝可能にしている〟のは、空間・時間という基本の形式性である、という答え方になる。

空間・時間という形式が、感性の多様性を統合している。そのことが土台となって対象の概念的把握（判断）が可能となっているが、この概念的認識自体は、また、カテゴリーという悟性の基本形式によってはじめて可能となっている。さらに、この感性形式と悟性形式（カテゴリー）の統一を可能にしているものがある、それが「先験的統覚」である。

そしてこれが認識を「可能にしているもの」の系列の最後の項で、ここまでくると、われわれはそれ以上、「何が先験的統覚を可能にしているか」を問うことができない。それはそうなっているとしか言いようがないもので、つまりここが行き止まりである。だからそれは対象認識の「最高の原理」である、というふうにカントの推論は進んでいる。そこで、『**統覚の統一こそは、人間の認識全体の最高の原理である**』と言われるのである。

こうして、悟性の純粋形式としての「カテゴリー」と、感性と悟性の統合原理としての「純粋統覚」が、ここでの中心概念である。

第二篇　原則の分析論（判断力の先験的理説）

人間の高級認識能力は「悟性」「判断力」「理性」の三つだが、一般論理学の、概念、判断、推理という三区分はこれに対応している。そしてこの三つの能力をわれわれは全体として「悟性」と総称している。一般論理学は、認識が経験的か純粋なものかを問わないで、ただ論理的な認識の一般的形式だけを分析し、そのことで理性の規準（カノン）を見出そうとする。しかしわれわれが試みている先験的論理学では、アプリオリな純粋認識が問題だから、従来の一般論理学の区分に満足していることはできない。

（☆⇓）カントの先験的論理学の区分を示すと以下のようになる。

〈感性〉
〈先験的感性論〉
- 感性的直観……時間・空間の形式性　感覚的印象
- 〈構想力〉↓多様な印象の結合（まとめあげ）

- 「悟性」……概念（カテゴリー）・先験的統覚という形式性

〈悟性〉――「判断力」……判断
〈先験的論理学〉└「理性」……推論

先験的論理学では、理性の先験的使用は客観的妥当性をもたない（⇒理性の先験的使用とは、理性を経験不可能な対象にまで適用すること。神の存在の証明など。それは対象の客観存在を確証できない）。だからそれは「真理」についての論理学とはなりえず、仮象の論理学（弁証論）をなすにすぎない。

理性は、しばしば、それが本来もつ限界を超え出て認識を拡張しようとして、仮象の真理にすぎないものを真理と主張する。だが、悟性と判断力については、経験対象に適用されるものとして、それが客観的に妥当するように使用される規準を考えることができる。だからそれを真理の分析論と言おう。

そういうわけで、これからわれわれが試みようとする「原則の分析論」は、理性の分析論ではなく、判断力が、アプリオリな悟性概念を「現象」（経験的対象）に適用するその正しい規準を考察するものである。私はこれを「判断力の理説」と名づける（⇒判断力は、カテゴリーを「現象」に適用する能力、あるいは、「現象」をカテゴリーの規則のもとに包摂する能力、と言われる）。

緒言　先験的判断力一般について

悟性が、概念の「規則」一般の能力だとすると、判断力は対象を『**規則のもとに包摂する能力**』（171）だと言える。つまり、ある対象がどのように規則の適用を受けるか判別する能力である。（⇒カテゴリーは、規則つまり概念的枠組みの根本的区分。これに対して、判断力は、与えられた対象がそのどれにあてはまるかを判断する力、ということ。）

さて、従来の一般論理学では、ただ、論理判断についての一般的な形式的規則を整理するだけで、その〝適用〟の原則については何も言わない。だから一般論理学においては、まずある対象を判断する上での一般規則（原則）を立てることになるが、さらに、この規則がよく適用されるためにはどのような規則が必要か、という規則の適用の規則が必要となるかも知れない。

要するに、悟性の論理的判断についての形式的規則は誰でもこれを学ぶことはできるが、それを適切に適用する「判断力」の能力は、一種独特の「才能」というほかないものであり、自分自身の修練を必要とし、またある程度は生得の資質でさえある。学校教育は、たしかに人々に論理的判断の規則を教えることができるが、人がすぐれた判断力をもてるかどうかは、単なる学習よりはるかに天性の能力による面が多いのである。

医師や裁判官や学者などが多くの専門知識をもっていながら、しかもなおさまざまな誤りを犯すことについては誰でも知っている。このような誤った判断の原因は、それらの人々に天性の判断力がなく、判断の形式的規則は知っていてもそれを具体的に〝適用〟する能力に問題があるか、あるいは単に、実際の仕事においてまだ未熟なためかのいずれかである。

実際的経験の積み重ねが、判断力を養う上で一定の役割を果たすことは言うまでもない。しかしこの実際的経験は、規則の適用を一種習慣化する側面をもっており、判断力の規則を、本質的な原則としてよりも単なる方式（ノウハウ）として身につけさせることが多い。だから、判断力に欠ける人にとっては、かえって実例がないと自分で進むことができないということも起こる。

さて、いま見たように、一般論理学はただ論理形式の規則だけを与えてその判断の規則についての原則は与えない。しかしこれに対して「先験的論理学」では、カテゴリーを使用する判断についての、本質的な原則を確定しようとする。

先験的哲学では、悟性の能力を、その本来のアプリオリな認識領域を超えて拡張するというような目的はもたない。それは何度も見てきたように、不必要であるどころか有害なことであり、しばしば無意味な弁証論（⇒詭弁やレトリカルクエスチョン）を生み出すものである。先験的哲学は、むしろ、そのような純粋悟性概念の拡張的使用という誤用を指摘することで、それを適切に「批判」する役割を果たすのだ。

こうして、先験的哲学の本領は、純粋悟性概念による判断の基本的規則（カテゴリーの区分）とともに、これらの〝適用の原則〟をもアプリオリに示すという点にある。つまり、個々の対象を規則に包摂する原則ではなく、およそ対象認識における判断一般のアプリオリな原則だけを取り出すのである。

「判断力の先験的理説」の全体は、以下のような構成をもつ。

第一章、「カテゴリー」が使用されるための唯一の〝感性的条件〟である、純粋悟性の「図式論」。

第二章、一切のアプリオリな認識の根拠をなす綜合的判断の原則、すなわち純粋悟性の「原則論」。

（☆⇩）この章のポイントは、二つ。第一に、一般論理学では、「判断力」の問題は、ただ一般的な心得の積み重ねとして言われるか、あるいは経験による習熟によって得られるもの、という仕方でしか扱えないこと。第二に、これに対してカントの先験的論理学では、「判断力」は、悟性のアプリオリな概念区分である「カテゴリー」とともに、そのアプリオリな適用の原則を意味する、ということ。

言いかえれば、一般論理学では、判断力は、才能や習熟の問題だが、先験的論理学では、人間の論理判断についての、厳密なアプリオリな学問的対象となること。先験的哲学は、これを「判断力の先験的理説」という形で提示する。このことで、カテゴリー使用における、誤用や逸脱を明確に示して、詭弁や誤謬推理の仮象性を指摘することができる。これが第二章の純粋悟性の「原則論」。

判断力の先験的理説（あるいは原則の分析論）

第一章　純粋悟性概念の図式論について

ある対象がある概念に包摂されるには、対象と概念の間になんらかの同種性（共通性）が必要である。たとえば、皿という経験的概念は、「円」という幾何学的概念と「円《まる》さ」においてつながっている。このことで、対象が概念のもとに包摂される（⇩皿は丸い＝円形のものだ、という判断が成立する）ということが可能になる。

ところが純粋悟性概念と経験的（感性的）直観との間には、この意味での同種性（同一性）はない。（⇒たとえば「皿」という経験的対象の概念と、「質」や「因果性」といった概念は直接の同一性、共通性はない。）

では、具体的な感性的直観（具体的対象）は、いかにして純粋悟性概念に包摂されうるのだろうか。言いかえれば、いかにしてさまざまな現象はカテゴリーの区分に従うのだろうか。あるいは、われわれのさまざまな直観的経験は、なぜ、またいかにして、必然的にカテゴリーのもとに包摂されるのだろうか。なぜ、現象の直観的な多様が、それとはまったく異質な「カテゴリー」というものに関係づけられるのか、何がそれを可能にしているのか。これらのことを明らかにするのが、判断力の先験的理説の目的である。

（☆⇒）皿、リンゴ、ナイフなどの直観それ自身は、たとえば「因果性」の概念とはまったく無関係。しかしわれわれがそれらを知覚するとき、それらの対象を、必ず一定のカテゴリーのもとに包摂しつつ認識している（カテゴリーが適用される）。たとえば、一枚の皿の知覚経験は、単にいま皿が見える、というのではなく、「この皿は、いま机の上に存在する一枚の皿であり、それは丸い形をした容器である」といった、分量、性質、様態、関係性などについての概念的判断をともなっている。カントによれば、このことはなぜ可能なのか、を解明するのが、判断力の先験的図式論である。

われわれはつぎのように言わねばならない。「現象」（直観）と「概念」（純粋悟性概念）の間に立って両者を媒介するものがあってはじめて対象が「カテゴリー」に従って認識されることが可能になっていると。そして、この両極項を媒介するものは、知性的でありつつ同時に感性的でもあるような、しかし純粋な表象だと考えられる。われわれはこの媒介の役割を果たす表象を、「先験的図式」と名づけよう。

そして、ここで多様な直観＝現象とカテゴリーとを媒介するものの本質が何であるかが問題なのだが、さしあたって私はそれを「時間性」だと言おう。

「カテゴリー」は、多様なものを綜合する原理である。一方、すでに感性論で見たように、「時間」は「内感」のアプリオリな形式であり、内感における多様なものの統一の原理である。それが多様なものを統一する純粋な形式性であるという点で、時間は「カテゴリー」と同質性をもつ。

しかしまた時間は、多様な経験的対象のうちにつねに含まれているという意味では、現象と同種的である。つまり、時間は、現象（直観）であるとともにカテゴリー的な概念的統一を行なうものという双方の性質をもっており、このため、両者の媒介者となりうるのである。

さて、われわれは「カテゴリー」の演繹の場所で、すでにつぎのことを確認していた。まず、「カテゴリー」は、あくまで経験可能な対象（つまり現象）の認識の条件として働くのであり、「物自体」の認識の条件ではありえないこと。また、われわれに対象が与えられるのは、必ずわれわれの感性の「変様」（触発）を通してであること。最後に、したがってまた、感性のアプリオリな形式的条件自身が、対象が「カテゴリー」によって把握される基礎条件でもあること。

こういうわけで、われわれはこの感性の純粋な形式的条件、つまり〝感性における時間的条件〟を「純粋悟性概念の図式」と呼び、これについての考察を「図式論」と名づけることにする。

「図式」は、すでに触れた「構想力」（想像力）の所産である。構想力は概念を形像化（イメージを与える）する力をもつ。たとえば、私は五つの点を「・・・・・」と打って思い描くことができる。これは概念の感性的な形像化（イメージ化）である。しかし「千」や「一万」といった大きな数の概念は、それ自体として形像化することはできない。だが、構想力は、この感性的には形像化できない概念をそれでもなんらかの仕方で形像化して表象する。

このような概念の「形式化」の能力を「図式」と呼ぶと、われわれの純粋な感性的概念の根底には、対象の直接的形像ではなく「図式」があることが分かる。

たとえば、二等辺三角形、正三角形という概念などは、一定の仕方で誰でも共通のものとしてイメージ（形像化）できる。しかしただの「三角形」の概念は、そのように〝誰にも共通なもの〟としては形像化できない。「三角形」の概念は、さまざまな種類の三角形を含むために、ある特定の三角形の具体的像としては表象できないからだ。この場合、「三角形」の概念は「図式」としてのみ表象できる、と言える。

こうして、「三角形の図式」は、像としてではなく思考のうちの独自の概念として存在するような、三角形についての「構想力による綜合の規則」である。

たとえば、「犬」という概念の図式は、一つの規則——われわれが「それによってある四足獣の形態を一般的に描きうるような規則」を意味する。これを「感性的概念の図式」と呼ぶことができる。「感性的概念の図式」は、純粋な構想力（⇒想像力）のいわばモノグラム（組み合わせ文字）であり、この図式によってわれわれは犬の概念を、具体的な犬の像としてではなく、犬という概念のいわば一般的なイメージ化（「形像化」）としてもつことができる。

いま挙げた三角形や犬の「図式」は「感性的概念の図式」だが、これに対して「純粋悟性概念」

（カテゴリー）それ自身の「図式」を考えることもできる。「カテゴリー」の「図式」では、このような形像化（イメージ化）が生じるのではない。それは、概念をイメージ（形像）として表象するのではなく、むしろ対象の多様性を主体の「内感の形式の条件」に従って綜合するものだと言わねばならない。

これは少し複雑なので、具体的にカテゴリーの順序によって説明していくのがよいように思える。

（☆⇓）カテゴリー表を参考に示す。

《カテゴリー表》

（1）分量
- 単一性
- 数多性
- 総体性

（2）性質
- 実在性
- 否定性
- 制限性

（3）関係
- 自存性と付属性（実体性と付随性）
- 原因性（因果性）と依存性（原因と結果）
- 相互性（能動者と受動者との間の相互作用）

（4）様態
- 可能と不可能
- 現実的存在と非存在
- 必然性と偶然性

①まず、悟性概念（カテゴリー）としての「分量」（量）の「図式」は、「数」である。数とは、量

を、「一」（単位）に「一」を順次加えてゆくことによって表象する図式である。（⇒たとえばわれわれはリンゴ、あるいは皿、ナイフの量を、その単位の「数」においてより明確に表象的な仕方で捉える。）

②「性質」（実在性）の図式は、時間における実在の一様な連続的産出、つまり「変化」である。（⇒あるものの分量・度合いの変化、それはいわば、ゼロから一定の大いさに至るまでの、一定の持続と変化だから、ゼロ地点が否定。一定の大いさをもてば肯定となる。）

③「関係」における「実体」の図式は、時間における実在的なものの「常住不変性」である。（⇒それ自体として必然的に不変・同一・永遠に存在しているもの）（⇒実体のカテゴリーを感性的所与に適用するための図式は、**『時間における実在的なものの持続性』**〈183〉である。）

④「原因性」の図式は、多様なものの、ある規則に従った「継起」（因果の規則に従った継起）である。

⑤「様態」における「可能性」の図式は、種々の表象の綜合と、時間一般の条件との合致（存在が不合理でないこと。↓反対のものは同一の場所に同時に存在できない）である。

⑥「現実性」の図式は、ある一定時間における現実的存在（現に、存在しつづけていること）である。

⑦「必然性」の図式は、あらゆる時点における対象の現実的存在である。

上述したことからつぎのことが明らかになる。カテゴリーの「図式」とは、つまり、「対象の時間規定の概念的表示」、を意味する。これを以下のようにまとめることができる。
分量の図式……「対象の継時的覚知における時間的綜合」
性質の図式……「感覚と時間表象の綜合」
関係の図式……「あらゆる時間における知覚相互の関係」
様態の図式……「対象の時間的存在様態の可能性」

こうして、純粋悟性の図式論は、内感における直観の多様性の統一、つまり統覚がいかに多様なものを統一して認識にもたらすかを説明する。純粋悟性の「図式」は、だから、われわれが対象を「カテゴリー」という形式性において捉えることができるための、唯一の条件だと言える。言いかえれば、「カテゴリー」は、経験的な直観の多様性を「図式」によって綜合して、これを概念的認識へと統一する。したがって「カテゴリー」は、結局のところ、経験的な認識対象においてのみ対象を真なるもの（客観的で実在的なもの）として捉えうるものなのである。

われわれのあらゆる認識は一切の可能的経験の全体のうちにある。つまり個々の認識が客観的で妥当なのは、あくまでそれが認識の可能性の条件に合致しているかぎりにおいて、つまり認識の「先験的真理」にかなっているかぎりにおいてである。（⇩「先験的真理」とは、人間の認識は感性・悟性・理性からなり、感性は時間・空間、悟性はカテゴリーという先験的な枠組みをもつ、といった、カントによる人間の認識可能性についての認識のこと。「経験的真理」は、この先験的真理が示す認識の条件に合致することではじめてその真理性＝客観性を保証される。だから、「先験的真理」がつねに「経験的真理」に先行する、ということになる。）

またつぎのことも明らかになる。感性における図式の役割は、「カテゴリー」を経験的な実在に関係づけることにあるが、それはまた「カテゴリー」を感性的条件のうちに制限する。つまり図式は、本来、対象についての「感性的概念」でありながら、しかもカテゴリーと合致するものであることで、この両極を結びつけるのである。（⇓『**それは対象の感性的概念でありつつ、またカテゴリーとも合致するものである。**』〈186〉）

たとえば、数は「現象的量」、感覚は「現象的実在」、永遠は「現象的必然性」という仕方で、現象と概念とが結びつけられる。「カテゴリー」から一切の感性的条件を取り払えば、表象の統一だけはあるが、どんな具体的対象も消えてしまうことになる。たとえば、「実体」の概念は、常住不変性という感性的規定（図式）を取り払えば、われわれはこれについてまったくイメージできず、具体的には「何もの」でもなくなる。つまり、図式を欠く「カテゴリー」は悟性の単なる機能となり、対象をわれわれに示さない。

「カテゴリー」の意義は、経験対象を概念としてつかむところにあるが、まさしく図式が、経験的なものと概念的なものを架橋して、このことを可能にするのである。われわれは、こうして、「カテゴリー」による認識の意義が、感性的なものを概念化する場合にかぎられるその理由を、より明確に知ることになる。

（☆⇓）ここでのポイントは、具体的事物の知覚・認識は、純粋概念としてのカテゴリーに感性的表象を与えるものとしての図式なしには成立しないということ。もっと簡単に言えば、図式を欠くカテゴリーは対象を形成しないということ。カントの例では、「三角形」の図式は、三本の直線で囲まれた図形、といったときにわれわれに浮かぶある種の表象のこと。「実体」（これは神とか世界それ自体を意味する）の図式は、永遠に同一者として存在しているもの、といったときわれわれに浮かぶある種の表象のこと。注意すべき力点は二つ。一つは「図式」とは〝感性化された概念性〟、だということ。もう一つは、「図式」は時間性において可能になっていること。

第二章　純粋悟性のすべての原則の体系

ここまで、先験的判断力が、純粋悟性概念を対象認識における「綜合的判断」において使用するための一般条件だけを見てきた。ここからはその具体的な適用のありようを考察する。カテゴリー表がその手引きとなる。

われわれはここでは、カテゴリーのアプリオリな原則が、「綜合的判断」に使用されるそのありかたを研究する。したがって空間・時間という感性的直観の形式の原則はここでは除外される。ただ、数学的原則は、直観だけから得られたもので純粋悟性概念から引き出されたものではないが、それはアプリオリな綜合的判断ではあるので、ここで扱う。

「綜合的判断」の原則がここでの中心テーマではあるが、しかし対照のためにわれわれは、まず「分析的判断」の原則についてその本質を示すことにする。

（☆⇩）ここのポイントは、①ここまでは、純粋悟性概念の基本構造。カテゴリーと図式の枠組み。

ここからは、それが実際の対象認識（つまり経験的認識）における綜合的判断に適用される、その適用の「原則」についての考察。②分析的判断と綜合的判断の違いを確認すること。

第一節　一切の分析的判断の最高原則について

あらゆる判断一般の可能条件として「矛盾律」というものがある。つまり、「いかなる物にも、この物と矛盾する述語を付することはできない」という命題は、真理の一般的な標識だと言える。

しかし、命題の主語と述語の間にまったく矛盾が存在しない場合でも、その判断が誤りであったり、真理を表明していなかったりすることはいくらもありうる。したがってこの命題は、いわば真理の消極的な一般的条件にすぎず十分条件ではない。言いかえれば、それは形式的条件であり、したがってただ一般論理学に属するものにすぎない。

しかし、判断が「分析的判断」である場合には、その判断が否定的判断であれ肯定的判断であれ、矛盾律に従う判断は、つねに「真理」だと言える。このことから、「矛盾律はあらゆる分析的判断の普遍的かつ十分な真理条件である」と言うのは正しい。また、「あらゆる判断はこの矛盾律に反して真であることはできない」と言うのも正しい。

ただ綜合判断の場合には、矛盾律に合致することが、その判断が真理であることの十分条件、つまり絶対的規準とは言えない。ここでは、矛盾律は認識の真理の積極的な根拠であることはできない。

ちなみに言えば、ここに一つの矛盾律に抵触するような命題がある。「何かあるものが存在するとともに存在しないということは不可能である」。これは矛盾のように見えるが、じつは厳密には矛盾とは言えない。

この命題は、「あるものAは、何かあるものBであるとともに、非Bではありえない」ということを意味する。たしかにAは〝同時的には〟Bでありかつ非Bではありえないが、しかし〝継時的には〟ありうる。すると、矛盾律は、時間的に制約されてはならない無時間的な論理的原則でなければならないことが分かる。したがって厳密には、この命題を矛盾と見なすことはできないことになる。

このようなありがちな誤解は、われわれがあるものの述語をその主語の概念から引き離し、その述語にそれと反対の述語を結びつけるところからくる。ここでは、第一の述語と第二の述語の間に矛盾が生じるのだ。

つぎの例を挙げておく。「無学な人は学問がない」。（⇒プラトンの対話篇『エウテュデモス』に、ソフィストの詭弁論の一例として出てくる。）この命題は、一般論理学としては、述語の規定が論理的に主語の概念に含まれているという点で矛盾はなく、したがって分析的命題としては成立する。しかし、これを「綜合的命題」として考えれば、成立しない。

たとえば、無学な人間も勉強すれば学を身につけることができるから、「無学な人は学問がない」という命題は、同じ時間においてという限定条件をつけなければ真理として成立しないのだ。こういうわけで、われわれは分析的判断と、綜合的判断をはっきり区別する根拠を知ることができる。

（☆⇒）「分析的判断」は、述語の概念が主語の概念のうちに含まれていて、主語と述語の関係が必然的に結びつけられる判断。「綜合的判断」は、述語のうちに主語の概念が包摂されず、判断の外的な要因をもちこみこれを綜合して真であることが成立する判断。「アプリオリな綜合判断」は、主語―述語の概念が直接合致しているだけでなく、異なった知見を綜合することで知識を拡張しながら、しかし同時にアプリオリにも真と言えるような判断。カントによれば、数学の正しい命題や、また、因果律に代表される自然科学上の基本原理もアプリオリな綜合的判断とされる。

第二節　一切の綜合的判断の最高原則について

綜合的判断がいかなる条件で可能となるか、まさしくこれこそ、先験的論理学が解明すべき重要な仕事であって、一般論理学ではこれを扱うことができない。一般論理学は、ただ主語―述語の形式的な整合性だけを扱うために、単に論理上の形式的な正しさを保証することしかできないからだ。したがってそれは、「分析的判断」においてだけ有効である（たとえば、「独身者は結婚していない」）。だがまた「分析的判断」だけでは、われわれの経験認識一般の真理をなんら確保できないし、またその本質的条件を取り出すこともできない。

「綜合的判断」は、分析的判断と違って、主語―述語の構造の整合性だけを真理条件とするのではない。ここでは一つの命題は、その真理性、妥当性を、論理の形式的整合性からだけではなく、別の概念（あるいは認識）、いわば「第三のもの」によって支えられるのである（たとえば、「昨日は雨だった」「ナポレオンは、ワーテルローで敗北した」など）。

こうしてつぎのように言える。綜合判断によって正しい認識が得られるためには、つぎの三つの契機を必要とする。

①一切の表象の総括者としての内感、つまり「時間」という形式

②こうして受けとられた表象を綜合する「構想力」（図式的綜合）

③「統覚」によるこの綜合の統一、「統覚の綜合的統一」

われわれがなんらかの経験的「対象」について確実な認識を得るとすれば、それはこの三者を条件とする綜合的判断によってはじめて可能になる。（⇒整理すると、われわれはある対象を、①時間という形式に従ってさまざまな経験〈知覚や思念等〉を順序立ててまとめ、②「構想力」〈あるいは図式〉によってこれを綜合し〈意味づけ〉、③同時に、それをつねに〝自分の経験〟として認識、把握する、という具合になる。）

繰り返し言えば、われわれの対象認識は、概念（思惟）の枠組みだけでは決して成立せず、経験を可能にする上述の三つの契機なしには成立しない。空間や時間は、感性のアプリオリな形式であって、そのような純粋表象としてわれわれのうちにある（⇒それが数学の基礎となっている）。しかしこの時間・空間の純粋表象は、それが具体的な経験対象に適用されるのでなければ、対象認識の客観的妥当性というものを構成しない。つまりそれらは単なる「図式」に終わる。経験的対象が存在しなければ、時間・空間は、認識のアプリオリな直観形式としての意味を失うのだ。そして同じことが対象存在の概念的判断を担う「カテゴリー」についても言える。

およそなんらかの経験認識が可能になるということは、上に見たような綜合判断の諸条件によって、われわれのアプリオリな感性や「カテゴリー」に実在性が与えられる、ということである。

こうして、アプリオリな綜合的判断は、上の三つの契機を条件とする経験認識においてはじめて可能となる。したがって、一切の綜合的判断の最高原理を、つぎのように言い表わすことができる。

(悟性)	「カテゴリー」＝概念区分
(構想力)	図式
(感性)	「感覚素材（諸印象)＝空間的秩序」＋「時間的結合（内感)」
	「根源的統覚」→「綜合的判断」

『一切の対象の認識は、可能な経験における直観の多様性を綜合的に統一するための必然的条件（⇓直観の形式・カテゴリーによる統一・先験的統覚・構想力による図式）に従う』、と。

（☆⇓）カントにおける人間の対象認識の全体構図を示すと、ほぼ上の図のようになる。

第三節　純粋悟性のすべての綜合的原則の体系的表示

＊自然法則をどう考えるか?

われわれの認識能力は、これまで見てきたように一定のアプリオリな形式性、枠組み、原則をもっており、どんな事物対象も、人間の認識の形式と原則に従って認識される。したがって、われわれはふつう、「自然法則」は自然それ自身に内在されているものと考えているが、じつは、自然がわれわれに現われる仕方、経験される仕方それ自身が、われわれの認識装置の形式性や原則に従っているのである。

つまり「自然法則」は悟性の綜合的原則に従う形でわれわれに現われる、と言わねばならない。この「悟性の綜合的原則」は、決して経験的な原則ではなく、人間の認識にもともとそなわっている先験的な原則である。

ただ一つだけ言うと、アプリオリな原則であっても、数学の認識の場合には、純粋悟性（カテゴリー）の原則に従うというより、感性がもつ純粋形式、つまり空間形式のアプリオリな秩序にその根拠をもっている。この数学のアプリオリな認識を具体的な経験対象に適用するときには、その認識はカテゴリーのアプリオリな綜合の原則に従うのである。

われわれは「カテゴリー」を経験可能な認識対象に適用して綜合的判断を行なうが、この場合「カテゴリー」は「量」と「質」の認識を担当する数学的使用と、「関係」と「様態」についての認識をあつかう力学的使用とに分けられた。

カテゴリーの「数学的な使用」は、対象についての感性的直観に関係し、「力学的使用」は、対象の現実存在についての状況的判断に関係する。また、カテゴリーの数学的使用、つまり「量」や「質」の判断は、対象の絶対的に確実な認識をもたらすが、力学的使用、つまり関係や様態の判断は、必ずしも絶対的に確実な認識とは言えず、思惟によって判断された間接的な必然性しかもたない。これについては、この節の最後でもういちど確認することになる。

さて、これから考察すべき「純粋悟性の原則」の全体は、「カテゴリー」の体系に即して、つぎのように区分される。以下それぞれの原則について詳しく見よう。

1　直観の公理（⇩「量」に対応する）（1・2↓構成的原理）
2　知覚の先取的認識（⇩「質」に対応する）
3　経験の類推（⇩「関係」に対応する、認識の時間的な結びつけ）（3・4↓統整的原理）

A　第一の類推　実体の常住不変性の原則（⇩実体は不変、恒存）
B　第二の類推　因果律に従う時間的契機の原則（⇩原因結果の関係）
C　第三の類推　相互作用あるいは相互性の法則に従う同時的存在の原則（⇩並存性）
4　経験的思惟一般の公準（⇩「様態」に対応する。可能性─現実性─必然性）
A　可能的
B　現実的
C　必然的

1　直観の公理（⇩単一性　数多性　総体性）

その原理──直観はすべて外延量である
（⇩すべての対象の直観は、必ずある一定の量〈大いさ〉として認識される）。

証明

時間と空間は感性の基本形式だから、どんな対象もわれわれに直観されて認識されるかぎり、この形式を通して受けとられる。ある対象は、個々の知覚（印象）が時間的な順序に従って結合されることで（綜合的統一）、一つの対象として経験される。つまり、必ずある一定の量（大いさ）をもつものとして認識されるのだ。これを、「直観における同種的なものの多様」は、時間的に綜合されて一つの対象の像を作り上げ、したがってそれは必ず「量」として認識される、と言おう。

（☆⇓）リンゴや机などが、それと認識されるためには、それが知覚の時間的なつながりによって、一定の延長（広がり）をもったものとして把握されねばならない。このときリンゴの知覚は、時間と空間という基本形式を基礎として可能になっている、ということ。

だから対象の「外延量」とは、まず対象の部分、部分の表象が認識され、それがつなげられて（綜合されて）全体の表象（像）を作り上げることで得られる、対象の「全体の量」（ひろがり）のことだ。カントによると、これが、人間が経験する「現象」としての事物対象（実体的な「物」）が、すべて例外なく「外延量」をもつ理由である。

またたとえば、われわれが頭の中で、一本の直線を引こうとすると、必ずある一点から線の各部分を順次延ばしてゆく、ということをしなければならない。これは空間的表象だが、時間的なものの表象についてもまったく同じことが言える。

こうして、あらゆる現象は、時間・空間という基本形式において直観され、この形式において、つまり順番に、部分ずつ結びつけられまとめあげられて一つの認識となる。したがって必ず一定の部分の集合として、つまり「外延量」として、現われるのである。

このことは、外延量についての数学といえる「幾何学」とその公理について考えるともっとよく理解できる。たとえば「二点間には、一本の直線しか引けない」とか「二直線だけでは広がりのある空間を囲めない」などは、この外延量の原理を正しく表現する「公理」である。

ところで、「あるものがどれほどの大きさになるか」という問いに対する答えとなるような量について考えてみよう。

たとえば、「二つの同じ量のものに、それぞれ同じ量を加えても（減じても）、それらは相等しい」という命題は、分析的命題であって、綜合的命題ではなく、したがって「公理」とは言えない。「公理」はアプリオリな綜合的命題でなければならないからだ。これに対して、「7＋5＝12」は、分析的命題とは言えず、一つの綜合的命題である（⇒カントでは、数式は綜合的命題とされる）。とはいうものの、このような数式は「公理」にはならない。

たとえば「二直線の長さの和が、残りの一直線より大きい三直線を与えられれば、任意の三角形を描くことができる」は、公理と言ってよい。しかし「7＋5＝12」は、ただ一つの仕方での綜合を示しているから、単なる数式、単称的命題でしかなく、もしこれを公理と呼ぶと無数の公理ができることになってしまう。

このような数学についての先験的な原則は、数学の本質を考える上できわめて有用である。いま述べたようなことが明確にされてこなかったために、これまで数学ではさまざまな詭弁論がはびこってきた。たとえば、感覚の対象は、（直線や角は無限に分割できるなどの）空間的構成の規則に従う必要はない、などという理屈がまかり通ってきた。しかし、空間の規則の幾何妥当性は、われわれの感性のアプリオリな形式性に基づいている。数学の客観的妥当性、つまりそれが現実対象に適用されうるのも、そのことに基礎をもっているのである。

詭弁論は、さまざまな論理でこれを否定しようとするが、それはわれわれの経験対象が、必ず感性のアプリオリな形式に従っているということを理解しないために現われる誤謬にすぎない。数学は、空間についてのアプリオリな表象とそれについての綜合的判断（アプリオリな綜合的判断）によって可能になっているのであって、もしこれを否定するなら、数学の確実性もその現実への適用の可能性もすべて否定されることになるだろう。

2　知覚の先取的認識（⇓実在性　否定性　制限性）

その原理――およそ現象においては感覚の対象をなす実在的なものは、内包量、すなわち「度」をもつ。

（⇓すべての対象の知覚は、必ず一定の質的な感覚の度合い、つまり内包量＝度、をもつ。）

証明

知覚とは、われわれが五官を通して外的対象からある感覚的触発を受けることだ。われわれは外的対象を、時間・空間という直観形式を通してその大きさ（量）を把握するが、それとともに、感覚の触発を通して、その対象の「どんなものであるか」を対象の「質」として知覚する。そしてこの「質」は、必ず一定の「度」（⇓あるいは強度）としてわれわれに現われる。それは、一定の強さから徐々に逓減していって最後に完全に消え去るまでの、感覚の「度合い」のグラデーションをもつ。

（☆⇓）たとえば、色の感覚は、存在するか存在しないか、ではなく、質のさまざまな度合いとしてわれわれに現われてくる。音も同じ。つまり、五官による知覚は、対象をこのような感覚の度合い＝内包量として捉えるという原則をもつ。

われわれの経験的認識についてアプリオリに言いうるような知識（認識）を、「先取的認識」と呼ぶことにしよう（エピクロスも同じことを考えた）。繰り返し確認してきたように、感性の時間・空間という直観形式は、経験的認識についてのアプリオリな認識である。

しかし、いま見たような対象の外延や質＝度を捉える感覚的知覚それ自体は、経験がこれを教えるのだからアプリオリなものとは言えず、むしろアポステリオリなものである。だが、感覚的知覚にもアプリオリな側面があり、そのような側面を「知覚についての先取的認識」と呼ぶことができる。

すなわち、経験的な知覚において、われわれの感覚は対象を必ず一定の「質」において、つまり度＝内包量において受けとるのだが、つまりこれが感覚的知覚のアプリオリな面である。だからこれを感覚的知覚の「先取的認識」と言うのだが、これについてもう少し詳しく説明してみよう。

対象についての質の感覚は、その量の知覚とは違って、時間や空間の形式において受け取られるわけではないから、一定の外延量としては現われない。対象の大きさは、部分部分の知覚が継続的につなぎ合わされて一定の「大きさ」（広さ）として認識されるわけだが、対象の質は、そのような継続的な綜合によらず、ただあるものの、そのつどの「感覚の強さ」として受け取られるのである。

それは、いわばゼロ（まったく〝存在しない〟）から、最大の強さまでの連続的な強度の度合い（グラデーション）をもっている（なんらかの度合いをもって〝存在する〟）。これを対象の感覚的質の「度合い」、つまり「内包量」と呼ぼう。

どんな色もその度合いを連続的なグラデーションとしてもつし、光の強さや、熱さ、重さなどもそうである。ところで、およそ量については絶対的な最小単位というものは存在しないことはすぐ分かる。これは時間や空間といった外延量についても同じで、どんな大きさも知覚として現われるかぎり、なだらかな大きさの連続量を形成する。

つまり、感覚的知覚として現われる現象一般は、必ず連続的な量として存在する。それはまず時間・空間的な長さや大きさの連続的外延量として、つぎに、対象の感覚的な質の連続的内包量としてわれわれに現われる。

ちなみに、またつぎのことも分かる。多様なものは上述したような連続的な綜合ではない仕方で、つまり連続量としてではなく、単位の集積体として把握されることもできる。（⇩一〇キログラムの金は量だが、一〇〇グラムの金貨〈＝一ゴールド〉一〇〇枚は一〇〇ゴールドであって、連続量の一つではなく、単位の集積体である。）

およそ外的対象がわれわれに必ず「連続的な量」として現われる（感覚される）とすれば、「事物の変化もまた必ず連続的な量の変化として現われる」という命題も正しいものと見なされねばならない（もちろん、一切の変化の原因は経験的なものだから絶対的には言えない、という経験論的な観点をとればこの命題もあやしいものになるだろう）。

われわれの哲学では、あくまで先験的な観点からの探究が問題になっているので、感覚的知覚のような経験的な認識の基礎に、先取的な認識、アプリオリな認識の原則を見出そうとするのは、やや首尾一貫しないと感じられるかもしれない。しかし知覚における第二の原則（連続量の原則）をおくことで、われわれは認識問題についてのさまざまな誤謬推理や詭弁を防ぐことができる。

たとえば、「空虚な空間や時間」の存在を主張するような科学者や哲学者がいるが、これらは結局のところ、「形而上学」的議論にすぎない。ある論者は、ある気体の濃密な空間と希薄な空間が存在するとき、希薄な空間では、気体の粒子の間に空虚な空間が存在しているのでなくてはならない、といった議論をする。しかし先に述べたように、ある外的対象の「質」は無限の連続量としてわれわれに現われるので、希薄ということを空虚な空間という概念で理解する必要はまったくない。

ともあれ、一切の感覚は、本来経験的にしか与えられないということは事実だが、それでも、感覚がわれわれに一定の性質の連続的な度合いとして現われるということは、経験的原理ではなくアプリオリな認識として言うことができるのである。（⇒これはカントによる「感官知覚の絶対的なアナログ性〈非デジタル性〉の原理」と言える。）

3　経験の類推（⇒自存性と付属性〈実体と付随性〉　原因性と依存性〈因果性〉　相互性）

その原理——経験は知覚の必然的結合の表象によってのみ可能である。

（⇒一つの経験的認識が成立するには、必ず個々の知覚をある〝必然的な関係〟として結びつける表象が必要である。）

証明

ここでは、単なる対象の個別的「知覚」ではなく、経験的認識、つまりなんらかの対象や事象が〝どのようなものであるか〟についての認識（⇒「知覚によって客観を規定するような認識」）が問題になる。このような経験認識は、多様な知覚がある〝必然的な仕方〟で「綜合」されて、その対象の客観的な認識が可能となる。そして、この知覚の綜合の必然性は、知覚そのものには属していない。

たとえば、ある対象を知覚する際、それはそのさまざまな知覚の側面をわれわれに現わすが、このとき、その対象が時間の中で一つの客観物として存在していることが認識されるためには、対象の諸側面がただつぎつぎに現われてくるだけではなく、それらの多様な知覚を、アプリオリに、時間の中で一つの必然性として結びつけるもの（概念）が存在するのでなければならない。

（☆⇒）たとえば、一個のリンゴを、上から、そして横から、下から見ると知覚は多様であるが、これらの多様な知覚が「一つのリンゴ」の認識として現われるには、その直観の多様が必然的なつながりをもったものとして結びつけられるのでなければならない。

またたとえば、われわれは一個のリンゴが地面に落下するのを〝認識〟することができるが、そのためには、まず手の中にあるリンゴを知覚し、つぎに空中にあるリンゴを知覚し、さらに地面にあるリンゴを知覚し、その上で、それぞれの知覚が「必然的なものとして」結合されるのでなくてはならない。この「結びつけ」の原理は知覚それ自体にはないので、悟性＝概念の働きと考えるほかはない、と、カントは主張している。つまり、多様な知覚を時間的に「必然的なものとして」結びつける働きが、ここで「経験の類推」と呼ばれる。


時間の基本の様態（modus）を、常住不変性（持続）、継起、そして同時的存在の三つに分けることができる。われわれがある事物の存在を経験認識するとき、それを必ずつぎのような「時間的な枠組み」において認識している。
①変わらず持続するものとして。

②ある状態から別の状態が現われているという（時間的な）原因結果として。
③互いに同時に別々に存在しているものとして。

このような経験認識のアプリオリな枠組みがあらかじめ存在しており、これによってわれわれはある対象を、持続的な存在、原因結果関係、同時存在をなすもの、として〝認識〟しているのである。

つまり、われわれは、ある対象の存在を、必ずその「実体性」（持続性）「原因結果性」（前後関係）「同時性」（並存性）として認識しているといえる。そしてこれは、対象についての一般的な時間規定の規則である。だからこれを「一切の経験的な時間規定は、一般的な時間規定の規則に従う」、と言うことができる。

さて、われわれはこれから、この「実体性」「原因結果性」「同時性」という対象認識の時間的な規則を一つずつ検討するが、その前に、言っておくべきことがある。

先に、直観的なものを感覚し知覚するときのアプリオリな綜合の原則として、「直観の公理」と「知覚の先取的認識」について述べた。これは現象としてわれわれに現われてきたもの（感覚や直観）を、数学的な量として把握するためのアプリオリな原則なので、「数学的原則」と名づけた。この規則によってわれわれは、たとえば太陽の光の強さを、月の光の強さの約二十万倍、といった具合に数量化して〝構成的〟に捉えることができる。だからこの二つの原則を、「構成的 konstitutiv 原理」と名づけようと思う。

これに対して、「経験の類推」と「思惟の公準」では、問題は、現象の多様を綜合する原則（規則）ではなく、現象から受けとられた対象がどのような存在であるか（存在様式）を認識するための原則である。ここでは、対象を量的、数学的に〝構成〟する原則が問題なのではなく、多様な知覚からそのつながりの必然性を把握して対象の「存在の仕方」を見出すことが問題である。そこで私はこの二つを「統整的 regulativ 原理」と呼びたい。（ちなみに数学では、「類推《アナロジー》」は、比例式の場合のように二つの数式の関係の同等性を意味し、つねに構成的に答えが出てくるが、哲学ではこれは量的な同等性を意味せず、質的な相似性を意味する。）

もう一つつけ加えれば、これは悟性の他の原則についても繰り返し述べてきたことだが、知覚の多様を綜合して対象の現実存在を認識する「経験の類推」の原則は、あくまで悟性の「先験的使用」ではなく、その「経験的使用」としてだけ妥当性をもつ。

われわれは「物自体」をアプリオリにも綜合的にも認識することは決してできず、だからこの原則は、どこまでも、現象としての対象の認識にのみ適用される。つまり、われわれは認識一般において「カテゴリー」を使用するのだが、事物の経験認識においては、認識対象は感性的なものを含むので、「カテゴリーの図式」を使うという仕方でカテゴリーを適用するのだということを、確認しておこう。

A　第一の類推　実体の常住不変性 Beharrlichkeit の原則

実体はつねに常住不変であり、自然における実体の量は増えもしなければ減りもしない

（☆⇓）これは、つまり「質量の総和の一定」のこと、「質量保存の法則」のカント版と言える。すでにこのような科学的知見が存在していた。実体は、その形を変化させうるが質量としては不変である、という綜合上の原則をわれわれはアプリオリにもつ、と主張している。言いかえれば、実体的な存在は、恒存的で不変であるという考え方の原則を、人間は科学の知見としてではなくもともともっている、という主張。

どんな現象（経験）も、必ず「時間」の枠組みの中で、つまりある場合は時間的に継起してゆくものとして、あるいはまた同時的な存在として現われる。つまりある不変の時間の流れの中で、われわれの一切の経験は生じる、と言える。私はこれを、「基体」としての不変の時間と呼ぼう。しかしこの基体としての時間それ自体は、知覚されるものではない。するとわれわれが一つ一つの経験の順序的継起や同時性を認識できるためには、いわば基体として時間の代わりになにか不変の基体となるものが必要だが、それがつまり事物の「実体性」であると言おう。（⇒あまり判明と言えないが、われわれがあるものの変化を認識できるには、なにか不変のものがあってこれと比べることではじめて事物の変化が理解できる、ということ。）

証明

つまり、一切の現象的な事物における、変化や同時性といった時間関係は、何か不変のものを規準としてはじめて考えられるのだが、この不変なものとなるのが事物の「実体性」である。するとまたつぎのことも言える。すなわち一切の事物の変化とは、この不変な基体としての実体が、その形や様態を変化させているだけで、実体の質量それ自体は、全体として不変である、ということだ。だから、まさしくこの不変な実体の存在こそ、さまざまな変化が生じることの前提なのである。

こういうわけで、事物の実体性は、事象の継起や同時性ということの認識を可能にする、「不変の時間」という基体に対応する「現実的存在」である。したがってまた、それは、一切の知覚を綜合して経験認識にもたらすことを可能にする、時間規定の根本条件なのだ。だから、およそ事物の変化とは、不変な実体（常住不変なもの）がその形や様態を変えたものと解されることになるのだ。

実際、哲学者のみならずほとんどの人は、暗黙のうちに、事物のさまざまな変化の底にそのような不変の実体の存在することを疑ってはいないし、これからも疑わないであろう。ただ哲学者としては、これを自覚的な表現として示して、実体はつねに「不変」な存在であり、ものが変化するとは、実体それ自体が変化するのではなくその属性（付随性）が変化することだ、と言うのである。

こうして、実体の絶対的な不変性（常住不変性）は、われわれの事物の経験認識における根本的な原則なのだが、これまで誰もこれを、適切な仕方で証明してはこなかった（独断的に主張してきただけだ）。この証明はアプリオリな綜合命題に関するもの、つまりアプリオリなものと言えるが、経験からの綜合判断としてしか見出せないものであることに、これまで誰も考えいたらなかったのである。

ある哲学者は、燃やした木から残りの灰を差し引くと、煙の重さが分かる、と述べたが、これは彼が実体が不変であることを暗黙のうちに前提していることを示している。また、「無からは何も生じない」といった言い方も同じであり、われわれはほとんどの場合、この原則を暗黙のうちに認めている。（ただ厳密には、常住不変性という語は、未来にまでかかわっていて十分適切と言えないがまず問題はない。）

また「何ものも無から生じず、何ものも無に帰することはない」という言葉もあって、ある人々はこれを神の創造説を否定するものとして懸念するが、ここで言われているのはあくまでわれわれに現われている「現象の世界」（経験の世界）での原則なので、それは無用の心配である。

ともあれ、いま述べた実体の絶対的不変性についての証明を十分に把握すれば、われわれはこれまであった実体やその付随性、また事物の変化といった概念の内実を、よりよく理解することができる。およそ変化するものは、実体そのものが変化するのではなく、その付随性、属性や様態、状態だけが変化するのである。

何かが新しく生じるというときも、なんらかの実体が無から生じるのではなくて、実体がある何かを新しく形成するだけであり、何かが消滅するという場合も、実体が消滅するのではなく、もとあった事物の様態がなくなってしまうということにすぎない。

というわけで、実体の「常住不変性」の概念は、事物がある時間的な相においてわれわれに経験されるための、必然的条件だと言うことができる。

B　第二の類推　因果律に従う時間的継起の原則

一切の変化は原因と結果とを結合する法則に従って生起する

証明

第一の類推でわれわれが確認したことは、経験認識における事象の一切の変化の根底には、つねに常住不変性（恒常的な不変性）として実体があり、この実体の形式や様態における変化が生じるということだった。さて、第二の類推において問題なのは、事象の時間的な継起をわれわれがどう認識するかという問題である。

たとえば私がまずある物の状態Aを知覚し、つぎにある物を前の状態とは異なったものBとして知覚する場合、われわれはこの二つの状態を、必然的に、なんらかの仕方で結びつけて認識する。これを結合するのは前に見たように構想力の綜合能力である。

われわれは時間自体を知覚できないので、構想力が、どちらが先でどちらがあとに来るものかを〝結びつけ〟(綜合的に統一し)、そのことでこの二つの状態の関係(因果関係)の必然性を認識するのだ。

もっと正確に言えば、まず構想力の綜合能力が多様な知覚をまとめあげて前後関係を整え、つぎに、両者の関係を「カテゴリー」の「因果関係」の枠組みの中で捉える。そのことでわれわれははじめて二つの知覚の状態を、ある事象の必然的で客観的な〝関係〟として認識することができるのである。いまこのことをもっと詳しく考察してみよう。

われわれに現われる知覚というものは、つねにつぎつぎに(継時的に)変化しており、決して同じものとしてとどまってはいない。たとえば一つの対象(家)の知覚もつぎつぎにさまざまな面を見せる。しかし、一つの対象の知覚が絶えざる側面の変化として現われるということと、対象(客観)自体が変化してゆくことの知覚(認識)とは、とうぜん別のことである。われわれがここで問題にするのは、対象自体の変化の知覚がいかに可能になっているのか、という点である。

ただ、このときこの対象は「物自体」を意味しない。「物自体」は繰り返し見てきたようにわれわれにはまったく経験できないのだから、その認識可能性の問題についてはまた別の話になる。ここでの問題はあくまで、われわれの「経験世界」に現われるかぎりでの事物対象(客観)である。

たとえばわれわれが一軒の「家」を見るとき、われわれの知覚は、家のさまざまな側面をつぎつぎに見ている。つまり家のさまざまな側面の知覚は、継時的に変化してゆく。しかしわれわれは、それを「家」自体が変化していると認識したりはしない。もしいま「家」の一部が壊れたりすれば、われわれは「客観」としての「家」自体が変化したと見なす（だがこの「客観」としての「家」は、「物自体」を指しているわけではなく、あくまで「現象」としての、われわれの「経験世界」に認識される「客観」としての「家」である）。

それでもわれわれは、自分の知覚経験のあり方がこの「客観」としての「家」の変化を正しく捉えているなら、そこに「認識と客観」の一致がある、つまり「真理」をつかんでいると考えてよい。もう一度繰り返せば、ここでわれわれが問題にしているのは、あくまで、経験世界における「客観的対象」（家）をわれわれがいかに正しく認識できるかという認識可能性の問題であって、「物自体」の認識の可能性ではない。

さて、もとのテーマにもどろう。われわれの問題は、単なる知覚の多様性と変化ではなく、客観的対象の変化をいかに適切に認識できるかということだった。ここで決定的に重要なのは、知覚の時間的な順序（秩序）ということである。

たとえば、先の例をとると、家を見ているとき、われわれはつぎつぎに変化する多様な知覚をもつことができる。だがある一つの知覚と別の知覚は任意に順序を変えることができるし、反復することもできる。しかしたとえば、いま私が一艘の船が川の上を右から左へ進むのを見るとする。この場合は、右方の船の知覚と左方の船の知覚の時間的順序と方向性は絶対的で、入れ替えたり、反復したりできない。

つまり、この知覚の現われの順序、秩序の規則が、われわれに、知覚の単なる「主観的継起」(知覚がつぎつぎに変化すること)と、知覚における現象自体の「客観的継起」(対象自体が変化しているという知覚)とを、はっきり区別させるのである。この両者の本質的な違いはきわめて明瞭であろう。一方は、知覚の継起=変化は任意的で、われわれ自身がそれを統御できるが、他方は、現象自体がその変化とその順序(秩序)をわれわれにもたらしてくる。言いかえれば、そのような継起の仕方においてしか自分の知覚を受けとることができない。

ここでは、ある出来事Bは、ある出来事Aより必ず後に現われ、BはAに規定され、この関係は不可逆であり一方的である、という原則(規則)をもつことが分かるだろう。そのようなときわれわれは、「客観対象」(現象としての)自体が変化していることを認識するわけだ。

こう言いかえることもできる。ある出来事の知覚(B)が、これを規定するような、つまりそれを必然的に結果するような別の出来事の知覚(A)に伴われていないようなとき、われわれにとってこの知覚(B)は、ただ、自分の知覚の内側の継起=変化の一つにすぎず、経験的客観対象自体の変化であるとは認識しない。われわれはつねに多様な知覚の主観的綜合を行なっているわけだが、これがいま述べたような規則に従っている場合に、それは客観的綜合となるのである(⇓客観的対象の変化、出来事の認識となるのである)。

(☆⇓)カントの言い分を整理すると以下。われわれの対象知覚は、厳密にはつねに変化していてまったく同一ということはありえない。しかしわれわれはこの知覚の絶えざる変化の中で、同一対象の「見え方」の変化と、その対象自体の「変化」をはっきり区別している。そしてその区別を決定するのは、前者では、対象の「知覚変化」が主体の視線の任意的な変化に対応しているのに対して、後者では、知覚変化は向こうから否応なしにやってくるということである、と。

したがって、対象知覚が、「到来性」（竹田）をもち、時間的順序として不可逆的であるとき、われわれはそれを同一対象の変化と見なすという「規則」がある。これが「因果律―時間的継起の原則」である、とカントは主張する。

ところで、このような考えは、これまで哲学者の間で主張されてきた考えとは大いに異なっている。その見解では（⇒主として経験論の考え）、われわれはさまざまな出来事の経験のうちに原因と結果の関係を繰り返し見出し、このことから「原因―結果」の概念を作り出すのだ、とされる。つまり、この考えは、「原因―結果」は経験的な概念（経験から学ばれた概念）だと主張する。われわれは多くの経験から原因と結果の系列の規則を学ぶのだ、という考えはたしかにそれらしく聞こえる。

しかしそれでは、原因と結果の系列は厳密にはすべて偶然的なもので、そこに必然性を想定することはできず、するとそもそも一切の出来事（生起）は必ずその原因をもつという規則そのものが成り立たないことになろう。むしろ、われわれが経験から原因―結果の概念を取り出すことができるのは、われわれがすでに自分のうちに、「原因―結果」というアプリオリな概念の規則（原則）を悟性の能力としてもっているからだと考えるべきである。

われわれの課題は、つぎの点を示すこと、つまり、われわれは、知覚の多様とその継起的連続をつねにもつのだが、それが単に知覚の主観的な継起＝変化ではなく、対象それ自体の知覚の客観的継起であることを示すような原則が、われわれのうちに存在していることを示すことにあった。そして、すでにわれわれは、知覚の表象が、前述したような一定の時間的秩序と必然性において現われるとき、それを客観対象の（変化）に結びつけるということを見てきた。

これをもう一度確認すれば、ある二つの知覚をもつとき、第一に、両者が時間的な前後関係を絶対的なものとしてもち、第二に、先のものが後のものの存在を規定し、その逆がありえないというような秩序が成立するとき、われわれはそこに必然的な原因―結果の関係を見出す。つまり、この両者を必然的な因果の関係として結びつけるのである。そしてこのような結びつけを可能にしているのは、われわれのうちにアプリオリに存在する悟性（カテゴリー）の働きなのだ。

こうして、何かあるものが変化として生じる（生起する）という現象は、それ自体ではまだ一つの「可能的経験」だが、私がこの知覚の多様を、一定の規則に従う知覚の時間的秩序において見出すとき、それは「客観的な経験」、つまりある現実的な対象の生起（変化）についての経験認識となるのである。

このような客観的な経験認識が成立するには、まず構想力による多様な知覚の綜合が必要である。しかし構想力によるまとめあげだけではまだ不十分であり、その多様の知覚が前述したような一定の秩序において結びつけられて、われわれはそこに原因―結果という関係を見出す。だからわれわれがある知覚をなんらかの原因となるものと見なしても、そこに結果となるべきものが伴わない場合には、それは単なる思い違いになるということもある。（⇒卵が落ちた、割れる、と思ったら、卵の形をしたゴムボールだった、とか。）

ちなみに、以下のような問題も考えておく必要がある。つまりそれは、原因と結果の関係が、時間の継時的な秩序、先後関係においてではなく、同時的関係として存在する場合をどう考えるかという問題だ。
たとえば、クッションの上に鉛の玉を置くとクッションはくぼむ。玉が置かれることとクッションのくぼみは、厳密には継時的ではなく同時的である。しかしここでも私は両者の力学的な関係の必然性によって、二つのことがらの原因と結果の関係をつかむ。問題なのは時間の秩序ということであって、時間の経過ではないのだ。この場合には、原因の概念は、先後関係ではなくて作用の概念、あるいは力の概念に求められ、そしてそれは、最後に実体の概念にまで至ることになるだろう。このことについてもう少し考察を続けてみよう。

いま作用のあるところ、力の概念を介して実体の概念へ行きつくと言った。しかし実体とは何かを定義して、力として作用するところのものだと言えば、これは循環論法になるだろう。われわれはすでに実体を常住不変のものとして示したが、まさしく現象における常住不変のものを実体と考えれば、それが作用、力という概念の根拠となることがよく理解できる。

「作用」とは、つまるところある原因の主体とその結果の関係を意味する。この世のあらゆるものは変化するが、この変化の根本原因、つまりその究極の主体と考えられるのは、一切の変化（＝作用）の主体としての不変の「実体」（⇩つまり神）である。

この推論は、必然的なものであって、もしこの一切の作用（因果系列）の究極の主体としての実体をおかなければ、われわれはこの系列をどこまでもたどることになり、結局「実体」という概念も、作用の原因とその結果といった概念自体も成り立たなくなるだろう。またこの第一原因としての実体が、それ自体生成したり消滅したりするものではないことも必然的である。

少なくとも現象の世界（⇒物自体の世界ではなく経験の世界）では、事物の無からの創造ということも、無への消滅ということも決してありえない。もしそれがありうるとすれば、われわれの経験世界における事物の因果関係や、必然性や、実在性といった原則のすべてが無意味になってしまうだろう。

あるものがある状態からどのような状態へと変化するかについての具体的な可能性を理解するには、われわれは力学や物理学的な知識を必要とする。しかしおよそ変化一般というものがどのような形式的条件に従わねばならないかについては、これまで見てきたように、われわれはこれをアプリオリな原則として考察し取り出すことができるのだ。

また、ある変化が時間的な継起の中での原因—結果の関係として現われるときに、われわれはそれをある対象の客観的な変化として受け取る。しかもこの変化は、必ず一定の時間の中での量と質の連続的変化として現われる。これは一切の変化の連続量の原則である。この原則は、時間・空間的な量と事物の質の度については絶対的な最小単位を想定できないということから、必然的に導くことができる。

このように、時間の中で事物が連続的に変化するものとして客観的に認識されるのは、それが、時間という感性形式や悟性のカテゴリーといった諸規則と諸条件に従うことによる。われわれの感性や悟性のアプリオリな形式的条件が、われわれの客観的な経験認識のありようを決定しているのであって、経験認識が客観認識のありようを教えるのではない。

C　第三の類推　相互作用あるいは相互性の法則に従う同時的存在の原則

『およそ一切の実体は空間において同時的に存在するものとして知覚される限り完全な相互作用をなしている』(256)

証明

ある出来事と別の出来事とが必ず継起的に現われ、その関係は不可逆で一方的であるときには、われわれはそれを一つのことがらの時間的変化として認識する。しかし、二つの出来事の知覚の順序が任意で、自由に繰り返すことができるとき、それらの出来事をわれわれは別々に並存的に存在するものとして認識する。たとえばわれわれがまず山(地球)を見、つぎに月を見るような場合である。

つまりこれらの対象の知覚はわれわれに〝相互的〟に現われ、そのことで〝同時的に存在するもの〟として認識される。さて、しかしこのことはなぜ可能になっているのだろうか。

事物が同時的に存在するとは、同じ時点で、多様な事物が共存しているということだ。しかしわれわれは時間そのものを知覚できないから、別の事物の知覚がつぎつぎに生じるとき、まずそれら別々の対象の存在を知るが、それらが、同時的に共存していることをもすぐに認識できるわけではない。

われわれが別々の知覚の継起から、それらの対象の客観的な同時存在を知るには、ちょうど、継起する知覚対象を一つの対象の変化と認識するために「原因—結果」という悟性(カテゴリー)の枠組みを必要としたように、継起する知覚対象を並存する同時存在と認識するための「相互性」という悟性概念(カテゴリー)を必要とするのである。

いま述べたように、多数の知覚がわれわれに可逆的に現われる場合には、われわれはそれらの対象が同時に存在するものと考える。しかしなぜだろうか。その理由は、われわれはこのとき、多数の対象が、たとえば空虚な空間といったもので分離されて孤立しているのではなく、互いに必然的な仕方で関係しあっていること、言いかえれば、互いにその位置を規定しあうという仕方で規定しあっていると想定しているからである。

ある事物は、他の事物と同じ場所を占めず、互いに一つの同一空間を分けあってそれぞれの場所に存在している。多様な事物のそのような仕方での同時的共存のありようを、「力学的な相互関係」と呼ぶことができるだろう。（⇒あるものが別のものにぶつかってそれを押しのけると、もとの物は動かされて場所を変えざるをえない。）こうして、一切の事物は、互いにその存在場所を規定しあって全体として存在している（「相互性」という言葉には、もともと、共存と相互作用という二つの意味が含まれている）。

そもそもわれわれが遠くにある星を見て、その遠い距離を感じたり、雷の音を聞いたりすることができるのは、星から発された光や雷からの音が空間に満たされているなんらかの物質を伝わってわれわれに届くからである。といって私は空虚な空間の存在の可能性を完全に否定するわけではない。それはわれわれの経験認識では把握できないものである。

要するに、われわれのうちにすでに事物存在の実体性とその相互作用の全体的関係という悟性概念があらかじめ存在し、この枠組みによって、継起するけれど可逆的であるような知覚の対象を綜合して、われわれは、それらの対象が、個別的に、そして同時的に存在していることを知るのである。

こうして、経験の類推は、われわれが経験する外的対象についての三つの力学的関係を指示している。

まず多様な現象が全体として一つのつながりあった合成体（実在的合成体）をなしており、そこには、ここまで見てきたように、①実体（本体）―属性関係、②原因―結果関係、そして③相互的共存（「合成」）という三つの基本関係が存在している。これが、われわれがもっている経験認識の根本的な枠組み（純粋悟性の綜合的原則）なのである。

またこれらの類推の三類型は、時間の基本的な三類型に対応し、そこから現われたものだ。すなわち、①一定の量的持続としての時間、②継起するものとしての時間　③同時性としての時間である。われわれがもともともっている悟性の規則が、一切の現象をこれらの時間の枠組みの中で捉えて、これをアプリオリに妥当するような仕方で把握するのである。

つまり、われわれの経験する「自然」世界とは、それ自体（物自体）としての自然ではなく、あくまでわれわれの感性と悟性のアプリオリな認識枠組み（法則）を通してわれわれに現われてくるところの全自然である。このようにして経験認識に〝現われた〟自然から、われわれは「自然法則」を取り出すことができるのだ。

こうして、経験の三類推とは、われわれの統覚の時間形式に従って現われた経験的自然認識の基本形式であり、それは全体としてつぎのことをわれわれに教えている。われわれに現われる一切の現象は、われわれに、世界には「唯一の自然」が存在し、そのうちにあるすべての事物は、全体として時間の中で変化しながら、実体としての同一性を保って共存し、原因―結果の綜体的関係のうちにあるということを示す。このようなアプリオリな枠組みがわれわれのうちに存在するのでなければ、われわれが多様な知覚を一つの統一した世界の経験として綜合することは不可能なのである。

さて、われわれはここで、多様な知覚の継起から、事物の変化や同時的存在などを経験認識するための本質的条件を、アプリオリな綜合判断の原則として取り出したが、その意義について、ひとことつけ加えておきたい。

もしわれわれがここでの三類推の原則（実体の不変性、変化における因果性、事物の共存性）を、独断論的に、つまりはじめからアプリオリなものとして（概念それ自体として）証明しようとしても、それは不可能だったろう。われわれはむしろそれを、経験的な認識の可能性として、すなわち、この原則なしにはそもそも統一的な経験認識というものが不可能である、という仕方で証明したのである。

とくに第三の類推の原則は、世界全体の現実的存在（自然存在）の可能性を示し、そのことでまた、われわれのすべての時間的な経験認識の統一の可能性の条件を示していると言える。ある対象が不変なものとして持続しているという認識、その形状や様態がある原因で変化して別のものへとなりゆくといった時間経験は、せんじつめれば、この世界全体におけるすべてのものが完全な相互関係を保ちつつ存在しているという基本前提なしには、成立しないからである。

これらの原則は、暗々裏には意識されてはいたが、これを先験的な方法によって証明するという方法を誰も自覚的には行なわなかった。そのため、この問題が満足な仕方で解明されたことはこれまでなかったのだ。

（☆⇓）ここのカントの考えの要約は以下。人間が、誰しももっている世界像、つまり一般的な「客観存在」の認識が可能であるには、つぎのような人間の認識装置の基本の「仕組み」が存在していなければならない。

まず人間は感官で多様な印象を受け入れるが、それは時間、空間という枠組み（感性）で受け入れられる。つぎにこの直観の多様を綜合して（まとめあげて）一つの対象として捉える枠組みが、構想力、図式。これを概念的な存在判断にもたらすのがカテゴリー。しかしさらに、この個々の対象の「まとめあげ」→「判断」という綜合を可能にしている基礎的土台として、「綜合判断の原則」つまり実在性、因果性、共存性の原則＝枠組みが、アプリオリにそなわっているのでなければならない。これは世界それ自体が、時間の中で、同一性として存在している、という把握の基本前提である。

4　経験的思惟一般の公準

A　経験の形式的条件（直観・概念に関する）と合致するものは、可能的

B　経験の実質的条件（感覚）と関連するものは、現実的

C　現実的なものとの関連が、経験の普遍的条件に従って規定されているものは、必然的

説明

「様態」のカテゴリー（可能性・現実性・必然性）は、対象認識が可能となる条件の枠組みの一つだが、量や質、また関係という規定とは異なった性格をもっている。つまりそれは「対象」が「どのようなものであるか」を規定するための原則ではなくて、いわば認識対象とこれを認識する「主体」との関係のありようを規定する原則だということである。

ただしここでの「対象」とは、あくまで現実的な事物対象を意味していて、抽象的な思念や観念の

ことではない。つまりある客観的な対象の存在の可能性・現実性・その必然性を問題にしている。

A　可能的

まず、われわれがある事物が現実に存在しうることを認識できるためには、思い描かれたその対象（物の概念）が、経験一般を可能とするアプリオリな形式的条件（感性と悟性の形式）に合致しているのでなくてはならない。これはおよそ事物対象をわれわれが綜合的に認識するための基礎条件だった。

ただし、われわれの綜合的認識は、外的事物の認識だけでなく、数学のような純粋概念からの綜合認識もあるが、この場合でも、数学的認識が客観的なものに妥当するためには、空間・時間という経験認識に必要な形式条件を必要とすることはすでに見てきた。しかしここでとくに問題なのは、事物対象の存在の可能性についてである。

たとえば、われわれは事物の存在について、実体や変化（因果関係）や相互関係の概念を基礎的原則としてもった。しかし、こうした事物についての概念をもつだけでは、そこにある具体的な事物の存在の可能性を思い描くことはできない。たとえば、われわれは「実体」「力」「相互作用」といった事物存在のアプリオリな概念（実体や因果等）をもつが、この認識は、ある対象が、われわれの経験認識の形式的条件（感性の形式と悟性による綜合的統一の条件）に一致する形で与えられることで、はじめて客観的なものとなるのであり、そうでなければ単に「空想的な概念」に終わるしかない。

たとえばわれわれは、まったく質量をもたない実体とか、未来を予知したり心で他人と通じあったりできる心的能力といったものを概念として考えることはできるが、その現実存在を主張したりはできない。このような存在の想定は、先に見た、実体や、因果関係、相互作用などの経験認識の原則を欠いているからだ。

別の例を挙げよう。われわれはある「三角形」の可能な概念を思い描くことができる。しかしそれだけで、この三角形の概念から具体的な三角形の図形を描き出せるわけではない。われわれがある三角形の概念から具体的な三角形を描くためには、その概念が、われわれの経験対象を可能にする（感性と悟性の）形式の原則にのっとったものでなければならない。

すなわち、その概念が、感性における空間という基本形式と、構想力の綜合の原則に矛盾しないかぎりで、この三角形の概念は、具体的な三角形たりうる可能性をもつのである。（⇒たとえば三角形を構成する三本の直線のうち、最長の直線より残りの二本の直線の長さの和が長いという条件が与えられなければ、実際の三角形を描くことはできない。）

こういうわけで、事物が認識可能なものとして考えられるのは、その事物の概念が、われわれの経験的認識の形式的条件に合致するかぎりにおいてである、と言わなくてはならない。

B　現実的

ある事物が現実的な存在対象であることを認識できる経験の条件は、それが単に可能な概念として与えられているだけではなく、対象がわれわれの感覚を触発して〝現に知覚として与えられている〟ということが必要である。それを私は、経験の実質的条件（感覚）とたしかに結びついている可能な対象は、現実的である、と言おう。これは誰でも納得することだろう。ただし、つぎのような場合があることに注意しなければならない。

たとえば、われわれは磁石のまわりに引きつけられて散らばる鉄粉のありさまを見て、そこに磁性をもつなんらかの物質あるいは力の存在を現実的な存在として認識することができる。この場合、われわれはこの磁性の物質あるいは力の存在を直接知覚するわけではないが、しかし正当な類推に従ってこの物質・力の存在を確かに見てとる。このように、ふつうは対象の現実的な知覚こそがその対象の現実存在の認識の条件だが、他の知覚からの類推によって、動かしがたく別の対象の現実存在に達する場合もある。

だが、哲学的には、事物の現実存在についてのこのような原則につよく反対する意見があり、それは一般に観念論と呼ばれているが、ここでこの反論について吟味してみることにしよう。

観念論に対する論駁

事物の現実存在を疑う観念論は、大きく二種類に分けられる。一つは外的な現実存在を絶対的には証明できないというもので、デカルトの蓋然論（現実存在はあくまで蓋然的で、絶対的には言えない）がこれにあたる。もう一つは、もっと進んで、ただ「私だけが存在する」のであって、他の一切は空想物だと主張するようなバークリー的独断論（独在論）である。

バークリーのような説は、先験的空間論ですでに片づけられているので、ここではデカルト的な外的事物の蓋然性論、つまり、対象は存在するかもしれないがこれを絶対的には証明できないという説を吟味してみよう。たしかにこれは哲学説として徹底性をもっているからだ。

この説を反駁するために要求されているのは、われわれが外的な対象を単に思い描いているだけではなく、実際に経験しているということを証示することであろう。そして、それは、デカルトのいわゆる疑えない内部経験すら、じつは外的な経験を通してのみ可能であることを示すことで可能となるだろう。

定理

『**自分自身が現に存在しているという私の明確な経験の意識が、すでに私の外側の空間にさまざまな対象が存在することを十分に証明している。**』Das bloße, aber empirisch bestimmte, Bewußtsein meines eigenen Daseins beweiset das Dasein der Gegenstände im Raum außer mir. (275)

証明

私は私の現実存在を時間の中で明確に把握している。しかしおよそ時間意識の明確な規定は、(すでに証明したように)知覚をもたらす「常住不変なもの」(実体)を前提している。だが、この「絶対不変なもの」は私のうちに存在しているのではない。またこの「絶対不変なもの」は、私の外にある事物を通してのみ私に知覚される。したがって、私が時間の中で「我あり」という明確な意識をもつのは、まさしく、自分の外側に現実的な事物が存在するという私の意識と堅く結びついているのだ。

こうして、私が明晰に「我あり」という意識をもつとき、それはじつは、自分の外側に事物が存在しているという私の意識と一つのものなのである。

(☆⇓)私の明晰な「我あり」という意識は、一定の秩序をもった時間意識の中ではじめて可能である。だが、時間が現実的な秩序をもつためには、前述したように、ある「絶対的に不変な実体」の存在を前提する。事物の存在をもたないまったく空虚な時間といったものは経験においては考えられないからだ。だからわれわれが「我あり」といった現実的な意識をもつとき、それは現実的な時間の中での思考を意味し、したがってまた、われわれのうちの単なる主観的な意識ではなく、客観的に持続する時間とその前提としての「不変の実体」の外的な存在を前提している。だから、われわれの「我あり」という〝明晰な意識〟は、現実的な時間の秩序や現実的な外的存在の意識と切り離すことができない。

以下、付加説明を試みよう。

注1　観念論の主張のポイントは、内的経験だけがわれわれに直接知られるものであり、外的事物はすべて内的経験から推測されたものだから、外的事物が現実として存在しているかどうかは、絶対的には認識されえない、という点にある。しかし、見たように、本来、外的経験だけが「直接的」なものであり、これがわれわれの「我あり」という内的意識を可能にしているのだ。

「我あり」の意識は、それだけでは「我＝私」の〝現実存在〟の確実な経験的認識とは言えず、ただその「意識」が現に存在していること（意識の現実性）を示すだけである。しかし、私が「我あり」を明晰に意識するとき、それは現実的な時間秩序の中での直観であり、それはとうぜん外的経験の意識に支えられているのである。

注2　これは繰り返しだが、われわれの現実的な（明晰判明な）時間意識は、外的空間のうちにある「不変の実体」（⇒全自然）を前提している（太陽の存在が、地球上の時間の基準になっているように）。そしてその不変の実体は、われわれの直観に現われるものとしては「物質」だけである。だか

ら、われわれの明晰な（現実的な）時間意識は、外的な事物の経験の意識と一つのものである。

注3　いま述べた、われわれの明晰な「我あり」の時間意識が外的事物の現実存在を前提しているということは、しかし、外的な事物の直観的表象はそれだけで外的事物の現実存在の証拠であるということにはならない。われわれは、夢や狂気によってリアルな直観的表象をもつことがあるからだ。しかしこのリアルな表象がどこから来たかと問えば、それは必ずかつて経験してある外的な知覚（直観）が再生されたものなのである。

つまり、どんな内的な経験も、最終的には外的な経験にその根拠をもつと言わねばならない。（ただし、内的経験や外的経験と言われているものが、じつはすべて単なる想像力の所産で、現実との対応をもたないという可能性については、これはまたべつの考察を必要とする。）

C　必然的

ここでの「必然性」とは、論理上の必然性ではなく、あくまで経験的対象（事物）の存在の「必然性」のことである。しかし、われわれは、およそ事物一般が存在していること自体の絶対的な必然性といったものを認識することはできない。ただ、ある事物の現実存在の仕方・状態が、別の事物のそれとの間で、必然的な「原因―結果関係」で結ばれているとき、われわれはその事物の存在を「必然的」なものと認識することができるのである。

だからある事物対象の存在の必然性の認識とは、事物の間の相互的な原因―結果関係の原則にかかわり、したがってただ、あくまでわれわれの経験領域における事物の存在の必然性に限定されていることをまず確認しておこう。

事物の原因—結果関係の原則は、「生起する一切のものは、仮言的に必然的である（かくあるならば、必ずかくなるであろう）」という命題で示される。これは、われわれが自然世界に託している基本原則である。

またこれは、「何ものも単なる偶然によっては生じない（ある仕方で存在するものは、必ずそのことのなんらかの原因をもつ）」という命題で表現できるし、あるいは「一切の自然は必然的な原因—結果で結ばれており、したがってそれはわれわれにとって説明可能（理解可能）である」という命題で表わすこともできる。

これを別様に言うこともできる。われわれは全自然がつねに変化していることを知っている。そのとき、自然がわれわれの経験認識として現われるかぎり、この自然の多様な変化は、われわれの感性・悟性による綜合統一の原則のうちで把握される。いま述べた命題は、そのような悟性の法則を表わすものなのである。

いま①「一切のものはまったくの偶然として存在することはない」と、②「すべての対象は原因—結果関係で結ばれている。このかぎりで、与えられたものから別のものの存在が理解可能である」という二つの命題を挙げたが、われわれはこれにつけ加えて、経験世界の連続性の原理として、③「事物の変化においては飛躍は存在しない」（突然ある状態から別の状態へ飛び移るということはありえない）と、④「それ自体『空虚なもの』は、経験的認識のうちに入り込むことはできない」、という命題とをつけ加えることができる。

この四つの命題は、かたく連結しあっており、およそわれわれがある事物を経験として綜合的に認識する上での基本原則である。そしてこの四命題が、《カテゴリー》表における様態、関係、質、量の四項目にそれぞれ対応するものであることはすぐに理解できるだろう。

さて、われわれはここまで事物の認識における「可能性」「現実性」「必然性」という三つのありようについて見てきたが、この三つの概念は、しばしば、可能的なものは、現実的なものの範囲より大きいか否か、といった、領域的な大きさや包含関係の問いで考えられてきた。しかしこの問いが意味するのは、つぎのようなことだ。

われわれは、われわれ自身の感性、悟性、統覚の形式の規則をもっている。この形式と規則だけがわれわれの経験認識のありようを決めている。そこで、もしわれわれが現にあるものとは別の直観(感性)と、悟性の形式をもちうるなら、われわれはより広大な可能「世界」をもちうるのではないか、と考えられるわけだ。しかしこのような考えは、対象認識における可能性、現実性、必然性、という概念の一般的な理解にまどわされているだけであって、適切な考えとは言えない。

たとえば、たしかにわれわれは「可能性」という言葉を、まったく違った認識能力によって世界を経験する「可能性」とか、まったく異なった仕方で世界が存在する「可能性」とかといった具合に考えることもできる。しかし、ここで問題となっているのは、われわれの秩序ある事物認識があくまでわれわれの感性や悟性の形式に則ってのみその可能性をもつということであって、存在一般の無際限な可能性といったことではない。

最後に、私がこの「経験的思惟一般の公準」において、「公準 Postulat」(=要請)という言葉を使った理由をひとこと述べておこう。最近ある哲学者たちは「公準」という言葉を、証明をまたずに直接に確実なもの、といった意味で用いているが、私は少し違った意味でこれを使う。

認識対象における「可能性」「現実性」「必然性」の三様態は、認識における「主語」（認識対象）の概念（＝それが何であるか）を変えるわけではなく、ただその対象と認識主体との関係のありよう（⇒想定されている、現実的に存在している、その存在の必然的な理由が理解されている）を、規定するだけである。つまりこの三様態は、「客観的な綜合命題」ではなく「主観的な綜合命題」なのである。

これをまとめて言うとこうなる。ある物の概念が、「悟性において経験の形式的条件だけに結びついているとき」、この概念の対象は可能的。それが「知覚（感覚）と関連し、さらに悟性を介して知覚に規定されていれば」、この対象は現実的。それが「概念（カテゴリー）に従い知覚相互の関連によって規定されていれば」、その対象は必然的である。

（☆⇒）あまり分かりやすくない。たとえば、石よりも硬い物質が存在しうる（可能性）、いま石より硬い物質（鉄）がここにある（現実性）。鉄が石より硬いその理由がわれわれに理解されている（必然性）、という具合に考えるとよいかもしれない。

数学では、「公準」とは「与えられた線分によって、任意の一点から一つの円を描くこと」というような実用的命題のことで、それはとくに証明されるべきものではなく、これに従って一つの図形が生み出される一般規準である。いま見たように、認識対象における様態の三類型は、対象の概念自体を変えるものではなく、ただ対象と認識主体との関係を規定するものであり、とくに「証明」すべきものではなく考え方の規準を与えるだけなので、これを「公準」（要請）としたのである。

原則の体系に対する一般的注（省略）

判断力の先験的理説（原則の分析論）

第三章　あらゆる対象一般を現象的存在と可想的存在とに区別する根拠について（⇩「物自体」の概念について）

ここまで、人間の「純粋悟性」の国の全領域を経めぐって、その機能、役割、意義等について詳細な考察を行なってきた。いまやここを離れてつぎの領域へ移っていかねばならないが、その前に、私はこの領域で究明してきたことを確認しておこう。

まずなにより重要なのは、「悟性」の諸原理は、本来経験から取り出されたものではないにもかかわらず、それは、原理的に、「経験的使用」のためのものだということである。

純粋悟性のアプリオリな原則は、構成的な原理としての数学的原則（量・質）と、統整的な原理としての力学的原則（関係・様態）とをもつが、これらはいずれも事物の経験的認識を可能にする純粋な図式を与えるためのものだった。われわれの一切の経験認識は、統覚の働きが、与えられた多様な現象を、悟性と構想力を介して綜合的な統一にもたらすことで、はじめて可能となっている。悟性概念（カテゴリー）はこの多様なものの綜合的統一についての唯一のアプリオリな枠組みとなるものであり、これによってわれわれの経験認識は、客観的なものとなるのである。

しかし、われわれがたどってきたような人間の認識能力についての批判的解明は、いったい何をわれわれに示しているのだろうか。さしあたりつぎのように言える。

悟性は、経験認識の決定的な担い手だが、しかし自分自身の使用の限界をみずから決定することができない。また、何が自分の全領域の権限に属し、何が属さないかについて、自分で認識することもできない。悟性は、そのアプリオリな諸原則、その概念の図式を、経験認識に使用するだけであり、これを先験的な存在者（＝物自体）についても使用できないのだが、しかしまたその限界を自分で決定することができない。だからこそ、悟性使用についての批判的な哲学が必要とされるのである。

繰り返せば、概念（カテゴリー）が認識にもたらされるには、必ずそれが適用される対象（直観的対象）を必要とする。数学のような純粋直観は別として、ふつうは経験的直観、つまり感覚的な事物対象が与えられることで、その何であるかが客観的に認識される。悟性の概念や原則がこの直観的対象を欠くなら、そこで描かれる対象は具体的な事物対象の認識ではなく、単なる構想力の戯れにすぎなくなる。

たとえば「空間は三次元をもつ」とか「二点間には一本の直線しか引けない」といった純粋直観による概念をわれわれはもつことができる。しかしわれわれがこの概念を、何か実際的な経験的対象、つまり任意の空間的対象を思い描くとか、実際に任意の直線を紙の上で引いてみて確かめるとかしないのであれば、この概念は、それ自体何の意義もないのである。

これと同じことが、すべてのカテゴリーの概念と原則について言える。カテゴリーはその具体的な適用の対象（経験的直観）をもつことで、はじめて経験認識の可能性の本質的条件となるのだ。（⇩実体性、原因性、相互性、可能性、現実性、必然性などについての同じ趣旨の説明あり。）こうして、どの概念（カテゴリー）も、そこから感性的直観が取り去られるなら、何ものによってもその裏づけをもたないのである。

要約するとこうなる。「純粋悟性概念」は、つねに経験的にのみ使用されうるのであって、先験的には決して使用されえない。また純粋悟性の諸原則は、感官の対象にのみ関係しうるものであり、決して「物一般」（⇩物自体）に関係しえない、と。

したがって、悟性が果たすのは、経験的認識の可能性の一般条件をあらかじめ規定すること（⇩先験的認識）だけであって、悟性によって、経験認識の限界を超えて「世界の全体」についての正しい認識を行なうことはまったくできない。

われわれがある対象を認識するためには、まず感性によるその直観の受け取りがあり、つぎに概念の規則としての「カテゴリー」を、そして前者を後者のもとに包括するための判断力の「図式」の働きを必要とした。したがって、「カテゴリー」だけでは経験的認識、つまりアプリオリな綜合的判断というものは成立しない、つまり、カテゴリーだけの「先験的使用」（先験的な対象＝物自体の認識にこれを用いること）はありえないのだ。

だがにもかかわらず、ここには長く避けがたい謬見《びゅうけん》が存在してきた。カテゴリーは本来直観的対象に適用されてはじめて認識の役割を果たす。しかしわれわれは、しばしば、われわれが経験し認識する感覚的存在（事物）のほかに、経験認識を超えた仕方で存在するようななんらかの存在、いわば

〝超感覚的な存在〟（仮想的存在＝物自体のこと）を想定し、「カテゴリー」（純粋悟性概念）は、この「悟性的存在者」の認識にもそれなりに役割を果たすのではなかろうか、と考えてしまうのである。

つまり悟性は、経験世界において認識される存在者のほかに、経験認識では把握できない存在者についての認識をめがける。それは、〝われわれの感性的直観では捉えられないなんらかの存在者〟という意味では、「消極的な意味での可想存在」だが、これを神のような「非感性的直観」つまり「知性的直観」の持ち主なら認識できるような「対象」（世界）、と考えるならば、「積極的な意味での可想存在」と呼ぶことができるだろう。

こうして、われわれが見てきたような「感性」についての先験的理論は、われわれが自分の感性と悟性でいったい何が認識でき、何が認識できないかについての本質的理論だった。われわれの感性と悟性の能力では認識できない存在としての「仮想的存在者」、それは「消極的な意味での仮想的存在者」である。

ところで、いくら直観があっても「カテゴリー」が存在しなければおよそ思惟がありえないので、対象の認識は成り立たない。しかし直観がなくても「カテゴリー」だけで思惟するということは可能である。この場合、思惟は現実についての認識を拡張するわけではないが、ただ世界についてあれこれ想定を行なうのである。

思惟は、対象の認識はできないが、世界のうちのなんらかの存在についての想定を行なうことはできる。つまり、われわれには認識できないけれど存在しているものとしての「仮想的存在」を、蓋然的な存在として想定することができる。このような「可想的存在」はいわば一つの「限界概念」であって、先に見たようにわれわれの「感性」と「悟性」の認識の限界を明確に区分する役割を果たすのである。

われわれは、対象の概念を「感性的概念」(人間の認識対象)と「知性的概念」(知性的直観の認識対象)とに区分することができるが、しかし、対象それ自体を「現象的存在」(感覚界)と「仮想的存在」(悟性界)とに、積極的な意味で区分することはできない。われわれからは、この仮想的存在のありようを客観的な存在として想定することはできないからだ。

しかし、このことによってわれわれの認識は消極的に拡張される、とは言えるだろう。ここでは対象認識の場合のように感性が悟性を制限するのではなく、むしろ悟性が物自体を「仮想的存在」と名づけることで、感性と悟性自身の可能な領域をはっきりと限定するからである。

近代哲学者の中には、感覚界と可想界(叡知界)という区分を、単に、直観的世界と悟性による法則の世界という区分で用いる者もいる。たとえば、観察された星空についての理論と、そこから導かれた法則に従って考えられた宇宙のありよう、といった具合である。しかしわれわれの観点からは、これは本来の感覚界と仮想界という区分の誤用だというほかはない。

要するに、感性が対象を「現われるままに」示し、悟性が対象を「あるがままに」示す、と言うとき、悟性の示す「あるがまま」は、「物自体」を意味するのではなく、あくまでわれわれに現われるかぎりでの(現象としての)客観世界を意味する、ということに十分注意すべきである。

われわれにあっては、感性と悟性が結合してはじめて、現実についての客観認識がもたらされる。もしこの両者が分離されるなら、概念のない直観(単なる感覚)か、直観のない単なる概念しか認識されえない。

悟性（カテゴリー）の「先験的使用」、つまり思惟によって世界の本体について認識できるという考えを捨てることのできない人もいるだろう。しかし見てきたように、悟性的思惟のみでは決して客観認識というものを「拡張」することができない（⇒より多くの認識を獲得できない）。「認識の拡張」のためには、必ず綜合的命題が必要だが、悟性使用だけではそれは不可能だからである。（⇒つまり「アプリオリな綜合的命題」だけが、「客観的認識」を「拡張」する。）

たとえば「存在する一切の物は、実体として、あるいは実体に付属する規定として存在する」とか、「偶然的な物はすべて何か他の物の結果として、すなわちある原因による結果として存在する」といった綜合的命題についてこれを考えてみるといい。ここで言われていることを客観認識としてつかむためには、必ず感性的な直観対象という材料を必要とするので、それなしには、これらは単なる抽象的な命題にすぎず、証明することもできないことがよく理解されるはずである。

★章末解説③（竹田）

*全体構成
『純粋理性批判』の大きな構成を整理すると以下になる。
第一に、人間の観念＝認識装置（とくに経験的な対象認識）の先験的な構成を論じる、先験的「感性論」と「悟性論」。第二に、理性の仮象の推論能力を論じる「誤謬推理」と「アンチノミー」。第三に、理性の、世界についての理想を思い描く能力について論じる「純粋理性の理想」。最後に、人間理性を人間の存在目的に従って適切に使用するための「純粋理性」の訓練と規準（先験的方法論）。

ここまで見てきたのは、先験的感性論、悟性論のカテゴリーおよび先験的統覚の説明。これとこの章での、「図式」論および「綜合的判断の原則」論までで、対象認識における人間の観念＝認識装置の全体的な説明が終わる。

それをまとめると、具体的な対象を認識するときの基本の構成は、まず外的印象を受容する「感性」（五官）。これは空間・時間という形式性をもつ。つぎに受容された感性における多様なものを綜合するための概念的枠組みとしての「カテゴリー」。そしてカントでは、感性的な多様な直観をカテゴリーに位置づけるために、両者を媒介するものとして「図式」がおかれ、さらに、個々の対象の判断を、より上位の認識判断としての綜合的判断へもたらすための、綜合的判断の「原則」がおかれる。

大雑把に言えば、「感性」の外的印象の束は、「図式」によって媒介的にまとめられて「カテゴリー」による概念判断へもたらされる。また、個々の認識の束は、綜合的判断の「原則」によってまとめられて、経験的な綜合的判断へともたらされる。たとえば、いまここにあるこのペンやこのペーパーは、わたしの執筆行為のための道具として認識される。

このように整理しておくと、「図式」と「綜合的判断の原則」の議論が捉えやすくなると思う。

＊図式

カント自身による「図式」の分かりやすい例は、まず三角形の図式（三つの線分が三つの内角をもって一つの空間を囲む図形）であり、犬の図式（四つ足の獣、猫より大きく、そこらをうろつき、わんわん吠える。ひどく凶暴ではないが、たまに人を噛む、等）である。単なる概念のようにも思えるが、いわば三角形や犬の「純粋概念」にその「一般像」をつけ加えたもの、と考えればよい。

しかし、じつは「図式」の概念はそれほど分かりやすくない。カントによれば、「図式」は、現象の直観的な多様なものが、なぜ、またいかにして、それとはまったく異質な「カテゴリー」というものに関係づけられ、包摂されるのか、いったい何がそれを可能にしているのか、という問いに答えるものである（図式は感性に属するか悟性に属するかは、それほど判明ではない。両項の媒介者としての構想力の働きである、と言われる）。

カントの「図式」は、ふつうに考えると、われわれが何度も犬というものを見ている（経験する）うちに〝形成されてくる〟犬の一般概念プラス一般像（いわゆる「一般概念」には一般像も含まれているが）である。しかしカントでは、感性と悟性がはっきり区分されているために、一般概念の形成は、感性と悟性の二つの機能を時間的に媒介するものとしての、「図式」という概念で説明されることになる。

いま挙げた三角形や犬の「図式」は、感性的な概念の図式だが、カントによると、「カテゴリー」それ自身の図式が存在する。

まず、「分量」の図式は「数」であり、「性質」の図式は「度合いの変化」である（これは「強度」

と言うのがもっと分かりやすいかもしれない）。たとえば、ある対象の「量」は、単位を設定してそれを「数」（何キログラムなど）で表現することで、はじめて具体的に認識可能になる。またある対象の「性質」は、それがなんらかの印象の一定時間の持続と変化をもたらすことで、はじめて認識可能になる。

さらに「関係」と「様態」の図式は、「永遠にして不変の実体」や「因果的な継起」と説明される。ここはかなり煩雑になるが、そのポイントは、ある対象の多様な印象は、時間的な経緯の中で、はじめて一つの像にまとめあげられる、という点にある。

いま一つのリンゴを見ているだけでは、その原因―結果は把握できない。机の上にあるリンゴ、机の端にあるリンゴ、空中のリンゴ、床の上のひしゃげたリンゴ、などの諸印象がいわば〝つなぎ合わせられて〟、はじめてこのリンゴは「原因―結果」というカテゴリーに包摂される。そういう考え方である。

したがってこんな具合に言える。われわれはたとえば、「これはいま机から落ちてひしゃげた一つのリンゴである」、といった概念的判断を形成するが、カントによるとそのためには、まず感性の直観的な多様性があり、その時間的なまとめあげとしての「図式」が存在し、そのことで一つの対象がカテゴリーに包摂される必要がある。

つまり、感性による対象形成→その時間的まとめあげの「図式」→そのカテゴリーへの包摂。そしてまたこのことが、つぎの綜合的判断の「原則」、すなわち単なる「対象」の形成ではなく、ある「経験」の形成のための根本条件の考察の前提となる。

＊綜合的判断の原則

「原則」の概念も分かりやすくない。これを理解するために、まず大きな見取り図として、「分析的判断」と「綜合的判断」の構図について見よう。

「分析的判断」は述語のうちに主語の規定が概念としてすでに含まれているので、いつでも必ず真と言えるような判断である（「独身者は結婚していない」）。これに対して、「綜合的判断」は、主語と述語はあらかじめ概念的な整合性をもたないので、それが正しい判断であるためには、一定の条件（原則）を必要とする（「ナポレオンはワーテルローで敗北した」）。この、綜合的判断が正しい判断となるための根本条件が、綜合的判断の「原則」である。

カントは「原則」を、カテゴリーの「分量」「性質」「関係」「様態」の四つに対応して、「直観の公理」「知覚の先取的認識」「経験の類推」「経験的思惟一般の公準」と名づける。

それぞれを簡潔に説明すると以下になる。

「直観の公理」……どんな対象（物）も必ず一定の量（長さ、ひろがり、嵩《かさ》など）をもつものとして認識される。そうでないものは現実的な存在とは見なされない、という「原則」。

「知覚の先取的認識」……どんな対象も、必ず一定の性質とその強度をもつものとして認識される（ヘーゲルは物を、性質の集合＝束と捉えたが、そのほうがより分かりやすい）。そうでないものは現実的存在ではない。

「経験の類推」……どんな対象（物）も、任意に消滅したり発生したりする存在ではなく、一つの質量の集合体としての「実体」である。またそれは時間的に変化する場合、必ず原因と結果をもち、さらに、同時に存在している事物と絶えざる相互的な力関係を保っている、という原則。

したがってこれは、幽霊や奇跡や超能力のような現象を実体的な対象として認識することの否定、を含意している。どんな実在的な事物も、客観的な物理的、科学的法則のうちにあるものとして認識される、と言うのとほぼ同じ。

「経験的思惟一般の公準」……事物の可能性、現実性、必然性という概念の原則。分かりやすい例を挙げてみる。

死んだと思った男が生き返って現われたとき、医学的に蘇生の余地が考えうるなら、それは幽霊ではなくほんものである「可能性」がある。その人間の手足、身体がどう見ても実在であるというありありとした知覚があれば、ともあれ彼は「現実的」存在である。いろんな思いこみや、その後の医者と治療の存在やその他の経緯についての証言などをあわせて考えてみれば、死んだと思った彼がここにいるのは「必然的」である。

さて、綜合的判断の「原則」の章はとくに難解なものの一つだが、その要点をひとことで言うと以下である。

われわれは感性的な直観をカテゴリーという概念の枠組みの中で判断するのだが、その際この判断は、いかなる場合も、すべての実在的事物は、客観的な空間・時間における規則、客観的な科学・物理の法則に適合すべきものである、という原則において判断されねばならない、と。

カントの感性論、カテゴリー論、図式論、統覚論、判断の原則論は、つまるところ、カントによって描かれた人間の認識装置の全体見取り図である。

それは哲学的用語で記述されているので、きわめて難解だが、大筋としては、われわれが今日もっている科学的な認識論の図式とほぼ重なっている。というよりも、カントの人間認識論が、そもそも近代の自然科学による生物学的な知見によって深くインスパイアされ、支えられたものなのである。

ただ哲学的な難点を言えば、ちょうどフロイトの深層心理学説の根本仮説が、フロイトの思惑に反してほとんどどれも実証されなかったのと同じく、カントの感性・カテゴリー・図式・原則という人間認識装置の構図も、結局のところ、あくまでカント流の説明というにとどまり、哲学的にはさまざまな異論を生んでいる。

第二部　先験的弁証論（先験的論理学の第二部）

緒言

I　先験的仮象について

すでにわれわれは先験的弁証論を「仮象の論理学」と呼んだが、それはこの弁証論が「蓋然性」（確からしさの度合い）の学だという意味ではないし、また「現象」についての学という意味でもない。

蓋然性の理論とは、対象の存在の確実性の度合いにかかわるものであり、「現象」とは、「物自体」ではなく、われわれの経験に現われ出るかぎりでの世界の総体を意味する。ここで「仮象」とは以下のことを意味する。

悟性は、本来感性と結びついて対象認識を行なう役割をもつが、しばしばこの限界を超えて、感性的直観をもたない領域についても、あたかも客観認識が可能であるかのように考える。そのような悟性認識の〝逸脱〟をここで「仮象」と呼ぶのである。

したがって、「仮象の論理学」とは、単に認識の誤謬についての検証ではない。ここでは感性が誤るのでもないし（そもそも感性は判断しないので、誤るということはない）、また悟性が自分自身の規則

（法則）に違反するというのでもない。ここで起こる〝過ち〟は、いわば「感性がひそかに悟性に及ぼした影響」によって生じるものである。

本来、対象の認識は、感性的直観という素材に悟性の思惟の規則（⇓カテゴリー）が統一を与えることで成立する。しかし悟性はそのような直観的対象をもたない領域にまで思惟の規則を適用し、そのことで、主観的認識でしかありえないものをあたかも客観的認識であるかのように見なす、という逸脱を犯すのである。このような、悟性の先験的能力が犯す認識上の逸脱を、私は他の認識上の誤謬と区別して「先験的仮象」と呼ぶのだ。

別の言い方をすれば、この逸脱は、悟性の思惟の能力が自己本来の領土を越境する違犯を犯し、そのことであたかも客観認識を拡大したと思いこむ逸脱である。ここで悟性は、本来の「内在的原則」であることを踏み越えて、いわば「超越的原則」であるかのように振る舞うのである。

（☆⇓）「超越的原則」は、経験領域を〝超えた〟ところでも悟性の原則が成り立つかのように振る舞うというほどの意味。この前後、悟悟の本来の領域は経験領域だが、それを逸脱するという説明が何度も反復されている。

ところでここで重要なのは、「先験的領域」（⇓「物自体」の領域）にまで自己の原則を適用できると考える悟性の逸脱は、他の認識一般の誤謬とは、また異なった意味をもっているという点だ。

論理的な誤謬や仮象は、不注意からくる論理的規則の違犯の結果であって、そのつどその誤りを正すことができるし、またそのような不注意は少なくすることができる。ところが、ここで言う先験的仮象は、その仮象であることが原理として見出された場合でも、なお仮象たることをやめないような悟性が示す独自の仮象なのである。

たとえば「世界は時間的なはじまりをもつ」という命題は、先験的哲学の観点からは「仮象」的推理だが、われわれがこの「命題」を完全に誤ったものと考えることはむずかしい。その理由をさしあたり言うと、われわれの理性能力には、固有の主観的規則の原理があるが、これは客観的な原則ときわめて似ている、そこで、「世界」を理性の主観的原理によって考えているのに、それを客観的原理であるかのように考えるからだ、ということになる。

もちろんこれは一つの逸脱であり錯覚である。しかしこの錯覚は、ちょうど、天文学者にさえ、山の端の月が中空の月よりずっと大きなものに見えるのと似ていて、人間の理性にとってきわめて本性的なものなのである。そのため、その本性を十分理解することはきわめて重要な意味をもつし、またそのことの射程も大変広いと言っておこう。

Ⅱ　先験的仮象の在処としての純粋理性について

A　理性一般について

われわれの認識は、「感性」からはじまって「悟性」に進み、最後に「理性」をその最高の段階としてもつ。理性は、形式的判断のための「論理的使用」だけでなく、「実在的使用」（⇩実践的使用）

の能力をもつ。

さしあたり言えば、前者は論理的能力で、間接的な「推理（推論）の能力」、後者は先験的能力で、「みずから概念を産出する能力」と言えるが、これだけではまだ十分明快とは言えない。われわれはすでに悟性を規則の能力と呼んだが、これと対照させて、理性は「原理の能力」だと言うことができる。しかし「原理」の能力とは何だろうか。

たとえば「二点間にはただ一つの直線しか引けない」といった数学の一般的公理も、ふつう「原理」と呼ばれるが、ここで私の言う「原理」の意味はこれとは違っている。

私は「原理」という言葉を、「概念によって特殊なものを普遍的なものにおいて認識する」能力、と考える。すると、理性の「推理の能力」とは、なんらかの原理から認識を引き出すような推理の能力である。しかし悟性もまた、ある意味でなんらかの原理から認識を引き出すような能力をもつ。

理性の推理はまずなんらかの「大前提」を立て、これに従って下位のものを包摂するという形式をとる（⇒三段論法のような）。いまみた数学の公理のような一般的認識も、このような「大前提」からの推理と言えるが、同じように悟性もまた、そのようなアプリオリな一般的命題を与えることができるのである。

しかし、何度も言うように、悟性は感性的直観の働きと結びついてはじめて「綜合的判断」を行なうのであって、悟性の概念だけで綜合的判断を形成することはできない。私がここで言う理性の「原理」の能力とは、そういった、概念だけによる綜合的判断のことである（ただし、ふつうには数学的な一般命題を原理と呼ぶことには問題はない）。

たとえば、現在、多種多様な民法が乱立していて、その原則についてのはなはだしい混乱がある。

それでも立法の「原理」を見出すことは、きわめて困難な作業であるとはいえ、原理的には不可能とは言えない。なぜなら法というものはあくまでわれわれ人間の作り出したものだからである。だが、これが「物自体」としての世界の存在の「原理」となると、まったく事情は異なってくる。

ともあれ、つぎのことは明らかである。ここで言う「原理」による認識は、悟性の能力ではない。悟性は自らの原則をもってそれを現象（⇒経験対象）に適用するだけであって、思惟だけに基づいて綜合的判断を行なうことはできないからだ。したがって、つぎのように言うのが最もよく事態を説明する。「悟性」は「規則を用いて現象を統一する能力」であり、「理性」は、「悟性の規則を原理のもとに統一する能力」であると。

理性は経験的対象に直接に関係するのではない。ちょうど悟性が感性による素材に統一を与えるように、理性は、悟性の多様な認識を綜合的判断することでこれにアプリオリな統一を与える能力、つまり理性統一の能力なのである。

B　理性の論理的使用について

つぎに理性の論理的使用の能力についてもう少し考察しよう。

まず、「三本の直線で囲まれる図形は三つの内角をもつ」は、直接に正しいものとして直観的に認識される。しかし「三つの内角の和は一八〇度である」は、直観的にではなく、推論の結果として得られる認識である。ただし、この推論による認識は繰り返されることで、直接的認識のように見なされるようになる場合もある。この推論的な理性の使用がここでの問題である。

理性の論理的使用を具体的に考えるために、いわゆる三段論法の推理について考えてみよう。三段論法では、まず、①「大前提」の命題が立てられ、つぎに②別の「小前提」が置かれ、この二つの「命題」の関係から、最後の③「結論」的命題が得られる。

このとき、③が①から直接取り出しうる場合には、この推理は「直接推理」であり、これを私は「悟性推理」と呼びたい（⇒要するに①→③の推理。②は不要）。これに対して、③が②を媒介することで、はじめて①からの帰結として取り出される場合が、「理性推理」である（⇒こちらがいわゆる三段論法）。

（☆⇒）例を示すと、①「すべての人間は死ぬ」→③「ある人々は死ぬ」③「死なないものは人間ではない」。これは直接推理で、③の内容が①にすでに含まれていると見なされる。

①「すべての人間は死ぬ」→②「学者は人間である」→③「すべての学者は死ぬ」という推論は、「すべての学者は人間である」の概念がもともと①には含まれていない（と見なされる）かぎり、直接推理ではなく、理性推理である。

このような理性推理が理性の論理的使用の典型例だが、これをつぎのようにまとめることができる。およそ理性推理では、私はまず「悟性」によって一つの規則を立てる（①の大前提）。つぎに判断力によってある認識をはじめの規則に包摂し（②の小前提）、最後にこれを綜合して新しい認識を導く（③の結論）。

さらに、理性推理（三段論法）は、その形式によって三つに区分される。

①定言的推理（かくかくであるはずだ）

②仮言的推理（もしかくかくだとすれば、しかじかであるはずだ）
③選言的推理（かくかくは、これか、あれか、〈それか、〉のどちら〈どれ〉かであるはずだ）

さて、つぎの問題は、理性の論理的使用に対するもう一つの理性の能力、つまり理性の純粋使用の能力である。

C　理性の純粋使用について

まず、理性はそれ自体として自立した概念と判断の能力をもつのか、それとも理性は、与えられた認識にある形式的秩序を与えるだけのものなのか、とわれわれは問うてみよう。

「純粋理性」は、単なる形式的な論理的能力を超えて、独自の綜合的判断の能力をもつのだろうか、つまり理性は「綜合的原則ないしは規則をアプリオリに含んでいるのか」、ということがここでの問題である。すでに見た理性の論理的能力についての検討は、この問題についても大きな手がかりを与えてくれている。私はこれをつぎのように考えたい。

第一に、理性の推理能力は、悟性のように感性的直観を素材として対象の客観的認識を形成するものではない。純粋理性もまた「対象」に関係するが、この場合の「対象」とは、感性的直観の対象ではなく、「悟性のなす判断」という対象であり、理性はこれに関係して綜合的統一を与えるのである。

つまり理性の統一は、悟性のなすような経験的対象の統一ではなくて、悟性がなした諸判断の綜合的統一を意味する。

たとえば、「生起するすべてのものはその原因をもつ」は、あくまで悟性による経験世界の事象についての認識であって、理性はこのような認識を形成できない。理性はただ、この悟性による認識を一つの素材として、ここから新しい綜合的判断を展開するのである。

第二に、いま見たように理性は、その論理的使用の能力において、与えられた判断（認識）の一般的条件を求めようとする。

「ソクラテスが必ず死ぬ」という判断は、「すべての人間は死ぬ」という原則に根拠づけられる。しかし理性はまた「すべての人間は死ぬ」ということのその根拠（条件、あるいは因果の関係）をたどろうとする。こうして、理性は、ある与えられた（条件づけられた）悟性認識に対して、その根拠（条件）をどこまでもたどって、ついに「無条件的なもの」にまで至ろうとするような本性をもっていると言える。

さらにまた、理性は、いま何か任意の与件の存在の根拠（条件）をどこまでもたどって、ついに無条件的なものにまで達することができるとすれば、この条件の全系列（総体）もまた必ず存在しており、その系列自体もまた無条件的なもの（絶対的に存在するもの）であると考える。そしてこのような理性の推論的判断は、決して分析的な判断ではなく、あくまで「綜合的判断」なのである。

悟性の分析的判断も、ある存在はその存在の原因をもつ、という規則を見出すが、悟性はそこから「無条件的なもの」を導く必然性をもってはいない。（⇒たとえば、いまわれわれがここに存在しているかぎり、その時間的な因果の系列のプロセスを逆にたどって、どこかに地球や宇宙の絶対的な始まりがあったに違いない、というところにまで達するのが、理性の推論の本性であるということ。）

だが、このような純粋理性の「最高原理」（⇓条件をたどって絶対的なものに達するまで推論を続けるという原理）からくる判断の原則は、現象の認識という観点からは、明らかに「超越的原則」、つまり経験領域における認識の領域を逸脱（＝超越）した原則だ、と言うほかはない。そこで、条件の系列をたどると必ず絶対的な無条件者にまで達するという論定が、あるいは逆に、そのような無条件者が存在するという推理の客観的な妥当性についての疑問が、現われることになる。

後者は、理性にあっては、つねにより高次の（以前の）条件へさかのぼり、そのことで完結性や全体性の概念に無限に近づいてゆくという論理的な指定だけが存在するのであって、事態についての最終的な客観的認識はありえないのではないか、という疑問である。

だとすると、悟性認識をより高次な判断へと綜合して、「無条件の系列の全体」あるいは「絶対的な無条件的存在者」の存在を推論する純粋理性の能力は、大きな誤謬の可能性を含んでいるのではないだろうか。この問題の解明こそ、「先験的弁証論」におけるわれわれの中心課題なのである。

以後私は、この先験的弁証論を二つの部分に分け、第一篇で純粋理性の「超越的概念」について、第二篇では純粋理性の「超越的、弁証的理性推理」について考察しようと思う。

第一篇　純粋理性の概念について

「純粋理性概念」は、まったく推論のみによって得られた概念である。純粋悟性概念（カテゴリー）

は経験的直観によって得られた材料を対象としてこれに適用され、経験的対象の概念的理解を生み出すのに対して、純粋理性概念は、自らの範囲を経験に限定せず、これを超え出ようとする。

だから悟性概念の旨とするところは、概念による知覚対象の理解であり、理性概念の旨とするところは、理性による事象の了解である。もっと簡潔に言えば、悟性概念は対象の概念的理解を生み出し、理性の概念は、世界や事象についての「理念」を生み出す。

つまり、理性概念は、実在的、経験的対象の客観的理解を行なうのではなく、理性の推論によってことがらの全体性や本性をつかもうとするものだ。したがって、理性概念が客観的妥当性をもつなら、それは「正しく推論された概念」と名づけられてよい。だからまた理性概念は、誤った推論に陥って「詭弁的概念」を生み出す可能性ももっている。

しかしともあれ、ここではわれわれは「純粋理性概念」に「理念」（イデー Idee）という新しい名をつけて、その本性を論じることにしよう。

第一章　理念一般について

学問を探究するものは、しばしば、自分の新しいアイディアを表現するために新しい概念（言葉）を作り出す誘惑にかられる。しかし、このことにはなかなか困難がつきまとい、つねにうまくゆくとはかぎらない。そこでわれわれは自分の考えを表現するのに、これに近い古い概念で代用しようとするが、この場合には、その概念がもともと含んでいる意味を保存しつつ行なうことが重要である。

周知のように、プラトンは「イデア」という言葉を使った。プラトンによれば、これはまったく感覚や経験から離れた何ものかを意味し、「物そのものの原型」であるだけでなく、「最高の理性から流出して、人間理性にさずけられたもの」である。しかし人はその純粋型を直接にはもっていないので、それを想起しなくてはならない。

これ以上の説明は省くが、私はここでつぎのことに注意をうながしたい。昔の哲学者が自分の概念をあちこちでどのような仕方で述べているのかをよく比べてみると、しばしば彼がそれを理解している以上にその概念の意味についてよく理解できることがある。

私の考えでは、プラトンの「イデア」の概念にはつぎのような考えが含まれている。つまり、われわれの認識能力には、経験的対象の単なる認識ということを超えて、はるかに高いところに存在する何か至上のものの認識へと届こうとする本性・欲求がある。もちろん人間の認識には限界があって、そのようなことは実際には不可能であるのだが、それにもかかわらず、人間がこのような認識の欲求をもつことには理由があり、これを「単なる空想の所産」とは言えない、と。

たとえばプラトンは「徳のイデア」をつぎのように考えた。ふつう人は「徳」とは何かを定義しようとして、経験的に、つまりさまざまな「徳」ある行ないの事例を引き合いに出す。しかしそれらの事例は、時間と事情においてさまざまな多種にわたるので、結局その核心を明確に示すことはむずかしい。

これに対して、たとえば誰かある特定の人間（⇒ソクラテス、孔子といった人）を「有徳者」の一「模範＝範例」として示せば、多くの人は、容易に、これを徳なるものの「スタンダード」（原型）と見なすことができる。「徳のイデア」を「徳」についてこのように思い描かれた「原型＝範例」と考えればよいのである。「この原型がすなわちイデアである」。

いま述べたことは、人間は、完全に「徳のイデア」と一致するような仕方で行動し、生きることはたしかにできないが、しかしそのことは「徳の本質」という考えを求めることが不可能で無意味だということを意味しない、ということをよく示している。

もう一つ例を挙げてみよう。プラトンの「国家」説、つまり物事の本質を知った哲学者が王として統治すべきであるという考えは、しばしば夢想的な理想論として批判されてきた。しかし、われわれはプラトンの政治理論が意図したものをもっと極限にまで追いつめて、たとえばつぎのように定式化して示すことができる。

「各人の自由を他のすべての人々の自由と共存させうることを旨とする法律」と「人間の最大の自由（幸福ではなく）を主眼とするような憲法」によって統治されるような国家が存在しうる、と。

このような考えをわれわれは、法律、憲法、国家の「理念」としてもつことができる。そしてわれわれがある社会に憲法や法律を制定しようとするとき、たとえばこのような「理念」を根本的な規準として見出すべきである。そういうときに、経験的な現実をもちだして、現実と理念はまったく違ったものだなどといった議論を始めるのは、愚かなことだと言わねばならない。

このように、われわれがことがらについてある「最上の完全性」を原型＝模範として示し、これに従って現実を理想的な状態に近づけようとすること、そのためにそのような「理念」を作りなすことには正当な理由があるのだ。

私の考えでは、およそプラトンの「イデア」という考えをこのようなものとして理解するのでなければ、彼の哲学全体が机上の空論にすぎなくなってしまう。また「表現の行き過ぎ」ということを別にすれば、プラトンが道徳的なことがらだけでなく、全自然の存在についても「イデア」という理念をおいたのは適切なことであった。つまりそれは、世界の一切が、宇宙を統《す》べる法則の摂理に従っていることを暗黙のうちに示唆しているのである。

ともあれ見たように、「イデア」が、経験的な仕方で完全な状態で実現されることはもちろん不可能である。しかしにもかかわらず、われわれの善の経験それ自体、あるいはまた、何が善であるかについての客観的判断をわれわれに可能にするのは、この「イデア」(⇒善のイデア)という概念だと考えることができる。

したがって、こう言わねばならない。自然についてはわれわれに規則を与えるものは経験であり、経験こそが真理の源である。しかし道徳については、経験は仮象を生む母である。われわれは「なされるもの」の基準を「なすべきもの」におかねばならないのであって、「なすべきもの」の規準を実際に「なされるもの」におくのは愚かなことである。

さて、われわれの探究の目的は、「純粋理性概念」(=理念)の原理と本質理念を把握することだが、そのためにさしあたり「理念」(イデー)という概念の基本の像を明らかにする必要があった。以後、「純粋理性概念」の内実をもっと詳細に考察するが、まえもってここで問題となる術語の系列を整理しておくと以下のようになる。

＊表象の類↓意識をもつ表象＝「知覚」、主観的知覚＝「感覚」、客観的知覚＝「認識」

＊「認識」は、①直観の認識　②概念の認識

＊「直観」は、直接的に対象に関係し、個別的。「概念」は、間接的に対象に関係する
＊「概念」は、①経験的概念　②純粋概念
＊「純粋概念」は　①数学的概念　②「純粋悟性概念」（カテゴリー）
＊悟性概念から生じて、経験の可能を超え出る概念が、「純粋理性概念」つまり「理念」

（☆⇒）ここでの述語をもう一度整理すると以下。

「表象」→「知覚」→「感覚」→「認識」（⇒①「直観」と②「概念」）

①「直観」→感覚的知覚の統合

②「概念」→①「経験的概念」……「樹木」「机」「哲学者」「人間」など

②「純粋概念」①「数学的概念」……「三角形」「直角三角形」など

②「純粋悟性概念」（カテゴリー）……「分量」「性質」「関係」「様態」

③「純粋理性概念」（理念）……「霊魂」「自由」「必然的絶対者」

第二章　先験的理念について

すでにわれわれは、先験的分析論で、経験的対象の認識の悟性的統一を可能にするアプリオリな条件として、「純粋悟性概念」（カテゴリー）を定式化した。これと同様に、われわれは認識の綜合的統一を可能にする理性使用のアプリオリな枠組みを、「純粋理性概念」すなわち「先験的理念」（イデー）と名づける。

理性はここでは主として推論の能力であり、その役割は推論によって認識の普遍性を作り出す点に

ある。
まず例を挙げてみよう。「カユスは死ぬ」。われわれはこれを経験的な命題と考えることもできる。しかしここで「カユスは人間である」という面を取り出し、「カユスは死ぬ」という命題を、「すべての人は死ぬ」という普遍的な命題に含まれることを示すことで、必然性をもった一命題として捉えることができる。

こうして理性の推論の能力は、ある命題（誰かが死ぬ）をより普遍的な命題（すべての人は死ぬ）に条件づけることで、その必然性を確証するわけだが、この場合、より普遍的な命題は、いわば個別の人間の死の絶対的な総体（全体）を示している（「総ての人間は死すべき存在である」）。すると、「先験的理性概念」とは、「与えられた条件づきのものに対する条件の全体」という概念、だと言える。一切の個別の「条件づけられたもの」（なんらかの他の条件によって規定されたもの、制約されたもの）を包摂することができるのは、その一切を含むものつまり「無条件的なもの」（無制約なもの）だからである。

これを別の仕方で言ってみよう。いま見たように、「純粋理性概念」は、推論的判断における「無条件的なもの」のアプリオリな枠組みだが、するとその数は、「カテゴリー」における「関係」の様式の数に対応して、つぎの三つということになる。

①主語における定言的綜合の無条件者
②系列の中の諸項の仮言的綜合の無条件者
③体系における一切の部分の選言的綜合の無条件者

（⇩「関係」のカテゴリーは以下の三つ。①自存性と付属性〈実体性と付随性〉、②原因性と依存性〈原因と

結果〉、③相互性〈能動者と受動者との間の相互作用〉）

（☆⇓）つぎの章で、この三つの純粋理性概念は、①では、それ自身もはや述語（属性）になりえない究極の主語となるもの（霊魂）、②では、あらゆることがらの因果関係（こうなればこうなる）の究極的全体（世界）、あるいは現象の制約の究極根拠としての「自由」となり、③では、さまざまな諸部分の相互性を成立させる絶対的な統括者（神）の存在にまで行きつくとされる。

つまり、カントによると純粋理性の推論の能力は、「魂」という絶対的実体、「自由」という絶対的原因、「神」という絶対的統括者、という三つの絶対的な無条件者を思い描く。これが「純粋理性概念」（＝理念）の、三つの枠組みである。

理性は推論の能力であり、何かあるものが現象として与えられていると、その関係の系列をどこまでも推論して「完全性」や「全体性」に行きつくまで推論をやめないという独自の本性をもっている。このため、「先験的理性概念」は、つねに個別的条件を綜合する絶対的全体性をめがけて、「絶対的な無条件者」（これ以上それを包括するより普遍的なものを見出せないもの）にまで行きつこうとする。

三つの純粋理性概念は、その結果到達された三つの「無条件者」である。しかし、これらの「無条件者」は、理性が悟性能力を極限まで拡張したことの結果であり、つまり条件づけられたものの「絶対的な」綜合の結果現われたものであって、実際の認識を作り出すわけではなく、ただ想定されただけの「絶対的存在者」（無条件者）にすぎない。

このような絶対的な無条件者にまで至る理性の本性を、現象の理性的統一と呼ぶことができる（⇓

与えられた現象から出発して、それを推論によって全体性や完全性にまでもたらす能力)。それは、ちょうどカテゴリーによる対象認識の統一が、悟性的統一と呼ばれるのと同じである。

悟性は経験認識にのみ適用される。しかしおよそ経験においては、無条件的なものは存在しない。これに対して、理性の推論の能力は、悟性の能力がもたない無条件的なものへの統一を与えることができる。そのことで理性の推論の能力は、経験対象についての悟性の作用を総括して、悟性がなしえない一つの絶対的な全体の像を与えるのである。だから純粋理性概念は、つねに「超越的」であって(これに対して純粋悟性概念はつねに「内在的」)、対象の客観性の認識に関与しない。

さて、われわれは純粋理性概念を「先験的理念」と呼ぶ。先験的理念が本質的に「超越的」、つまり一切の経験領域を超えており、したがってどんな経験的な客観認識とも合致しないようなものだからである。だからそれは、経験を超えたそれ自体としての世界という領域では、きわめて多くを語るが、経験の領域においてはほとんど何も語らない。

具体的な経験認識の領域では、われわれはたとえば、「一切の現象の絶対的全体といったものは、単なる理念にすぎない」といった言い方をする。経験世界の客観認識においては、世界の絶対的全体性に到達することはありえないのである。

ところでしかし、前章で示唆したように、経験的対象の純粋な認識を受け持つ「理論理性」の領域ではなく、「実践理性」の領域(⇒道徳の領域)においては事情は異なる。

「実践理性」における「理念」は、それが部分的にすぎないとしてもつねに具体的に与えられるものであり、むしろここでは、「理念」は理性の実践的使用において不可欠な条件となる。純粋理性の絶対や完全を求める推論の能力は、「実践的理念」においてその本領を示すのである。たとえばわれわれは「知恵」（叡智）という実践的概念（理念）について、「知恵などというものは単なる理念にすぎない」などとは言えない。「知恵」（叡智）は、一切の可能的目的の必然的統一という理念だから、それは一切の実践的な行為についてのある根本的な規準と見なされるのだ。

（☆⇒）ここで「知恵」（叡智）の理念とは、何がよく何がよくないかについて必ずその最上の答えがあるという、いわば全知の理念と考えてよい。それがないなら、およそ、行為の良し悪し、善悪の判断自体が無意味になる。この意味で、智恵の理念は、人間の善悪にとって本質的な存在意味をもつ、ということ。

しかし、実践理性の理念ではなく、理論理性における先験的理性概念では、たしかに「それは単なる理念にすぎない」という言い方が成り立つ。しかしそれでもわれわれは、「理念」を決して余計なもの、無意味なものと見なすわけにはいかない。それは対象の客観認識に達することはないが、それでも悟性に対して客観対象の絶対的な全体像を一つの規準として与えてくれるからである。

それだけではない。じつはこの理性概念が自然概念に一つの規準を与えることで、それの実践的概念への移りゆきを可能にするという事情があるのだが、しかしこの点については、後のテーマとしなければならない。

さて、ここまで、純粋理性の推論の能力が、世界についての先験的な純粋理性概念「理念」を導くことを見てきたが、以下のことを確認しておく必要がある。

純粋理性概念は、推論の能力を駆使して、ある与えられた条件づきのものから「無条件者」にまで至ろうとする。ただし、このとき純粋理性概念が見出す「絶対的なもの」「無条件者」は、あくまで前提からその前提となるものへとさかのぼる上昇的な推論（前推理）において現われるものであり、結果からつぎの結果へと降りてゆく下降的な推論（後推理）によるものではない。

というのも、「絶対的に与えられているもの」と考えられるものは、いまある前提を生み出した原因の系列の総体であって、これから生じるであろうことがらの総体ではないからだ。したがって、ここでは、前推理の上昇的推論の系列において現われる「無条件者」だけが、アプリオリな必然的認識であるといえる。

（☆⇓）たとえば、理性の能力は、ある判断を上位の判断に包摂する推論的判断の能力だが、以下の三段論法の場合のように「小命題」を「大命題」に包摂する。これを連結推理という。たとえば、大命題「すべての合成物は変化する」→小命題「すべての物体は合成されている」→結論「ゆえに、すべての物体は変化する」。

理由から帰結に降り（前推理）、この帰結を新しい理由としてまた帰結へと至る推理は「後推理」。ここでは「理性推理の上昇的系列」（前推理の系列）と「下降的系列」（後推理の系列）の区別が必要となる。「推理の上昇的系列」は、結論自身がつねに条件づきでしか与えられないので、これをどこまで進めても、絶対的な「無条件者」には至らない。等々。

また、先験的な純粋理性概念が見出す「無条件者」はあくまで「上昇的な推論」であって、「下降的な推論」ではない、という主張のポイントは以下。理性が見出す無条件者という「理念」は、与えられた結果としての現在の与件から、その原因の系列を逆にたどって見出されるその完全性や完結性の理念であり、結果の系列をたどって見出される完全性、完結性の理念ではないということ。つまり、遠い未来に世界がどうなるか、ではなく、いまこれこれの世界がある以上、ここまでに至る世界の一切の変化の根本原因があるはずだ、という理念だということ。

第三章　先験的理念の体系

ここまでにわれわれが確認したのは、以下の点である。

第一に、理性が認識のための推論を行なう基本形式は三通りだから、理性の弁証的推理の形式も三通りしかないこと。第二に、理性の推論は、悟性における対象認識に規定された綜合のあり方を超えて、無条件的なものの絶対的な綜合的統一（絶対的な完全性の認識に達しようとすること）にまで進んでいくこと。

ところで、われわれの表象がもつ関係は一般的に、（一）主観に対する関係、（二）客観に対する関係に区分される。さらに（二）の客観に対する関係は、①「現象としての客観」と、②思惟の対象としての客観に区分される。そこで、理性の無条件的なものへ向かう推論は、この区分に応じて、（一）思惟する主観の絶対的（無条件的）統一、（二）現象世界の条件の系列の絶対的統一、（三）一切の思惟の対象の条件の絶対的統一、という三種類の形式をもつことになる。

（☆⇓）つまり、理性はその推論の能力によって、（一）心的存在とは何かについての絶対的認識、（二）経験される世界における原因についての絶対的認識、（三）あらゆることがらを可能にする根拠についての絶対的認識、を把握しようとする。

そこで、「思惟する主観」の絶対的認識は、第一に、先験的な「心理学」の、第二に、一切の現象の総括（世界）の認識、つまり先験的「宇宙論」の、そして第三に、一切のものを可能とする絶対根拠（存在者）の認識、つまり先験的「神学」の対象となる。

こうして、理性の推論の能力は、それを極限まで追いつめると、この三つのことがらについて絶対的な理念、つまり「純粋理性理念」を形づくることになる。

（1）思惟する主観の絶対的統一（＝「私」→魂）――→先験的心理学

（2）現象の条件の系列の絶対的統一「経験世界」――→先験的宇宙論

（3）思惟一般の一切の対象の条件の絶対的統一「物自体の世界」――→先験的神学

すでに示唆したが、この三つの枠組みは、理性推理の基本形式、（一）定言的理性推理（いわゆる三段論法、AはBである）、（二）仮言的理性推理（AならばBである）、（三）選言的理性推理（AかBかである→AならばBではない）から、それぞれその極限形態として現われたものである。

これもすでに確認したが、この理性の絶対的な推論は、あくまで思念上のものであって、決して客観的認識には至らない。またその推論の到達点は、「原因」（条件づけるもの）の系列をさかのぼる上昇的推論の所産であって、「結果」（条件づけられたもの）の系列を下ってゆく下降的推論の所産ではない。だからわれわれが、現在以後生じる世界の変化の一切のことがらについての絶対的な認識、という理念を形成しようとすれば、それはまったくの空想的な思惟の産物にしかならない。

ともあれ、純粋理性は、これら三つの先験的理念を用いて、世界の一切についての理性的認識を一つの体系に仕上げようとする本性をもっている。つまり、理性は、自分自身（の心）の理念的な認識から世界認識に進み、最後にそれを介して根源的な存在者（神）という理念の認識に向かうのだが、この順序はきわめて自然なものだと言わねばならない。

理性の先験的認識のありようについては、これまでの哲学者では、きわめて多様な考えが整理されないまま乱立し、大きな混乱のうちにあった。そこでは悟性と理性の区別さえ明確でなかったのだ。われわれはここで、先験的理念の根源とその形式の種類の必然性を提示するという作業を果たしたのだが、このことで、今後われわれが進むべき探究の道の方向がいっそう明らかになったと言える。

第二篇　純粋理性の弁証的推理について

先験的理念は、理性が理性の根本原則に従って必然的に産出したものだが、これは原理的に、客観的認識の対象とはならない。これらの理念は直観の対象をもたず、したがって悟性概念を適用することはできないからである。だから、先験的理念が把握する対象については、われわれはただ蓋然的な概念をもちうるだけで、客観的対象としての認識が現われる可能性ははじめから存在しない。

繰り返し言うが、純粋理性概念（理念）は、理性そのものの本性から得られた必然的な推論の所産である。つまり、われわれが現にもっている一定の与件から、必然的で純粋な推論によって、実際には知ることのできない存在対象について形成された認識である。しかし、われわれはしばしば、避けがたい「仮象に欺かれて」この推論に客観的実在性を与えてしまう。これをわれわれは理性推理というよりむしろ、「弁証的推理」と呼ぼう。

しかしこれは純粋理性の本性から生じたもので、最も聡明な人すら陥るような種類の推理だから、人間が意図的になす「詭弁」ではなく、いわば「純粋理性そのものの詭弁」と言ってよい。この仮象としての「弁証的推理」は、当然のことながら先験的理念の数と同じく三種類あり、整理すると以下のようになる。

1.「主観そのものの絶対的統一」(「私」)　「先験的誤謬推理」
2.「与えられた現象一般に対する条件の絶対的全体」(世界)　「アンチノミー」
3.「物一般を可能ならしめる一切の条件の綜合的統一」(神)　「純粋理性の理想」

第一章　純粋理性の誤謬推理について

カテゴリー表には掲げられていないが、そこに数えられるべき先験的概念がある。それは「私は考える(思惟する)」という判断である(といってカテゴリー表を変更する必要はないが)。

この概念の特質は、それが一切の概念と判断に必ず伴っているということである。その意味でこれは先験的概念と言えるが、しかし、この概念は一切の人間の思念を「私は考える」という意識に属するものとして示す以外に役だたないので、とくにカテゴリー表に掲げられないのである。

ところで、この「思惟する私」は、二通りの対象を指し示す。一つは「心としての私」(内感の対象)であり、もう一つは「身体としての私」(外感の対象)である。そのうち、「心としての私」に関して、「私」という概念から純粋に推論される一切のものを取り出す試みを、「理性的心理学」と呼ぶことができる。

「理性的心理学」は、経験的要素を含まず、先験的理念の純粋な推論だけに依存するという点で、「経験的心理学」と区別される。

「私は考える」という命題は、主観についてのなんらかの「内的知覚」を表現しているから、この命題を基礎とするかぎり、理性的心理学も部分的に経験的原理を含んでいるという考え方も出てくるが、それは違っている。この「私は考える」という内的知覚は、なんらかの〝対象についての知覚〟なのではなくて、単なる「私は考える」という統覚それ自身だからである。それはむしろ、先験的概念（カテゴリー）による一切の判断を、たとえば、「私は実体を考える」とか「私は原因を考える」といった判断それ自身を、〝可能にするもの〟である。

この「私は考える」は、なんらかの対象についての経験的認識ではなく、およそ「経験的なもの」の認識一般を可能にするような認識であり、この点でまさしく先験的認識と言えるのである。

理性的心理学が扱う「私は考える」は、そのような意味で、経験認識とはまったくかかわりのない純粋な推論によって成り立つものであり、またこの命題（私は考える）だけがその唯一の主題である。したがって、ここから取り出せる可能な推論の一切を考えてみなければならない。

このような「私は考える」を主題とする理性的心理学を展開するにあたっても、われわれはもちろんカテゴリーの手引きに従う必要がある。ただしここでは、これまでと同じ順序ではなく、「私」という存在者がはじめに与えられているので、まず「実体」のカテゴリーからはじめるのが適切である。そこでその推論の順序は以下のようになる。

1. 心は実体である。〔関係〕（非物質性）
2. 心はその性質上単純である。〔性質〕（⇒合成されていない、したがって不壊性・不滅性をもつ）
3. 心は異なった時間に存在しても、つねに「数的に同一」である。〔量〕（人格・精神の同一性）
4. 心は空間における可能的対象（物体）と相互に関係している。〔様態〕（相互性→心身相関性）

（☆⇒）「心」とは何かについてのわれわれの純粋な推論は、「心」は「実体」であり、合成されたものではなく、「一なるもの」であり、「物」と関係をもっている、という一連の命題を生み出す。またここから、「心」は、非物質的なものであり、不壊なものであり、個体的精神性をもち、物質と相互関係を保っている、となる。）

この場合、つぎのことに注意しておくべきである。この理性的心理学は、「思惟する存在者」としてのわれわれの自然的本性についての学と見なされるかもしれないが、それは間違いである。理性的心理学が問題としているのは、あくまで、あらゆる対象意識、概念、判断につきまとっている「私」という表象についての純粋理性の推理の必然性である。つまりこの「私」は、ただ思考作用一般としての、「先験的主観すなわちX」、あるいは、「表象一般」の形式性としての「私」と言うべきものである。（⇒カントは、時間・空間を感性的直観の根本形式と言ったが、これにならうと「私」は、あらゆる思惟一般の根本形式と言える。）

さて、ここで「私」という主題にかかわる一つの問題を整理しておこう。それは、「私」のみに妥当している思考作用一般の形式的条件が、ここでは、一般的に、ほかの「思惟する一切の存在者」にも妥当するものと見なされる、ということである。これは個別的、経験的な命題が、普遍的なものへそのまま適用されているということだ。そしてその理由は、おそらくわれわれが、「心」というものの可能性の条件を、暗黙裡に物質的なものにおいているからなのである。

われわれが思惟する存在者について少しでも表象することができるのは、まったく自己意識による。したがって、「思惟する一切の存在者」という対象は、私が私自身の自己意識を「ほかの物の上に移す」ことによって成立したものにほかならない。つまり、自分と同じく他者たちもまた「思惟する存在者」であるという判断は、厳密には、経験的、蓋然的なものと言わねばならない。

ところが、理性的心理学は、そのような経験的な認識としての「私」からではなく、ただ「私は思惟する」という命題それ自体からの、純粋な推論の所産としての理念を取り出すのでなければならない。

理性的心理学の目標は、心という対象を、自然的な存在としてその諸性質を捉えることではない。それは経験的心理学が行なうべき課題であり、いわば内感の自然学であって、心という現象の多様を説明するには役立つだろう。しかしこの観点からは、右に述べたような、私の単純性や個別性といった本性を取り出すこともできないし、意志する存在者一般の本性も示すこともできない。

繰り返すと、「私は考える」という命題は、あらゆる悟性的判断（カテゴリー）を包括し、またそれに伴うものである。そこでわれわれはこれを先験的な概念として扱い、そこから純粋理性の推論として展開されるものだけを取り出そうとするのである。

ここで一般的な注意として確認しておけば、「私」は単に思惟するだけでは、どんな対象認識もなしえない。対象の客観的認識には与えられた直観とその綜合的統一が必要である。だから「思惟する私」を意識することによっては、「私」は「私自身」を「対象」として認識することはできない。つまり、「私」についての純粋な思考（悟性的綜合による認識ではなく、単なる論理的思考）においては、「私」は、一つの経験対象として、つまり「規定される自己」として認識されるのではない。（⇩ここで「私」が知るべきなのは、〝対象としての自己〟＝「規定される自己」ではなく、いわば「規定する自己」、〝対象化するところの自己〟である、ということ。）

「私は考える」という純粋な命題から、「関係」「性質」「分量」「様態」というカテゴリーの区分に従って、つぎの四つの「分析的命題」を取り出すことができる。それぞれについて考察しよう。

1.『**あらゆる判断において、私はつねに、その判断を構成する諸関係を規定する主観である。**』（⇩あらゆる判断において「私」は、対象の判断を作り出すその主体＝主観であり、つまり対象を規定するその主体＝主観である。）

「私は考える」という命題から、このことがまず分析的命題として必然的に取り出せる。これは「私」は、対象判断の主体＝主観であり、だからつねに判断をなす命題の「主語」である、ということでもある。しかし注意すべきは、だからといってこの命題は、「私」が客観的対象としての現実的な実在者、あるいは「実体である」ということを意味しない、ということだ。（⇩つまりこれは、「実体」についての誤謬推理）

2.『**統覚としての「私」は、つまりあらゆる思惟において「私」は、つねに単数であって、多数の**

主観に分解されえない。それゆえこの「私」はつねに単一なるものとしての主観を表わしている。』

つまり、「私はつねに必ず単数」であり、だから「個体性、同一性」を保っているという命題が取り出される。しかし重要なのは、ここから、「思惟する私は単純な実体である」（心は物質ではなく、心という純粋かつ単一な実体である）という結論を取り出すことはできない、ということだ。なぜなら、この命題はあくまで綜合的命題だからである。

つまり、心がそれ自体、物質とは異なった「実体」として存在するのかどうかという判断は、本来、経験的な対象認識についての綜合的な判断として現われるべきものである。しかし心という対象についてそのような経験的判断を行なうことはできない。（⇩これは逆に、心は非物質的な実体である、という「非物質性」についての誤謬推理）

3．**『私が意識するものは多様であるが、私自身はつねに自己同一性を保っている。』**

ここでもまた、この主観の同一性は、「人格の同一性」を意味するものではない。人格の同一性とは、人間が時と所を変えてさまざまな状況のうちにあっても、その人格を同じものとして保っているということであって、それは単なる主観の同一性ということと同じではないからだ。このような人格の同一性を言うためには、やはり経験認識をとおした綜合的判断が必要である（⇩「人格性」の同一性についての誤謬推理）。

4．**『私は、私自身の独自の存在を、自分の肉体を含む私の外部の事物から区別して、一つの思惟する存在と見なす。』**（409）。

この命題も、分析的命題として「私は考える」から導くことができる。だからこの命題はそれ自身としては成立するが、しかしそれは「私」が他の事物から独立的であることを示すだけで、「私」が「私の身体」なしに自立的に存在しうる、ということまで示すことはできない。つまり「魂の不死」は、ここからは導くことができない（⇩「魂の不死」についての誤謬推理）。

こうして、思惟一般としての「私」をいくら内的に分析しても、客観存在としての「私」についてはなんら正しい認識は得られないことが分かる。しかし理性の推論は、「私」の存在について正しい認識を得られると考え、誤った形而上学的な定義を作り出すのである。

ところで、たとえばつぎの命題が証明されるとしたら、それはわれわれのこの「批判」の営みにとって大きな躓《つまず》きの石となるだろう。つまり、「およそ思惟する存在者は、それ自体単純な実体である」。

この命題はまた、したがって思惟する存在者は必然的に人格性をもち、自分自身を他の一切の物質から自立した存在として意識しているということを含んでいる。この命題は、「思惟」を「存在するもの」として規定し、またそこに経験自体からは取り出せない、絶対的な「単純性」という性格をつけ加えている点で、「アプリオリな綜合的命題」である。この命題が証明されるとすると、われわれの認識原理は、「物自体」の世界にまで及ぶことになる。

しかしこの命題が証明されることはありえない。なぜだろうか。

ここでの「理性的心理学」（⇩心がどのような存在かについての理性の推論）を支えているのは、つぎのような理性推理（三段論法）である。

①〔大前提〕――→「主観」としてしか考えられないもの（存在者）は、「主語 Subjekt」としてしか存在せず、したがってそれは実体である。

②〔小前提〕――→思惟する存在者は、それ自体「主観 Subjekt」としてしか考えられない。

③〔結論〕――→ゆえに、思惟する存在者は「主語」（主観）であり、すなわち実在する「実体」である。

このような推理が、「誤謬推理」として退けられるべきものであることは明らかだろう。

ここで、〔大前提〕で言われている Subjekt（主語）であるものとは、実体として客観的に実在する存在者であり、したがって直観によってその〝現実存在〟が与えられるような「主語」である。〔小前提〕で言われる Subjekt（主観）は、単に思惟的統一としての「主観」であって、あくまでわれわれの直観によってその〝思惟的存在〟が認識されるものにすぎない。

要するに、この理性推理は、はじめに客観存在するものとしての Subjekt（主語）をおき、つぎに「思惟的存在」としての Subjekt（主語）をおき、同じ Subjekt（主観＝主語）として、「思惟的主観」は「客観的存在」する「主語」（としての主観）でもある、という結論を作り出しているのである。

こうして、それ自体だけで主観として実在しうるもの、という概念は、それだけでは「客観的実在性」をもつものとは言えない。つまり、われわれが思惟する主観ということにとどまっているかぎり、実体すなわちそれ自身だけで存在する主観という概念を、自分自身に適用するわけにはいかないのである。（⇒つまり、デカルト的な「思惟＝実体」という推論は、なんら証明されたものではなく、まさしく純粋理性の誤謬推理であるということ。）

（☆⇓）叙述は難解だが、ここの要旨はかなりシンプル。デカルトは「我考える、ゆえに我あり（存在する）」と述べた。カントはこれを、思惟する「主観」の存在の確証から、そのまま客観的な実在（存在）の証明を導き出す誤った推論である、と言っている。

思惟が〝存在〟するということは、その思惟の実体的な〝実在性〟を意味しない。ものの実在性の認識は、経験的直観から悟性の綜合を通してはじめて把握されるものであり、たとえば、われわれはわれわれの「身体」ならばそのような実体的な「実在性」として認識する。しかし「思惟」については、われわれの直観はただ「思惟が存在する」という表象を得ているだけであって、その〝実在〟を綜合的に認識しているわけではない。

まとめて言えば、「思惟が存在する」は、「思惟するもの」の「客観的実在」をなんら証明するわけではない。しかし理性の推論はそのような誤謬推理を行なう、ということ。

心（霊魂）の常住不変性に対するメンデルスゾーンの証明を反駁する

心は単純な存在だから分解によって消滅することはなく、したがって「不死」である、という説に対して、分解によるのでなくても「漸次的」な消滅がありうるから、この「霊魂の不死」の証明は成り立たない、という説がある。これに対して、メンデルスゾーンは、つぎのような再反論をおいた。魂が単純な存在であるかぎり、漸次減少して〝次第になくなる〟ということはありえない、と。

だが、このメンデルスゾーンの証明も成り立たない。彼の、心は単純な存在なので〝次第に減少して消失することはない〟は、外延量（大きさ＝量）といったことでなら、通用するかもしれないが、内包量、つまり「質」についてはあてはまらない。心の実質的な能力が、徐々に「衰退」して無に帰すということは可能性としてありうるからだ。

実際、われわれの現実の意識さえ（⇓眠ったり、気を失ったりして）、一時的に消滅するということがある。だから「霊魂の不死」は右のような仕方で証明したり、反駁したりすることはできないのだが、それでもメンデルスゾーンのように、このことを単に理性の推論によってのみ証明しようとする学者はあとを絶たない。（⇓以下は右で見た、「我考える、ゆえに我あり」という、思惟する主観の存在とその客観的実体性＝不死性を証明できない、という議論のより細かな検討だが、重要な議論はつけ加わっていない。）

もういちど、先の、「およそ思惟する存在者は、それ自体単純な実体である。」という命題に戻ろう。

はじめに見たように「理性的心理学」は、心は実体であるという「関係」から出発して、「心は単純」（性質）→「心は一」（分量）→「心は他の事物と相互に関係する」（様態）という、いわば綜合的方法をとっていた。これに対して、われわれは「分析的」方法をとることもできる。

この場合は、理性の推論はちょうど逆に、「私は思惟する」（様態）→「私は主観（主語）として思惟する」（関係）→「私は単純な主観として思惟する」（性質）→「私はつねに同一の主観（主語＝主体）として思惟する」（分量）というプロセスをたどる。

しかし、この推論では、思惟する主観（主語）の存在は、どこまでいっても、客観的実在（空間的な実在）であることにつながらない。つまり「思惟する私」の存在が、実体としての「実在」なのか、単に実体の属性としての存在なのかは決定されない。心の実体性については、「唯物論」からそれを証明することができないのは当然だが、「唯心論」からも不可能なのである。（⇒ここでカントは、意識・思惟・主観の「ある」は、空間的、客観的な存在者の「ある」にはつながらない、ということを言おうとしている。）

こうして、理性的心理学によっては、心の存在の実体性を証明することは決してできない。それは、理性的推論の「消極的な訓練」として、つまり、こういった経験を超えた領域では、われわれの認識に必然的な限界があることを教える点に、その存在意義があるというほかはない。

この理説は、理性の認識の領域的な限界をよく教える。そのことで、理性の能力を超越的な思弁の領域から向け変え、やがて、「豊かな実りを約束する実践的使用」（421）（⇒道徳的な使用）へと向かわせる、という重要な役割を果たすことになるのである。

見てきたように、「霊魂の不死」という大テーマを証明しようとする理性的心理学の試みは、それが思弁的哲学の枠組みを離れられないという限界をもつかぎり、失敗に終わる運命にある。しかしここでわれわれが行なった吟味は、経験の限界を超える理性の「思弁的使用」の不可能性をはっきりと示すことで、むしろ逆に、その「実践的使用」の原則からは、理性が「霊魂の不死」を想定する権利を保証することになるのである。

われわれは、思弁的な推論によって「霊魂の不死」を〝証明〟することは決してできない。しかしこのことの確認は、純粋理性の独断論的性格を明確に示し、かえって、理性の本来の領域が、世界の「目的の秩序」における実践的な能力にあることをわれわれに教える。「霊魂の不死」は、思弁的な理性による客観的な証明としては不可能だが、実践理性によって生み出される「理念」としては、人間がそのような理念をもつことの「必然性」と「不可避性」をよく示すのである。このことはさらにつぎのことをわれわれに教える。

およそこの世界に生きとし生けるものには、何一つとして余計なもの無意味なものは存在せず、すべてのものがなんらかの合目的性において存在している、という推論は、自然存在一般についての理性の不可避な推論である。そして、このことからわれわれは、人間だけが、一切の生物の究極目的を表現する能力をもつものであることを理解する。

つまり人間だけに存在する道徳的法則は、それが、この世の生から求めうる一切の実利的な効用や利益を超えたこの上なく尊いものであることを、われわれに教える。さらにそれは、人間の内心に、この世における利益を捨てて真によき行ないを求め、これによって理性の「理念」が求めるものにふさわしい存在たることを求める「召命」を感知させる。

このように、「霊魂の不死」という理念から現われる人間の道徳法則の存在は、断じて論駁されえないものであり、われわれがいったんこれを自覚すればこの目的の秩序についての法則の認識はますます強固なものとなる。そしてますますそれにふさわしい存在たろうとする衝動をわれわれに与えるのである。

とはいえ、これはあくまで理性の理念として想定されるものであって、「死後の生命」といったものを、現実的、客観的なものとして証明することは決して できない。

心理学的誤謬推理に対する論定

理性的心理学の誤謬推理の原因は、「純粋な思惟」という理念と、「思惟する存在者」（私の存在）という概念とを混同することで「純粋な思惟」を実体的な存在と見なす、誤った推論に由来していた。「純粋な思惟」が実体的に存在し、したがって実体として不死なものかどうかはわれわれの経験認識を超え出た問題であって、原理的に、思弁的理性においては認識することができないのだ。

また、心と身体の相互関係を説明するという課題は、ここで問題にしている理性的心理学の対象ではありえない。理性的心理学の対象となるのは、「霊魂の不死」といった「超越的な領域」の問題だからである。

しかし先験的心理学では、このような心身問題もその対象とすることができる。それは「心」と「身体」という対象の対象的本質を先験的な観点によって確定し、両者が認識対象としてどのような関係にあるのかについて、本質的な理解を与えるのである。

理性的心理学から宇宙論への移りゆきに関する一般的注（省略）

第二章　純粋理性のアンチノミー

すでに先験的弁証論のはじめに述べたように、純粋理性の弁証的推理は理性の推論の基本形式に従って、以下のような区分をもっていた。

1．「表象一般の主観的条件の無条件的統一」（主観あるいは心）
（→定言的理性推理＝私は〜である）

2．「現象における客観的条件の無条件的統一」（宇宙＝世界）
（→仮言的理性推理＝こうなれば、必ずこうなる……因果関係の全体的系列）

3．「対象一般を可能ならしめる客観的条件の無条件的統一」（世界全体の根本原因＝神）

1．の「私」についての先験的推理から現われる理念は「霊魂の不死」だが、これは、反対命題はもたないという特質をもち、その点でいわば「唯心論」に利を与えている。しかし結局のところ、誤《ご》謬推理《びゅうすいり》として現われざるをえないことは見てきたとおりである。

つぎに2．の、「現象としての世界の全体」についての弁証論を考察しなければならないが、ここでは、理性は世界という現象の無条件的な全体的統一を主張し、しかし自己矛盾に陥ってその要求を断念せざるをえなくなる。そしてこの自己矛盾は、わざとする詭弁や欺瞞ではなく、いわば人間理性がその推論の本性によって必然的に陥ってしまうような種類の誤謬（矛盾）なのである。

この必然的な誤謬のために、われわれは、一方的な仮象の結論に安住したり、また一方で、懐疑論的絶望に身を任せたりする。あるいはまた、二つのうちのどちらかの説に独断論的に荷担して、その対立の意味を考察せずに放置するという態度をとったりするのだ。どちらの道でも、真の意味の哲学は死んでしまうのだが、懐疑論的な誤謬に陥るよりは、どちらかの説に固執することのほうが、まだ哲学の安楽死と言えるかもしれない（⇒少なくとも、世界の理念を完全に断念して放棄するわけではないから)。

ともあれ、この自己矛盾の対立の本質を理解できないことこそ、哲学において一方で懐疑論が、また もう一方で理念的独断論が連綿と続いてきたことの根本的理由なのである。

さて、私は、この「世界」という現象の客観的条件の統一の理念(⇩われわれが経験する世界の全体はかくかくの仕方で存在するに違いないという推論から現われる「理念」)を、「先験的世界概念」と呼ぶことにする。「世界全体」という概念は、そもそも現象の無条件的全体の概念にかかわるからであり、それはまた、あくまで現象の経験的綜合に関係するからである。

これに対して、およそ存在しうる一切の事物の成立条件の絶対的全体性(⇩一切の事物の存在と変化の根拠の絶対的総体あるいは根拠)は、「純粋理性の理想」と呼びたい(⇩神の存在についての理念)。両者は、ともに「世界」の全体性についての概念であるが、その内実は違っている。

先の「私」の存在についての「純粋理性の誤謬推理」は「弁証的(理性的)心理学」を性格づけていたが、つぎに見る「純粋理性のアンチノミー(二律背反)」は、「先験的(理性的)宇宙論」を性格づけるものである。これによってわれわれは、理性が宇宙全体について思い描く先験的理念が、現象とは相容れない仮象にすぎないことを深く理解することになるだろう。

第一節　宇宙論的理念の体系

宇宙理念を一つの原理に従って厳密に枚挙するには、これまで繰り返し指摘してきたつぎの二点に留意しておく必要がある。まず純粋な先験的概念（カテゴリー）を作り出すのは、基本的に悟性の能力であること、つぎに、理性は自分で概念を作り出すことはできず、ただ、悟性の概念を用いて認識を経験的な領域を超えて拡張しようとするということ。

こうして理性は、「与えられた条件づきのもの」に対して、条件の側の「絶対的全体性」を要求し、カテゴリーを利用して経験的綜合を続けることで、「無条件的なもの」に行きつこうとする。つまり、本来限界をもっている経験的綜合を、その限界を超えて、系列の絶対的な完全性にまで引き延ばそうとするのである。

（☆⇩）理性は、「与えられた条件づきのもの」つまり、いまわれわれに与えられている与件から、それを「条件づけているもの＝原因」の系列の総体を推論する。そしてこれを、絶対的に無条件的なものだ、と考える。もっと具体的には、たとえば、いま自分がここに存在している以上、自分の存在の条件となっているものすべての系列、親→その親やそのまた親→生き物の発生→地球の発生→宇宙の発生……とさかのぼって、ここまでに至る原因―結果の全系列――ある結果を規定する条件の系列の全体性が必ず存在しているはずだ、という推論を行なう、ということ。

だから、第一に、先験的宇宙理念は、本来、経験の領域に適用されるべき推論が、「無条件的なものにまで拡張されたカテゴリー」（⇩経験領域に適用されるべき「原因―結果」のカテゴリーが、無条件的な全体者という場面にまで拡張されて適用されている）であると言える。第二に、しかし、すべてのカテゴリーがこの拡張に適用されるのではなく、ただ綜合が系列として続けられるようなカテゴリーだけが利用される。

というのは、われわれはいま与えられている時間から、ここに至るまでの全時間の系列を「絶対的に与えられた全体」として推論することができるが、現在を理解する上では、これから生じるであろう時間系列の全体はそれがどこかで終わろうと、また無限に続こうと関知するところではないからである。

さてこのような「条件の側における系列の綜合」、つまりいまの時点の現象から遠い条件へとさかのぼっていく綜合を、私は「背進的綜合《はいしんてきそうごう》」（⇒こうあったのでなければならないという推論）と名づけ、その逆を、「前進的綜合」（⇒かくなるはずであるという推論）と名づける。前者は理由から理由へ、後者は帰結から帰結へと進むものだが、宇宙論的理念はもちろん前者の「背進的綜合」の系列の絶対的全体性の推論として現われるものである。

さて、《カテゴリー表》にならって作られる先験的宇宙理念の基本的表の枠組みは以下の通りである。

（☆⇒）参考のため、カテゴリー表をもう一度簡潔に示す。

（1）分量　①単一性　②数多性　③総体性
（2）性質　①実在性　②否定性　③制限性
（3）関係　①実体性と付随性　②原因と結果　③相互性
（4）様態　①可能性と不可能性　②現実性（存在性）と非存在　③必然性と偶然性

第一。宇宙における時間と空間。これは「分量」のカテゴリーにかかわる。

時間はそれ自体系列をなしている。つまり、「いま」という時間が存在する以上、必ずその「直前」の時間が存在していなければならない、という意味で、それは「条件」と「条件づきのもの」の継続的な系列である（⇒「直前」の時間は「いま」の時間を「条件づけるもの」）。そして、「直前」の時間は、またその直前の時間を必要とするから、「いま」が存在するには、「その前」の時間が、また「その前」の時間が、という具合にどこまでも進む。これは、時間を背後（過去）にさかのぼっていく条件の系列の遡行なので、「背進的な系列の遡行」である。

こうして、われわれは、いまある時間（与件）から出発して、その条件の系列の理念として、時間の背進的な系列の絶対的全体性を思い描く。これが時間における「世界の絶対的全体性」の理念である。ただし見たようにこれは、過去の時間全体だけに関係しており、未来の系列の全体性についてはまだ与えられていないので、これを絶対的な全体性の理念に含めることはできない。

ところが、空間の場合は時間の場合とは少し事情が異なる。空間では、背進と前進の区別がない。空間の諸部分は、時間のA「いま」とB「その前」の関係のように、BがなければAは存在しないといった、一方向的な規定関係（条件づけの関係）ではなく、互いに並存的に、相互に規定しあっているという関係だからだ。

とはいえ、われわれが空間の多様な部分を綜合してゆくその仕方は、必ず継時的である。つまり綜合を行なう作用は時間的であり、この意味で一定の方向的な系列性をもっている。つまり、一般的には、空間の綜合は絶対的な前進と背進の区別はないように見えるが、空間の綜合を、空間部分をつぎつぎにつけ加えていくこととして考えれば、これも一つの背進的綜合であると言える。だから、一見、時間と空間は同じ系列の綜合として扱えないように見えるが、各部分の綜合としては、同じものとして扱えると考えてよい。

第二。空間における物質の絶対的綜合の理念。この項は「性質」のカテゴリーのうちの「実在性」にあたる。物質もまた、ある規定されたものであり、つまり、それはより小さな部分によって構成されたものと考えられる。また、その小さなものはより小さなものから構成されている、と考えてゆくことができるので、ここにもやはり背進的系列の遡行が存在する。

そしてこの遡行の絶対的全体性は、二つのケースにおいて考えられる。つまり、物質の実在がかぎりなく小さくなって消滅するか、第二に、もはや分割できない最も単純なもの（最小単位）へとゆきつくか、このいずれかである。

第三。「関係」のカテゴリーについては、「実体と付随性」というカテゴリーは、先験的理念としては成り立たない。そこには、どこまでもさかのぼるべき条件の系列が見出せないからである。あえて言えばここでは「実体的なるもの」が先験的理念として考えられるように見えるが、これも条件の系列という性格をもたない。そこで、系列の背進という点からは、「原因と結果」のカテゴリーだけがこれに適合するものとして残る。

つまりここでは、ある与えられた事態から、これを可能にした原因、またその原因といった具合に系列を背進してゆき、その可能的な全体の像に至ることができるからである（したがって、これは「様態」の「必然性と偶然性」のカテゴリーにかかわる）。

第四。「様態」のカテゴリーでは、可能なもの、現実的なもの、必然的なもの、という概念は、いずれも系列をなしえない。ここでは「偶然的なもの（可能なもの）」がつねに条件づけるものをもつ。あらゆる偶然的な存在は、やはりそれを規定するもの（根拠づけるもの）をもつからだ。そこで理性は、一切の偶然的なものから出発し、それを可能にするものの系列を背進的に遡行し、この系列の絶対的な全体性を「無条件的必然性」として見出すことになる。

右の四つを整理すると以下になる。

1.〈分量〉一切の現象を包括する与えられた全体の、合成の、絶対的完全性
2.〈性質〉現象において与えられた全体の、分割の、絶対的完全性
3.〈関係〉現象一般の、発生（生起）の、絶対的完全性
4.〈様態〉現象において変化するもの（偶然的なもの）の、現実的存在の、絶対的完全性

（☆⇩）3.「関係」と4.「様態」の違いはここでは十分明確とは言えないが、アンチノミーにおいて、両者は、「自由」という「作用因」と、あらゆる事物の「変化の絶対的根拠」としての「至上存在（＝神）」という観念に結びつけられている。

さて、まず第一に注意しておくべきことは、ここでの絶対的完全性という理念は、あくまで「現象としての世界」の解明に関することであって、「物自体」の解明とはなんら関係がないということだ。

第二に、理性がこの綜合の完全性において求めるのは、「無条件者」であるということ（⇩無条件

者とは、もはやそれを条件づけ、規定する何ものをももたないもののこと)、そしてこの無条件者は、背進的な系列の遡行の絶対的全体として捉えられること。理性はこの系列の絶対的全体を思い描き、そこに世界の絶対的な全体性、あるいは完全性の理念を形成するのである。もちろんこの理念は、ただ思い描かれるだけのもので、現象としての世界において妥当性をもつかどうかは知ることができない。

ところで、いま述べた「無条件者」は、系列全体としての無条件者である場合と、系列の一部としての無条件者である場合がある。そこでつぎの二つに区分される。

(1) 無条件なものが系列全体において成立すると考えられる場合。ここでは、一切の項目が条件づき(規定されている)であり、この系列の背進は無限に進む(無限背進)(⇒たとえば、世界の時間は始発点をもたないという場合は、時間の系列をどこまでもさかのぼることができる。また物質はどこまでも分割される)。

(2) 無条件なものが、系列の一部分であるような場合。つまりこの無条件なものが他の一切の系列を条件づけている(根拠となっている)場合。ここでは第一の原因つまり「究極原因」(⇒神)があると見なされる。

宇宙の時間を(2)の場合として考えれば、それは「世界のはじまり」と呼ばれ、空間については「世界の限界」、物質の構成要素としては「単純なもの」、そして「原因」については「絶対的自発性」(自由)と呼ばれ、また一切の事物の現実存在としては「自然必然性」(摂理)と呼ばれる。

ここで、世界と自然という言葉はしばしば混同されるので、コメントをおこう。「世界」は、一切の現象の「数学的」全体、つまり現象の綜合の全体性を意味する（⇓カテゴリーにおける「分量」と「性質」という観点から見られた「世界」）。しかし「世界」を「力学的」全体と見なせば、これを「自然」と呼ぶことができる（⇓「関係」と「様態」としての「世界」）。後者では、世界は単に時間的、空間的な量と質の集合ではなく、生起の条件としての「原因」を含んでいる。

原因は、また条件づきの自然的原因と、無条件的な原因としての「自由」に区別される。さらに、現実存在においてほかに依存性をもつものは「偶然的」な存在であり（⇓絶対的な自己原因をもたない存在は、カントでは偶然的存在）、無条件的必然性をもった存在は「自然必然性」と呼ばれる。

（☆⇓）「摂理」という言葉で表現されるような世界の全体性。ここでは一切の存在の関係が、合目的な必然性をもっていると見なされる。そしてこの必然性の絶対的根拠として思い描かれるのが、「至上存在＝神」の理念である。

いま吟味したような理性の理念のありかたを、私はすでに「先験的理念」と呼んだ。その理由は、「世界」は一切の現象の総括と見なされ、実在するものの絶対的全体性を意味する。また理性は、この絶対的な無条件者としての世界の綜合の全体を思い描くからである。

そこで、われわれは、世界の1.「分量」と2.「性質」についての絶対的理念を、狭義の「世界概念」（「大世界」＝宇宙全体と「小世界」＝最小物質）と呼び、世界の3.「関係」と4.「様態」についての理念は、これを「超越的自然概念」と呼んでおく。これらはいずれも、経験可能な領域を超えた理性の綜合の結果としての「世界」の概念という意味で、「超越的」な世界概念なのである。

（☆⇓）カントの「先験的世界理念」は、理性による世界の全体性、完結性、完全性についての推論の極限概念。これは、現在では、世界に限界はなく、世界に創造者はなく、全体の統括者もなく、超越的意味や目的もない、という極限概念が優位になっている。この反命題の優位は、一面で自然科学の知見がもたらしたものだが、もう一面で、近代の合理的世界像の進展の結果でもある。正命題における世界の全体の完結性は、世界の全体が認識可能であるという想定に基づく。そしてその可能な主体は、「神」か「人智＝自然科学」であるが、一方で人智の限界が明確になり、もう一方で「神」の存在確信が崩壊することによって、正命題と反命題の論理的対立は、圧倒的に「反命題」に傾くことになったと言える。これは二〇世紀の世界像の水準においては、遡行不可能な側面をもっている。

第二節　純粋理性の矛盾論

純粋理性は世界について独断的な推論を行なうが、その命題は、二つの対立する独断的命題を導く。ここでの矛盾論とは、外見上等価な根拠によって自己の正当性を独断的に主張する、二つの命題間の矛盾を指している。

これらは双方ともに、経験において実証される見込みもないが、さりとて決定的に反駁されることもない。つまりそれはともに、その主張の必然性を理性の本性から得ていて、論理的には自己矛盾を孕《はら》まないために（つまりあえてする詭弁ではないので）、対立から抜け出ることができない。「世界」の存在についてのこのような独断的主張を、われわれは純粋理性の弁証論における「アンチノミー」と呼ぶ。ここでわれわれが解明すべき問題点は以下の三つである。

（1）　アンチノミーはいかなる「命題」として現われるか。

（2）このアンチノミーが生じる根本の理由はなにか。
（3）この対立的矛盾を超えて、理性は世界についてのなんらかの確実性に達しうるのか。

もう一度注意すべきは、このアンチノミーは、理性の本性によって必然的に生じる矛盾であり、決して作為的な、または単なる誤謬から生じた矛盾ではないということだ。それはむしろ理性の推論の能力の本性から現われる避けられない本質的な矛盾なのである。したがって、一度はこの仮象に人々が欺かれないようになったように見えても、決して根絶されることなく繰り返し現われてくるという性格をもつのである。

この対立するアンチノミーは、昔から長く哲学において一つの弁証論的競技を展開してきた。そしてそこで、ある時代には片方が、また別のときにはもう片方が勝利するといったことが生じてきたのだが、この勝利はいわば片方の戦略的優位によるものであって、決してどちらかが決定的な理性的解決に至ることはなかった。

そこで私としては、いま公平な審判者として双方の言い分を徹底的に展開させ、そのことでこの争いを当事者の間で決着させるように仕向けるのが、賢明な方法だと考える。つまり、この弁証論の対立的矛盾をむしろ極限まで推し進めることで、この議論が答えを出そうとする問いそれ自身が、じつは一つの必然的な幻影であることを明らかにする、という方法をとろうと思う。この方法は、ある意味で一つの「懐疑的方法」と名づけることができるが、しかしもちろんいわゆる懐疑論とは違ったものだ。

この懐疑的方法は、本来、先験的哲学にだけ有効なものであり、たとえば自然科学や数学や道徳論などでは役に立たない。この領域では、はじめに対立が生じても、最終的には、その対立を解決する決め手は、実証的あるいは経験的な形をとるほかはないからである。

しかし先験的理性が宇宙論において作り出すアンチノミーは、経験的な領域からその決め手の証拠を取り出せるようなものではない。理性はここで、悟性の経験的綜合の原則（カテゴリー）を拡張してこれを経験されえない領域にまで使用する。そこから必然的にこのアンチノミーが生じるのである。そこでわれわれとしては、この理性の対立する推論をなんとか調整したり妥協を引きだそうとしたりせず、むしろこれを極限まで引き延ばすことで、その主張の正否を検討するという逆説的な方法を取る。

第一アンチノミー（先験的理念の第一の自己矛盾）

〔正命題〕　世界は時間的なはじまりをもち、また空間的にも限界を有する。

〔反対命題〕　世界は時間的なはじまりをもたないし、また空間的にも限界をもたない。すなわち世界は時間的にも空間的にも無限である。

〈正命題の証明〉

(1)　世界は時間的はじまりをもつし、また空間的な限界をもつ。

『世界は、時間的な始発点をもたないと仮定してみよう。すると、どの時点をとってみても、その点

までには、すでに無限の時間が過ぎ去ってしまっていることになる。だからまた、世界におけるものごとの時間的な継起の無限の系列が、すでに経過してしまっていることになる。しかし、時間継起の系列が無限であるとは、時間の継起的な綜合をどれだけ続けても、決して終わりに達しないということを意味する。したがって、過去の時間のうちに世界の無限の継起の系列が過ぎ去っている、ということはありえない。それゆえ、世界がこうして現実に存在している以上、必ず世界の時間的な始発点が存在していると考えるほかはない。』（竹田意訳）（☆⇓原文は以下。Denn, man nehme an, die Welt habe der Zeit nach keinen Anfang: so ist bis zu jedem gegebenen Zeitpunkte eine Ewigkeit abgelaufen, und mithin eine unendliche Reihe auf einander folgender Zustände der Dinge in der Welt verflossen. Nun besteht aber eben darin die Unendlichkeit einer Reihe, daß sie durch sukzessive Synthesis niemals vollendet sein kann. Also ist eine unendliche verflossene Weltreihe unmöglich, mithin ein Anfang der Welt eine notwendige Bedingung ihres Daseins; welches zuerst zu beweisen war.）

（☆⇓）アンチノミーの議論は、『純粋理性批判』の中でも最も枢要《すうよう》の部分なので、詳しく解説してみる。

この命題は、篠田訳では、以下。『仮りに世界は時間的な始まりをもたないと想定してみよう。そうすると与えられたどんな時点をとってみても、それまでに無窮の時間がすでに経過している、従ってまた世界における物の相続継起する状態の無限の系列が過ぎ去ったことになる。しかし系列の無限ということは、継時的綜合によっては決して完結され得ないことを意味する。故に過ぎ去った無限の世界系列は不可能であり、従ってまた世界の始まりは、世界の現実的存在の必然的条件であるということになる。』（篠田英雄訳〈中〉p.106, 107）

この証明は、「世界は時間的な始発点をもつ」を証明するために、逆に「世界は時間的な始発点をもたない」と仮定して、それが論理的に成り立たないことを証明する、という典型的な帰謬論＝背理法の形式をとっていることにまず注意。カントの言い分を簡潔におき直すと、こうなる。①もし世界に時間的始発点が存在しなければ、「現在」までには無限の時間が存在するわけだから、事象の変化の無限の系列が〝過ぎ去っている〟はずである。②しかし、事象の変化の「無限の系列」が過ぎ去っている、ということはありえない。なぜなら、無限の数列を決して数え終えることができないように、無限の系列が〝過ぎ去る〟ということはありえないからだ。③だから、無限の系列は〝まだ過ぎ去っていない〟と考えるほかはなく、その結果、世界の時間的始発点がどこかに存在したと考えるほかはない、という主張になる。

四つの「アンチノミー」の議論、その正命題と反対命題は、すべてほぼ同じ形式と同じ論理によって証明されているので、まずこの第一命題の正・反二つの議論の内実をよく吟味しておけば、あとの議論は十分理解できるようになるので、少し長くなるが以下考察をおいてみよう。

まず、この正命題の証明〈世界は時間的始発点をもつ〉の議論が以下のようであれば比較的分かりやすい。「現在までに無限の時間が過ぎ去っているとすれば、事象の変化のすべての系列が終わってしまっているはずだ。しかしいま世界が存在している以上、事象の変化の一切の系列は終わっていない。すると、どこかに開始点があったはずだ」。しかし、ここでのカントの議論の力点は少し違っていて、むしろ以下である。「開始点がなければ、過去に無限の時間が存在するのだから、そこで変化の無限の系列が過ぎ去ってしまっているはずだ。だが、変化の〝無限の系列〟が過ぎ去るということはありえない。無限のものは数え尽くせないし、経過し尽くすことはないからだ。だから、有限の変化系列ということしか存在しえない。したがって、どこかに時間の開始点があるはずだ」。

この議論をさらにシンプルにするとこうなる。①「無限の時間のうちでは、無限の変化系列が〝過ぎている〟」（無限の時間の中には、無限の変化系列が〝入る〟）。②「だから、そこで無限の変化系列が〝終わっている〟」。③「しかし、〝無限の系列〟は無限である以上〝終わる〟ことはありえない」。④「だから有限の系列しか存在していない」。

この主張は、このように整理してもなお、たいへん分かりにくい。その理由は明白で、この主張が、カントが繰り返しこれを否定しているにもかかわらず、一つの典型的な詭弁論をなしているからだ。そのことが、このアンチノミーの議論全体の明晰性と説得力を大きく殺《そ》いでいる。そのことでまた、それ自体は正当なカントの哲学的モチーフを伝わりにくくしていると思える。

ともあれ、ここでの「キベン」のポイントは二点ある。

第一に、「無限の時間の中では無限の系列が過ぎ去っているist abgelaufen」という言い方の含意は、「無限の時間の中に無限の変化系列が含まれる」であり、したがって「それは〝終わっている〟verflossen」と主張される。つまりキベンはまず、無限の時間の中には無限の変化系列の〝全体〟がすっぽりと〝入る〟、という像的比喩を作り出し、だから変化の系列はすべて〝終わっている〟、というロジックにある。そしてそのあとで、いや、無限な系列は終わることができない、なぜなら無限なものとは数え終えることのできないものだから、と主張される。しかしこれでは、この議論に対して、「無限の時間の中には無限な変化系列が存在するが、それでもそれは決して終わってはいない。なぜなら、無限の変化系列はそもそも終わりえないから」、と反論できるだろう。

第二は、①「無限な変化系列の完結ということはありえない」という命題と、「無限な変化系列は存在しない」という命題とが、わざと（?）混同されている点にある。

カントの議論は、まず時間が無限なら、「そこに無限な変化系列が存在するはず」と主張し、つぎにそれは「その変化系列は完結しているはず」と主張し、さらに、「無限の変化系列の完結ということは語義矛盾」と主張し、最後に、したがって「無限の変化系列ということがそもそも存在しない」（だから世界の変化系列は有限）と主張する。しかしここでは、「無限の変化系列というものは完結しえない」は妥当だが、そこからは「したがって、無限の変化系列ということはありえない」という主張は必然的には取り出せず、これ自身が典型的な誤謬推理である。「完結しない無限の変化系列が存在する」というだけなら、論理的には妥当だからである。

要するに、ここでのカントの「世界は時間的始発点をもつ」の証明は、ちょうどゼノンのアキレスと亀のパラドクスと同じく、時間的なものと実体的なものの〈変化の系列〉との意図的混同によって作り上げられたキベンになっているために、十分な説得力をもたないのである。

しかしつぎのことを言っておかねばならないが、それにもかかわらず、カントのアンチノミーの議論のねらいはきわめて正しい。アンチノミーの議論の根本構造とその意義については後にまとめて解説する。しかし、ここでカントが示している議論がこのような帰謬論＝背理法によっているために、そしてそのことが明示されていないために、全体として読者に十分な納得を与えにくいものになっていることは指摘しておかねばならない。

(2)　世界は空間的限界をもつ、という正命題の証明

「空間」についてもまたその反対を想定してみよう。すると世界は、同時的に実在する事物からなるある「与えられた無限の全体」ということになる。ところで、われわれは、直観できる範囲を超え出るような量の大いさについては、これを部分の結合によって思い描く以外にはないし、またそういう量の全体は『完結された綜合によるか、あるいは一単位を繰返しつけ加えてゆくこと』(456)によってしか思い描くことができない。

　したがって、一切の空間を満たしている世界を一つの全体として考えるには、無限の世界を作り上げているすべての部分の「継時的綜合」が完結されていると見なすほかはない。だが、『共存するすべてのものを枚挙しようと思えば、無限の時間が経ってしまうことになる。――しかしもちろんそんなことは不可能である。したがって、現実に存在する無限な事物の集合というものは、ある「与えられた一つの全体」とは見なされえないし、だからまた「同時的に与えられた全体」とも見なされえない。』 d. i. eine unendliche Zeit müßte, in der Durchzählung aller koexistierenden Dinge, als abgelaufen angesehen werden; welches unmöglich ist. Demnach kann ein unendliches Aggregat wirklicher Dinge, nicht als ein gegebenes Ganzes, mithin auch nicht als zugleich gegeben, angesehen werden. (456)

(☆⇒) ここも詳説する。世界＝宇宙は大きさの限界をもたない、と仮定すると、世界は実在する事物からなる一つの「無限の全体」ということになる。しかし、カントによれば、そもそもある与えられた「無限の全体」なるものはそれ自身形容矛盾であり、存在しえない。その理由は以下である。

われわれは、直接に直観できる範囲を超えたある大きな事物については、一定の単位部分をつぎつ

ぎと（継起的に）綜合してゆくことによってしかそれを表象できない。たとえば、一億光年の長さをわれわれは具体的なものとして表象できない。そこで、まだなんとか表象可能な一光年という単位をおき、これを一万倍したものとして一万光年の長さをイメージし、つぎにまたこれを一万倍したものとしてようやく一億光年の長さをイメージする、という仕方でその大きさを表象する。

すると、われわれが世界を「無限の全体」として表象するためには、ある一定の大きさ（たとえば、太陽系の大きさ）を一単位として、これをつぎつぎに綜合してある完結に至るのでなければならない。しかしこれは不可能だ。なぜなら、「無限の大きさ」とは、そもそもどこまで単位を継時的に綜合しても決して完結しない、つまり〝終わらない〟ということだから。『**言いかえれば、共存するすべてのものを枚挙しようと思えば、無限の時間が経ってしまうことになる。——しかしもちろんそんなことは不可能である。**』（456）

だから、無限の大きさの空間が、一つの全体として同時的に与えられている、ということはそもそも不可能である。したがって、世界は一定の限界をもつと見なされねばならない。これがカントによる正命題の証明である。

〈反対命題の証明〉　世界は時間的はじまりも、空間的限界ももたない。つまり時間的、空間的に無限である。

1）　世界は時間的はじまりをもたない

正命題と同様、まず世界は時間的開始点をもつと仮定しよう。すると、開始点の前には、事物のまったく存在していない、いわば「空虚な時間」があったことになる。しかしこのような空虚な時間のうちでは、事物の生起はおよそ不可能であるはずだ。

つまり、この無の状態からはどのような形でも事物の存在は生じようがない。だから、世界そのものは絶対的始まりをもたないと考える以外にはない。ゆえに、過ぎ去った時間は無限である。

2）世界は空間的限界をもたない

ここでもまず反対に、世界は空間的限界をもつと仮定しよう。するとわれわれの世界は、限界をもたないまったく「空虚な空間」に限界づけられ、この「空虚な空間」の内側に存在する、ということになる。しかしそうだとすると、『空間における物どうしの関係だけでなく、空間と物との関係もまた存在することになる。だが、世界は一つの絶対的な全体であるから、その外部には、どんな直観の対象も存在しないし、だから世界と関係するどんな事物も存在しない。したがって、「空虚な空間」と「この世界」との関係は、世界と関係をもつ対象が何もないような関係、ということになる。だがそんな関係は意味をなさない。だからまた、世界が空虚な空間によって限界づけられるといったこともありえない。』Es würde also nicht allein ein Verhältnis der Dinge im Raum, sondern auch der Dinge zum Raume angetroffen werden. Da nun die Welt ein absolutes Ganzes ist, außer welchem kein Gegenstand der Anschauung, und mithin kein Correlatum der Welt, angetroffen wird, womit dieselbe im Verhältnis stehe, so würde das Verhältnis der Welt zum leeren Raum ein Verhältnis derselben zu keinem Gegenstände sein. Ein dergleichen Verhältnis aber, mithin auch die Begrenzung der Welt durch den leeren Raum, ist nichts; also ist die Welt, dem Räume nach, gar nicht begrenzt, d. i. sie ist in Ansehung der Ausdehnung unendlich.（455, 457）

（☆⇓）この証明の要点は以下。世界が限界をもつとすれば、世界はある空虚な空間に限界づけられていることになる。つまりこの世界は、より大きな空虚な空間の〝中に〟存在していることになる。だが、この世界がもう一つの空間（空虚な空間）の〝中に〟あるのだとすれば、「この世界」は「空虚な空間」と一定の空間的な関係をもつことになるはずだ。しかし、そもそも「空虚な空間」とは、そこにどんな直観の対象も存在せず、およそどんな事物間の関係ももたないような空間なのだから、このようなことは背理である。それゆえ世界は、空間的にも限界をもつということはありえない。

（☆⇓）ここで世界の時間・空間の限界の問いについての、アンチノミーの議論の全体構造を簡潔に整理すると以下のようになる。

なにより、時間の限界の証明と反対証明、空間の限界の証明と反対証明は、同じ論理構造になっていることに注意しなければならない。それを整理してみよう。

＊正命題（世界には開始点があり、限界がある）

（1）世界の開始点

①世界の開始点がないとする。これまでに無限の時間が過ぎ去っている。
②すると、無限の時間的継起の系列が過ぎ去っている（終わっている）ことになる。
③しかし、無限の継起の系列が過ぎ去る（終わる）ということは、ありえない。
④したがって無限の時間が経過したということもありえない。
⑤だから世界の出発点が存在するはず。

（2）世界の限界

①世界の限界がないとする。つまり世界は無限の量をもつ全体である。

②この「無限の全体」は、その一切の部分の継起的綜合の完結（ある単位をつぎつぎに加え続けて完成にゆきつくこと）によって与えられる。

③しかし、無限の部分の継起的綜合というものは、どこまで行っても完結されえない。

④ゆえに無限の量をもつ「世界の全体」というものはありえない。

この「正命題」の議論は、つぎのように「無限の長さの線分」の概念におき直せば、空間でも、時間でも同じ仕方で理解できるようになる。

①無限の長さをもつ線分の全体、というものはありえない。

②なぜなら、この線分の「全体」は、ある単位部分の無限の継起的綜合の完結（一定の長さを無限回足してゆくこと）を意味する。

③だが、無限回の継起的綜合の完結ということは不可能。無限とはそれが決して完結しないことを意味するから。

④したがって、無限の長さの線分の全体、というものはありえない。

⑤だから無限の時間の（変化の系列）全体ということも、無限の空間の全体というものも、存在しえない。

「正命題」は、無限の量を表象するには、単位の無限回の綜合（つけ加え、枚挙）が必要だが、無限回とはそもそも完結しないこと、終わらないことを意味するのでそれは不可能である、ゆえに無限の時間系列、無限の空間というものは存在しえない、という証明になっている。

しかし、すでに示唆したように、「無限の量の綜合を完結できない」から「無限の時間系列の全体は存在しえない」は言えるが、「無限の時間系列は存在しえない」を取り出す推論は誤謬推理である。「無限の時間を数え終えることができない」は、「無限の時間系列は存在しえない」とは直接つながらず、前者から後者を必然的に導くことはできないからだ。

要するに、正命題の二つの議論の核心点は、無限な時間と空間の「全体」という概念自体が、背理である、という点にある。そしてそれは、「全体」は継起的綜合として完結されねばならないが、しかし「無限な全体」は綜合が決して完結に至らないから、というロジックになっている。

このように嚙み砕いてみると、カントが示しているアンチノミーの証明の議論は、いずれも説得的とは言えない。論理的には、「無限の時間を数え終えることができない」は、ただちに「無限の時間は存在しえない」とイコールではないし、また「無限な空間が存在する」は、そのまま「無限の全体が存在する」を意味しないからである。

つまり、そもそも「世界は無限の時間（空間）である」という命題は、必ずしも「世界は無限の時間（空間）の全体である」という主張を意味していない。たとえば「無限の時間の全体がある」という言い方はたしかに変だが、「無限の時間が続いている」は論理的にはまったく妥当である。つまりカントの議論は、「無限な時間（空間）が存在する」を「無限な時間（空間）が一つの全体として存在する」とおき、つぎに「全体」を完結した一定の量と捉えて、そこに論理矛盾（無限の全体というものはありえない）を見出していることになる。

第一アンチノミーに対する注

〈正命題に対する注〉

ここでの二つの対立する議論は、決して「詭弁」ではない。その証拠に私は、独断論的な誤謬推理（＝詭弁論）ならもっと手軽に利用できるような論証をとらなかった。たとえばそれは以下のようなものだ。

量が無限である、ということは、それ以上の大きさの量はないということだ。ところがどんな与えられた量も、それに1を加えてより大きな量にすることができる。だから、ある与えられた全体として無限（最大量としての）を考えることはできない、といった反対証明である。だが、この証明にはごまかしがある。というのは、ふつうわれわれが「無限」という言葉で意味するのは、量における無限（つまり「最大量」としての無限）ということではないからだ。

もしそうなら、宇宙の距離を∞光年だとして、この∞はほかのどんな数より「最大量」を表示する、ということになる。だとすると、はじめにどの単位をとるかによって無限大の長さ（量）は違ってくるということになる（⇒∞＝∞だとすれば、∞光年は∞マイルより長い）。しかし、そんなことは馬鹿げたことだろう。（⇒カントの議論はこのようによくある詭弁論ではないが、しかし帰謬論的な誤謬推理になっていることは前にみたとおりである。）

要するに、「無限性」の概念の真の意味は、一定の単位の量をつぎつぎにつけ加えても（継時的に綜合しても）、決して終わり（完結）に至らない、ということである。つまり、われわれは無限の時間をある単位によっていくら綜合していっても（つけ加えても）決してそれを終えることができない。だから、現在の時点までに無限の時間が過ぎ去ったということはありえず、したがって時間は起点をもつはずだと証明したわけである。

「空間」の無限性について言うと、空間は時間と違って、事物は同時に併存しているから、ここでは系列の継時的綜合ということは一見問題にならないように見える。しかし先に見たように、これを「全体」として直観するためには、やはり各部分を継時的に綜合していくのでなければならない。すると事情はやはり同じことになる。

つまり、部分の綜合をいくら重ねても無限の大きさにまで至らせることはできない。だから、与えられた無限の全体ということは背理であり、世界は空間的に有限でなければならないことになるのだ。

（☆⇩）すでに整理したように、ここでの二つの正命題のポイントは、無限の時間系列の綜合を完結することはできないから、「無限の時間系列の全体」ということ自体がありえない、という主張にある。

「空間の無限」（世界は無限なる全体である）の概念についても、まったく同じ理由で不可能だと主張される。つまり、一定の空間部分の無限の綜合は完結しないので、決して「全体」には至らないということである。

〈反対命題に対する注〉

反対命題、つまり、世界は時間的にも空間的にも「無限」であるという主張のポイントは、もし有限なら「空虚な時間」と「空虚な空間」という背理的な概念を呼び寄せる、という点にある。ただ、ライプニッツ派の哲学者には、「世界のはじまり」や「世界の限界」は、必ずしもその前の「空虚な時間」やその外の「空虚な空間」の存在を想定する必要はないと主張する者がある。この点については私も同意できる。

「時間」「空間」は、直観の形式それ自体であって、直観の対象ではない。つまり空間はそれ自体現実的な対象ではないから、空間が現象としてある限界をもっているということはありうる。しかしそうだとしても、現象としての空間が、現象の外にある何か「空虚な空間」に限界づけられているということはありえない。同じことが「時間」についても言える。

いずれにせよ結論としては、もし世界が時間的・空間的に限界を〝もつ〟とすれば、この現象としての「世界」は、なんらかの「空虚なもの」によって限界づけられていると見なすほかなくなってしまうのである。

先に述べたライプニッツ派の哲学者たちは、その仮定がもたらすこの矛盾を避けようとして、「感覚界」（現象界）の代わりに「可想界」なるものを思い描いて、このことで、現実的な時間・空間の「限界」という難問を回避しようとしているのだ。

しかしここで問題になっているのは、あくまでわれわれの「現象界」の話である。問題がわれわれの現象界（経験世界）にあるかぎり、そもそも時間・空間という感性の形式的条件を取り払って考えることはできない。もしそれを無視するなら、そもそも感覚しうる一切の世界が消えうせてしまう。

だから、ここに「可想界」という考えをおき入れてこの矛盾を回避しようとする考えは無効なのである。

（☆⇓）ここでのカントの主張のポイントは以下。ライプニッツ派哲学者は、世界は有限であると主張するが、そこで、世界は「空虚な空間・時間」に限界づけられている、とは認めないで、「可想界」を想定して、世界は端的に有限なのであると主張する。つまり「世界の存在それ自体」は、われわれの感性の条件や経験一般を超えており、したがって、世界の端的な限界の向こうに、時間や空間という感性的なものを想定する必要はないと言う。だが、ここで問題になっている世界の空間・時間の大いさとは、あくまで感覚としての世界（現象界）の話なのだから、可想界のようなものをもち出して、ここでの論理矛盾を回避しようとするのは、ルール違反である、ということだ。

第二アンチノミー（先験的理念の第二の自己矛盾）（物質の合成）

［正命題］　世界において、合成された実体はすべて単純な部分からなる。また世界には「単純なもの」か、あるいは「単純なもの」からなる合成物しか存在しない。

［反対命題］　世界におけるいかなる合成物も単純な部分からなるものではない。また世界には、「単純なもの」はまったく存在しない。

〈正命題の証明〉　世界は単純な部分からなる。世界は単純なものとそれによる合成物からなる。

まず、合成された実体が単純な部分から成り立っていないと仮定してみよう。このとき、もし合成ということ自体がないのだとすると、そもそも、合成されたものも合成の基となるものも存在しないことになり、すると物それ自体が存在しえないことになってしまう。したがって、事態はつぎのどちらかということになる。①およそ合成というものはないと考えるのは不可能（⇩ただ合成だけがある）。②合成はあるが、合成なしに存在する最も「単純なもの」も存在する。

このとき、しかし①の場合、合成されたものが、また合成された実体から合成されている、ということは考えられない。そうだとすると、それを合成する実体がまた何かに合成されている、という具合に際限がなくなり、そもそもその実体というものがどこにも見出せないことになるから。

したがって、われわれは、②の、合成があるが、それを支える最も単純なものも存在する、をとるほかはない。つまり、「世界における実体的合成物は単純な部分からなる」。

ここからつぎのことが導かれる。

1. 世界に存在する物は、最終的にはすべて単純な存在者（最小単位）である。
2. 合成はこの単純な存在者の一般的状態である。（⇩一切の事物は「単純なもの」の合成体としてある）
3. たとえわれわれが最も単純な存在者（最も単純な実体）を、合成された状態から取り出して示すことができなくても、理性は、このような実体を根本単位として認めざるをえない（最小単位としての実体）。

（☆⇩）ここの議論は、とくに複雑なわけではないが、ひどく分かりにくい表現になっている。あえてカントの記述にそって解読したが、ここでの論理の構成を簡潔に示すと、以下のようになる。

①およそどんな合成も存在しない、と考えることはできない。だとすると、そもそもどんな事物の存在も成立しなくなるから。②すると合成だけがあるか、あるいは合成とともに最も単純な実体があるか、と考えるかのどちらかである。③合成だけがあって、単純な実体がなければ、あらゆるものはどこまでも合成されたものになり、そもそも「合成」ということに意味がなくなる。④だから、合成された事物は、必ず「最も単純な実体」をはじめの出発点としてもつと考えるほかはない。

この議論も、基本構造としては、時間の議論における、もし時間の出発点がなければ、理性はある状態の原因を無限に遡行しなければならず、結局、完結性にゆきつかない、という議論と同じである。もし最小単位がないと考えると、合成の構成要素を無限に遡行せねばならず、そもそも「合成」という考え自体が成り立たなくなる、だから最も単純なものは存在する、というロジック。

〈反対命題の証明〉　いかなる合成物も単純なものからならない。世界には単純な部分は存在しない。

いかなる合成物も単純な部分からなる、と仮定しよう。一切の「合成」は、それが実体的な対象の合成であるかぎり空間の中でだけ可能だから、ある合成物の占める空間は、それを合成している部分と同じ数の空間からなっていると見なされる。しかし空間について言えば、絶対的に単純な空間というものは存在しない（⇒空間は無限に細分されるから）。

合成物を構成するどの部分もそれぞれ一空間を占めているが、一切の合成物においてその絶対的な最小単位は、絶対に「単純なもの」でなければならない。したがって、この「単純なもの」がそれぞれ一つの空間を占めることになる。しかし、どんな単純なものも、それが一つの空間を占めるかぎり、それは多様なものを含んでいるはずであり、したがってそれは合成されていることになる。(⇓『**だが、一つの空間を占めるどんな実在物も、互いに別々に存在する多様なものを含んでおり、だからそれは合成されたものである。**』Da nun alles Reale, was einen Raum einnimmt, ein außerhalb einander befindliches Mannigfaltiges in sich fasset, mithin zusammengesetzt ist, . . .(463)

すると、この対象が実体的な合成物(具体的な事物)であるかぎり、絶対的に「単純」であるはずのものが、すでに合成されたものだということになってしまう。これはありえない。それゆえ、「いかなる合成物も単純なものからならない」という命題は証明された。

(☆⇓)この反対命題のカントの証明も、ふつうには理解困難。カントが言いたいのは以下であろう。「最も単純なもの」は、それが「実体」的なものであるかぎり、「絶対的な最小空間」(=点)ではない。つまりどれほど極小の実体でも、必ず一定の空間の大きさを占める。しかし実体的なものが一定の空間の大きさを占めるかぎり、そこに多様なもの(諸部分)が含まれているはずであり、したがってそれは絶対的に単純なものとは言えない。この言い方が十分説得的かどうかは人によるだろう。

「世界には単純なものはまったく存在しない」という反対命題を、以下のような仕方で証明することもできる。

「最も単純な実在物」なるものは、原理的に、人間にとって知覚・経験されるものではない。したがってそれは、ただ理念としてのみ存在しうるものであり、どこまでいっても実証されえない。したがって、「最小単位」の客観的実在性を原理的に実証できない以上、これを「現象」、つまりわれわれの経験的認識の説明として用いることはできない。

しかし、いま仮に、この理念的な「最小単位」が、経験の対象として見出されるものと仮定してみよう。この場合、この対象の直観は、〝多様なもの〟をまったく含まないようなある完全に一様な対象（⇒たとえば純粋原子のような）として直観されるものであるはずだ。ところで、多様なものが経験的に意識されないからといって、そのことからその対象が絶対的に単純な対象である、という結論を導くことはできない。（☆⇒たとえば、われわれの知覚に一見まったく一様なものとしか知覚されない対象であっても、それが多様性を含まないとはかぎらない）。

しかし逆に、絶対的に単純な存在があることを証明しようとすれば、知覚の経験の中にまったく多様なものが存在しないことを証明しなければならない。こうして、結局のところ、絶対的に単純な対象というものは、経験的には決して人間には与えられず、そうである以上、〝感覚界には〟絶対的に単純なものは存在しない、と言うほかはない。

（☆⇒原文参考）

Da nun von dem Nichtbewustsein eines solchen Mannigfaltigen auf die gänzliche Unmöglichkeit desselben in irgend einer Anschauung eines Objekt, kein Schluss gilt, dieses letztere aber zur absoluten Simplizität durchaus nötig ist; so folgt, daß diese aus keiner Wahrnehmung, welche sie auch sei, könne geschlossen werden. (468)

『しかしここで、多様なものを意識できないということから、そのような対象についての直観がそれ自体不可能であるということにはならない。だが、絶対的に単純なものがあると言うために

は、多様なものの直観が全く不可能であるということが必須なので、絶対的単純性は、それがどのような知覚であれおよそ知覚からは推論されえないことになる。』（竹田意訳）

『ところで、かかる多様なものが意識されないからといって、このことからかかる多様なものはおよそ対象の直観においてまったく不可能であると推論することはできない。ところが絶対的単純性にとっては、かかる多様なものの不可能が欠くことのできない条件である。従って絶対単純性は、たとえどのような知覚にもせよ知覚からは推論せられ得ない、ということになる。』（篠田訳）

かくして、反対命題における第二命題（世界のうちにおよそ絶対的に単純なものは経験されえない）の意味するところは、その第一命題（ものは単純なものから合成されえない）よりはるかに広いものになる。

第一命題は、空間は無限分割できるから絶対的に単純な実体は存在しえない、という仕方で、その論理的不可能性を示したのだが、第二命題は、およそ世界から絶対的に単純なものの経験それ自体を否認している、つまり最単純物質の経験不可能性を示すことで、この反対命題を証しているのである。

（☆⇓）第一の証明「いかなる合成物も単純なものからならない」についてのカントの証明を整理すると、つぎのようなことになる。

①反対命題の第一の論証

1．どれほど小さな空間でも分割可能である。

2. 最も単純な実体は、それが実体であるかぎり最小の点ではなく、一定の大きさの空間を占める。
3. するとこの最も単純なはずの物も、空間的には分割可能であるのだから、つまり合成されうると見なされる。あるいは、分割可能な空間を「最も単純な物」が占めることはありえない。

②第二の論証→こちらは単純。
最も単純な物を経験的に観察することは、決してできない。したがって、われわれが現象界、つまり感覚の世界を問題にしているかぎり、絶対的に「単純な物」を論証することは決してできない。

第二アンチノミーに対する注

〈正命題に対する注〉

単純なものから合成されて「一」をなしているような全体を、合成されたものとしての全体という意味で、私は「実体的全体」と呼びたい。

さてしかし、空間の場合には少し事情が違う。どんな大きさの空間も、合成された全体というよりただひとつの「全体」と言うのがよい。というのは、空間は、最小単位の大きさがあってこの最小単位としての部分が寄せ集まって全体を作り上げている、というのではないからだ（⇒空間は点にまで細分されるが、点はどんな量的な部分ももたないから、それがいくら合成されても、一定の部分にはならない）。

だから、われわれは一定の大きさの空間を、観念的合成物と言えても、実在的な合成物と呼ぶことはできない。こうしてわれわれは、自存的な（実体的な）存在についてだけ、ある全体を合成している最も単純なものを推論しうるのであって、これをあらゆる合成物に適用することはできない。つまり、時間や空間その他、観念的な合成物などには適用できない。

そういうわけで、私の言う「最も単純な部分」は、〝合成されたもののうちに必然的に含まれていると考えられるもの〟（⇒あるいはそれなしには合成物が可能とならない、その構成要素）を意味し、この点でライプニッツの「単子（モナド）」に似ている。

しかし見たように、たとえば、最も単純なものとしての「私」（意識・魂）、といった意味では、この概念は使えない。それは合成物を構成する要素ではないからだ。だからわれわれの言う「単純なもの」は、むしろ「原子」に近く、だから、この第二アンチノミーの正命題を「先験的原子論」と呼ぶことも可能だろう。しかし、この語は経験的概念を含んでいるので、むしろ私はこれを、「単子論の弁証的原則」と名づけておきたい。

〈反対命題に対する注〉

物質は無限に分割されうるという命題はまったく数学的な根拠をもつものだが、単子論者からは異論が出るだろう。しかしこの異論は根拠をもたない。なにより彼らは、「空間」が直観の根源形式であるということを認めていないからだ。

彼らの言い分によると、最も単純なものとして、単なる数学的な「点」のほかに、それが集まると空間を満たすような基礎的な空間部分がある、ということになってしまう（⇒数学的には点が最小単位であるが、これはいくら集まっても一定の空間を合成しない）。

このような単子論者の議論に対しては、単なる論理的な論証によって数学の確実性を否定することはできない、と論駁しておいてもよいのだが、むしろ私はここで、つぎのことを注意しておきたい。哲学と数学の論理が矛盾する場合、その原因はたいてい哲学のほうにある。なぜなら、哲学的な議論は、問題の中心が「現象とその条件」にある、ということを忘れているからだ。すなわち、この問題を決着させるためには、合成されたものと単純なもの、といった純粋な悟性的概念によるだけでなく、両者、つまり合成されたものとそれを合成する単純なものについての〝直観〟を確証する必要がある。だがそのことは不可能なのだ。

なぜなら、われわれは概念としてなら「単純な実体からなる全体」といったものを思い描くことができるが、実際の現象としては、空間における絶対的に単純な部分といったものを直観することはできないからである。

だが単子論者たちは、この難点を、つぎのような論法で回避する。つまり、彼らは空間を直観の基本「形式」と見なさず、逆に直観によって捉えられたなんらかの実体を、空間の存在条件と見なす。つまり、空間が事物を可能にしているのではなく、「事物」こそが空間を可能にしている、と考えるのである。

だが、われわれはすでに先験的感性論においてこのような前提をはっきりと否定した。彼らの主張は、いわば経験された物体を「物自体」と混同することで成り立っているのである。

反対命題での第二命題〈最も単純なものを経験的に観察することは、決してできない〉の証明は、先に述べた一つの独断論的な主張、つまり「思惟する私は、単純なものとして実在する」という主張を反駁するものでもある。

この独断論的主張は、経験対象としてしか把握できないものを、「実体の絶対的単純性」であると強弁するものにすぎない。しかしこれについて議論を繰り返すのは避けて、ここではつぎのことだけを注意しておきたい。

もしあるものが対象としてのみ考えられて、それに直観的経験による綜合がつけ加わらなければ、そこでは多様なものも、またその合成ということも決して知覚されえない。たとえば私は、「これはかくかくのものだ」という述定において対象を考えるが、この「かくかくのものだ」という述語はそもそも直観的経験によるものであって、それ自身からは実在的な合成ということを〝直接に〟証明することはできない。

これを「私」という問題におき直して言うとこうなる。思惟する「私」は、同時に「私」にとっての客観（対象）でもある。だから「私」を「自己意識」として見る観点からは、自己意識は絶対的に単一だから、自分をかくかくのものからなる、という具合に区分して規定することはできない。

だが「私」を、直観の対象（経験的対象）として見る観点からは、この「私」は、自分自身のさまざまな経験的直観の積み重ねによって形成（合成）されたものと見るほかはない。要するに、「私」がどのような多様なものから構成（合成）されているかを考える場合には、必ずこのような仕方で、つまり、経験的な対象として自分自身を考察する以外にないのである。

（☆⇒）この「最も単純なもの」についてのアンチノミーの正反二つの命題の「証明」は、どちらも帰謬論の性格がきわめて強く出ている。正命題のポイントは、もし最小単位がなければ、「合成物」の構成要素をもとめて際限なく遡行していかねばならなくなる、という点であり、反対命題のポイントは、もし最小単位があるとすれば、それをそれ以上分割できないと言える根拠は存在しない、という点にある。

しかしこれは、相手の議論の不完全性を指摘するだけで自分の命題が正しいと見なす、帰謬論に特有の論理である。Aである、と決定的には言えないことは、Bであることの積極的証明にはなりえないからだ。したがって〝論理的には〟、最小単位があるかないか、についてどちらの側も決定的に証明する方法がない、と明確に言うほうが分かりやすい。つまりカントの議論は、詭弁の応酬という感を与えるものになっている。

第三アンチノミー(先験的理念の第三の自己矛盾)

[正命題] 自然法則に従う原因性は、世界の一切の現象の唯一の原因性ではない。現象を説明するには、自然原因以外に、「自由という原因性」をも想定する必要がある。
[反対命題] およそ「自由」というものは存在しない、世界における一切の現象は自然法則によってのみ生じる。
〈正命題の証明〉自由という原因性が存在する。
この世に自然法則に従う原因しかないと仮定してみよう。すると生起する一切のものは、それへと続く直前の状態をその原因として前提することになる。この直前の状態はまた、その原因としてそのまた直前の状態を前提する。

このプロセスはどこまでも反復され遡行されるので、もし自然法則に従う原因しかないならば、「第一のはじまりの原因」というものは決してありえないことになる。すると、この『**原因から原因へとさかのぼる原因の系列における完全性は、まったく存在しないことになる。**』（474）

だが、そもそも自然法則とは、アプリオリに規定された原則がなければ、何ものも生起しないという意味である。右の仮定では、何かの生起をもたらすアプリオリな原則というものに決してたどれないことになり、ここで唯一の原因性としての自然法則という想定は成り立たなくなる。

したがって、自然法則以外に何かある原因性、それ以前の直前の状態に規定されるのではないような原因性が想定されるほかはない。つまりそれは、「絶対的自発性」としての原因でなければならず、したがって「先験的自由」と呼ぶべきものであり、これがなければ自然現象の継起の系列は、原因の側では決して完結しないことになる。

（☆⇓）つぎの箇所がポイント。『**しかしそもそも自然法則とは、完全にアプリオリに規定された根本原因というものがなければ何ものも生起しない、ということを意味する。すると、もし一切の原因性が、どんな制限もなく普遍的に自然法則にのみ従うのだとすると、この命題は自己矛盾に陥ることになってしまう。したがって、自然法則の原因性だけが、唯一の原因性とは見なされえないのである。**』

Nun besteht aber eben darin das Gesetz der Natur; daß ohne hinreichend a priori bestimmte Ursache nichts geschehe. Also widerspricht der Satz, als wenn alle Kausalität nur nach Naturgesetzen möglich sei, sich selbst in seiner unbeschränkten Allgemeinheit, und diese kann also nicht als die einzige angenommen werden.（474）

この文章は判明でないが、カントの意は以下であろう。まず『**そもそも自然法則とは、完全にアプリオリに規定された根本原因というものがなければ何ものも生起しない、ということを意味する。**』これはつまり、「自然法則」という概念が意味するのは、何か根本の原因なしには決して何事も生じない、ということだ。『**すると、もし一切の原因性が、どんな制限もなく普遍的に自然法則にのみ従うのだとすると、この命題は自己矛盾に陥ることになってしまう。**』すなわち、この場合には、原因→原因の連鎖をどこまでさかのぼっても、「根本の原因」というものを見出すことができないことになる。

補うと、近代になって、人間は自然科学や物理についての「因果の法則」を多く見出したが、それはいったん見出されると、〝もともと自然界に内在していた〟「法則」だと考えられることになる。しかし、すると理性は、このような「原則」や「法則」はいったい何によって可能になったのか、と問いたくなる。もし「自然原因だけが存在する」のだとすると、これに対する答えは決して与えられない。そこで、われわれが答えをもとうとするかぎり、暗黙の答えは「世界創造者」ということになる。

「世界創造者」が存在しなければ、自然世界の一切の存在全体は「偶然的」であり、そこに内在する法則や原則は、ただその前の原因に規定されているだけで、結局、根本原因は分からないことになる。だから、『**原因から原因へとさかのぼる原因の系列における完全性は、まったく存在しないことになる。**』とされるのだ。

したがってここでも要点は、世界の時間的出発点の議論と同じ構造であって、もし「自由」（根本的自由）というものがなければ、「原因—結果の系列の必然性と完全性（完結性）」はどこまでいっても成立せず、理性は満足しない、という点にある。

〈反対命題の証明〉自由という原因は存在しない。

逆に、「自由」という原因性が存在すると仮定しよう。すると原因─結果の系列はどこかの時点で絶対的はじまりをもつ、と考える以外にない。すると、このはじまりの作用の前には、それを規定する不変な法則は何も存在しなかったことになる。しかしそのことは不合理である。

というのは、第一のはじまりは、それを引き起こす因果関係をまったくもたない、突然現われた一状態であるということになるからだ。

それゆえ**『「先験的自由」というものは、因果律に矛盾する』**（474）。またこのような因果的継起の絶対的切断は、経験の統一というものを不可能にする。したがって「絶対的自由がある」といった考えは、空虚な考えである。

絶対的な自然法則に「自由」という原因をもち込むことは、ある意味で絶対的な「強制」からの解放を意味するように見える。しかしこのことで、自然法則に代わって自由の法則が世界にもち込まれることになる、とは言えない。自由が〝法則〟として存在するなら、それは結局自然法則と変わらないことになるからである。

要するに、世界は、一切が合法則性に貫かれているか、まったく無法則なのかのどちらかでしかないのだ。自由という幻影は、たしかに、究明をこととする悟性にとっては原因の系列の無限背進というアポリアを回避してくれる。だが一方でそれは「自然法則」を追放するから、経験の一貫性や現実性というものがまったく説明できなくなってしまうのだ。

（☆⇒）こちらもはじめの「時間的出発点はない」と同じ論旨。絶対的なはじまりすなわち「先験的自由」というものを想定すると、一切は原因―結果の関係をもつという自然法則に矛盾し、そこで理性は説明体系の完全性を突然遮断されてしまう、という説明になっている。

第三アンチノミーに対する注

〈正命題（⇒自由はある）に対する注〉

「自由」という言葉は、心理学的にはさまざまな内容をもつがどれも経験的な意味である。しかし、先験的理念としての「自由」は、端的に「行為の絶対的自発性」という概念を意味するにすぎない。だがこの概念こそ人間の行為の「自由」を根拠づけるものである。

しかしこの理念は、哲学にとって長くつまずきの石だった。つまりそれは、世界の存在と変化について、自らはじめるような根本能力（自由）というものがはたして存在するのか否か、という難問として現われていた。

だが、この能力がなぜ可能になっているかという問いについては、必ず答えられねばならないというわけではない。というのは、世界の事象を説明する上では、われわれは根本存在や根本原因の存在理由に答えることはできず（⇒「物自体」については答えられない）、ただ、このような自然の原因性が前提されねばならない、という答え方で満足するほかはない。というのも、そういった原因の観念については、われわれは経験によってこれを知るほかはないからである。

われわれは、すでに、世界のはじまりがある絶対的自発性の動因（＝自由）なしにありえないことを証明したが、この場合、いわゆる最初の「一撃」のあとに続く一切の世界の状態の変化は、自然法則に従うと考えてよい。しかし、いったん絶対的な自発的動因の存在を確認した以上、存続する世界の中で「自由」の能力が存在することを認めない理由はない。

この場合、絶対的な自発的動因は世界の始発点にしか存在しえないという主張もあるだろうが、これも不可能である。確認された絶対的自発性とは、時間の始発にのみ関するものではなく、原因性一般に関するものだからだ。

たとえば、私がいま椅子から立ち上がるとする。この出来事がすでに一つの「自然法則」による事象の系列的生起からの「逸脱」である。つまり、この私の「自由」の行為は、時間を開始したわけではないが、ある事象変化の系列における絶対的な開始であるとは言えるからだ。

こういうわけで、理性の合理的な推論は、「自由」に基づく根源的な変化の始発点を必然的なものとして主張するが、このことは、エピクロスを除いてほとんどの古代哲学者たちの自然な確信だった。彼らは世界の根源的始発点を決して自然それ自体から説明しなかった。

〈反対命題（⇒自由はない）に対する注〉

自然全能説、つまり一切は自然法則のうちにあると主張する人々は、自由存在説に対してつぎのように反駁する。「もし諸君が、世界における時間的な始発点（「数学的な第一のもの」）を認めないなら、世界における力学的な開始点も認める理由もない」、と。

しかし、私はこれをつぎのように言ってみよう。「いったい誰が、無限の自然に勝手な限界を加えて、世界の絶対的始発点や系列の絶対的開始点を設定すべしと命じたのか」、と。

世界はこれまでずっと無限に続いてきたと考えることは可能であるし、それを反証するものは何もない。絶対的始発点などということは、われわれの経験の統一に反する想定であり、数学的にも、力学的にも、それを想定すべき理由はどこにもない。

なるほど、われわれは、第一の項といったものなしに、無限の系列の全体ということを整合的に説明することは難しい。しかしだからと言って、この謎を「絶対的始発点」という想定によって解消してしまうなら、われわれは他の多くの自然の不可解な現象（さまざまな自然の根源的性質）とか、変化一般の根源的可能性（そもそもなぜ自然に変化が生じるのか）といったことをも、もっと完全に説明しなくてはならなくなるが、結局そんなことは不可能なのである。

（☆⇓）この箇所も難解。竹田意訳。**『もし一切がそれに続いて生じる第一の点が存在しないとすれば、そのような無限の継起についてその可能性を理解することはむずかしい。しかし諸君がこの自然の謎を無視してしまおうとするなら、諸君は多くの事象の綜合的な「根源力」の謎についても放棄せざるをえなくなる。すると、変化一般という現象でさえ、諸君は説明できないでつまずくことになるだろう。』**

Die Möglichkeit einer solchen unendlichen Abstammung, ohne ein erstes Glied, in Ansehung dessen alles übrige bloß nachfolgend ist, läßt sich, seiner Möglichkeit nach, nicht begreifen machen. Aber wenn ihr diese Naturrätsel darum wegwerfen wollt, so werdet ihr euch genötigt sehen, viel synthetische Grundbeschaffenheiten zu verwerfen, (Grundkräfte) die ihr eben so wenig begreifen könnt, und selbst die Möglichkeit einer Veränderung überhaupt muß euch anstößig werden. (479)

自然の存在の秘密については、ただあるようにあると言うほかなく、われわれが知ることができるのは経験を通したことがらだけだからだ。つまりその完全な全体像をアプリオリに理解することはできないのだ。

人間には決して認識できない何らかの絶対原因が存在するということを、独断的に主張する考えはつねに存在してきた。しかし、仮に世界の変化の根本原因としての「先験的自由」なるものを認めるとしても、それは世界の外側に存在するものとしか想定できない。そのような超世界的な「自由」は、世界の内にある実体としての「自由」であると考えることはできないからだ。

もしそのようなものを想定すれば、事実や現実とは自然法則に貫かれたものだという大原則は、たちまち崩壊してしまう（⇒自然法則と完全に自発的な原因が、世界のうちに並存することになるから）。その場合には、われわれにとって夢と現実とを区別する絶対的な基準すら、確実なものではなくなってしまうだろう。

自然の法則は、自由の法則とはまったく別のものであって、両者を同じ地平に存在するものと見なすことはできない。もうそうすれば、自然法則の一貫性ということ自体、成立しなくなるのである。

第四アンチノミー（先験的理念の第四の自己矛盾）

［正命題］　世界には、世界の部分としてか、さもなければ世界の原因として、絶対に必然的な存在者としての何かあるものが実在する。
［反対命題］　およそ絶対に必然的な存在者などというものは、世界のうちにも世界の外にも、世界の原因として実在してはいない。

〈正命題の証明〉　必然的存在者はある。

およそ一切の事象の「変化」は、必ず時間的な因果関係の存在を前提している。つまりある変化が生じるには必ずその原因が条件として存在するのでなければならない。するとある任意の事象（条件づけられたもの）は、その点からその原因そのまた原因とさかのぼって、ついには絶対的無条件者 Schlechthinunbedingte に至るまでの条件の完全な系列を必ずもつはずである。そして、この始発点にある絶対的無条件者（もはやその存在の原因となる条件を必要としないもの）こそ、絶対的に必然的なものだと言えるはずだ。だから、何かある変化が存在するかぎり、その根本原因としての絶対的無条件者が必ず実在すると考える以外にない。

ところで、この絶対的無条件者はわれわれの感覚界（現象界）に属するはずである。もしそうでなければ、感覚界の事象の変化が、感覚界に属さない存在からの系列をもつことになってしまう。ある時間的系列のはじまりが、この時間に属さないなんらかの原因によって条件づけられるということになる。しかしそんなことは不可能である。

したがってわれわれは、一切の原因―結果の関係はこの現象界の時間性に属するものであり、だからまた、一切の変化の絶対的なはじまりとしての必然的存在も、やはりこの現象界のうちに存在すると考えるほかはない。ただし、それが世界の全体として存在するのか（⇓たとえばスピノザの汎神論はそういう想定）、あるいは部分として存在するのかは、さしあたりここでは問題でない。

（☆⇓）第四アンチノミーの主題は「様態」だが、そのポイントは、世界の存在の「必然性と偶然性」。つまりこの世界の存在はまったくの偶然なのか、それとも絶対的に必然的なもの、つまり至上存在、あるいは神的存在によって根拠づけられているのか、という問いである。

これについての証明は、宇宙論的証明、つまり因果の連鎖をたどってはじめの絶対的な始発的原因に至るか否か、という議論を用いるので、基本は第三アンチノミーとほとんど同じである。ただ、証明しようとすることの力点が、第三アンチノミーでは「絶対的自由」があるか否か、第四アンチノミーでは「絶対的な必然的存在」＝「絶対的始発原因」が存在するのか否か、という点にある。

「絶対的無条件者」とは、何にも条件づけられないもの、自分の原因となるものをもたない「絶対的原因」であり、ふつうに言えば「神」のことだが、ここではあくまで「絶対的無条件者」という概念で考えられている。これが存在しないなら、世界は、原因—結果の系列がどこまでも続いて、結局、世界の存在の全体が、その根本原理と究極原因を考えられずまったく偶然的なものになってしまうということ。これが第四アンチノミーの正命題の第一のポイントである。

第二のポイントは、この「絶対始発原因」はどこか世界の外側（彼岸）にではなく、われわれが属するこの世界（現象界）の一部、あるいは全体として存在するはずだ、ということ。

〈反対命題の証明〉
必然的存在者はない
世界の内に、あるいは世界そのものが「必然的存在者」であるという場合と、「必然的存在者」が世界の外にある、という場合とを想定して、それぞれ考察してみよう。
（1）世界の内に「必然的存在者」があるという場合。ここでは、世界の内に、世界の無条件的かつ絶対的な始発因（原因）が存在する、ということになる。しかしこのことは、時間における変化の現象を規定する普遍的な力学的法則に反する。（⇓力学的法則では、一切のものはなんらかの力学的原因をもつのに、この絶対的はじまりは、何の原因もなく存在していることになるから。ロジックとしては「時間的始発点はない」という議論と同じ。）

（2）世界そのものが「必然的存在者」であるという場合。ここでは、世界の事象の変化の系列は、世界の内側のどこにも絶対的開始点をもたない。すると、世界の一切の部分が偶然的、つまり自己原因ではなく、他の原因に依存しているにもかかわらず、世界の全体は、それ自身が絶対的必然者だということになる。だが、このようなこともありえない。

つまり、『**もし世界のうちの一部分でも絶対的必然的存在でないなら、その集合としての世界の総体も、決して必然的なものではありえないからである**』。… 'weil das Dasein einer Menge nicht notwendig sein kann, wenn kein einziger Teil derselben ein an sich notwendiges Dasein besitzt.（483）

（☆⇓）この部分の、世界全体が「神」であって必然性をもつとき、世界の内の因果関係は始発点をもたないから偶然的である、という議論はそれほど明快ではない。世界全体が神であり、したがって世界の一切が神の摂理によって貫かれている、というのがふつうの汎神論の考えだからだ。

カントの意は、世界の一切は、原因—結果の網の目として固く結ばれあっているから、そのすべてが根本原因をもたず偶然的に因果の網の目でつながっているのか、あるいはこの因果の絶対的な根本原因が存在することですべてが必然的であるかのいずれか、ということであろう。

（3）つぎに、「必然的存在者」つまり世界原因が世界の「外」に存在すると仮定してみよう。

この場合、この世界原因は一切の世界変化の根本原因ということになる。しかし世界変化の系列はあくまで一つの時間の内にあるはずなので、世界の外にある世界原因がこの時間系列の根本原因とはなりえない。したがってこの仮定も成立しない。それゆえ、世界の内にも、世界それ自身としても、また世界の外にも、絶対的に必然的な存在者はありえない。

（☆⇓）これは正命題の、世界の根本原因があるとすれば世界の内に存在しなければならない、なぜなら、変化の系列は、同じ時間、同じ感覚界のうちの系列であるはずだから、という議論と同じ。正命題では、だから絶対者は世界の内に存在しなければならない、となり、反命題では、だから絶対者は世界の内にも外にも存在しない、とされている。

第四アンチノミーに対する注

〈正命題に対する注〉

必然的存在者の現実的存在を証明しようとすると、どうしても「宇宙論的証明」が必要とされる。これは、いまある一つの事態（結果＝条件づけられたもの）から出発して、その系列の全体を説明しようとすると、必然的に、完全な無条件的なものへと背進的に遡行しないわけにはいかない、という形をとっていた（⇓神の宇宙論的証明は、あらゆるものには原因があるから、その原因のまた原因の……という具合にたどっていくと、必ず最終原因に到達するはずであり、それが神である、という神の存在証明）。

ただし、この「必然的存在者」は「最高存在者」（⇓神）である、という理念については、「純粋理性の理想」のところで別に考えることにする。また、この必然的存在者が、世界それ自体なのか、世界とは別に存在するのかについても、別の種類の証明を必要とするのでここではこれ以上論じない。
とはいえ、宇宙論的証明によってこれを考えるかぎりは、系列の第一項としての絶対者にゆきつくので、これを系列の外にあるものと考えることはできない。つまり、事象の変化の系列がわれわれの感性の法則（⇓時間という形式）に従うものであるかぎり、それはあくまで時間の内で生起することであり、したがって必然的存在者も、あくまでこの時間的世界系列の内にある一項と考えるほかはない。

しかし、この事情を無視した論理的飛躍を行なう説が多くある（⇓以下の論証は、世界の外に世界の絶対的原因を考えることの不可能についての証明）。たとえば彼らは、世界の変化の系列を偶然的なものと考える。しかしこの系列の因果をどこまでたどっても、絶対的な第一原因を見出すことができないので、「偶然性」という概念を捨てて、カテゴリーの「絶対的に必然的な原因」という概念を取り上げ、このような絶対的原因が、世界の外側に、可想的なものとして存在すると想定するのである。

絶対原因を、世界の外に仮想的なものとしておけば、時間的系列の中で考えないですむから、系列の第一項を確定しなくても世界の絶対的原因があると考えることができるのだ。しかしこのような説が不当であるのは、以下のことを考えれば明らかだ。

純粋な概念の観点からは、あるものの「矛盾対当」が可能であれば、それは偶然と言われる。（⇓たとえば、もらった犬はオスだった。もらった犬はメスでありえた）。しかし「経験的偶然性」から「可想的偶然性」を推論することはできない。つまり、経験世界＝現象界でわれわれが偶然や必然と見なすことから、世界それ自体が偶然か必然かを導き出すことはできない（⇓現象界と物自体の世界とはまったく別の論理で存在しているので、経験世界の法則を可想界には適用できない）。

たとえば、運動していた物体Aが静止して非Aとなるとき、A→その反対の非Aという移りゆき（継起）がある。そこでAは非Aでもありうる（Aの矛盾対当が可能）ので、Aは偶然的である、というような推論は成り立たない。矛盾対当とは、あくまで同じ時点で、AがAでも非Aでもありうる、ということであり、その場合にAは偶然的だと言えるのである。A→非Aという継起は、時間の前後関係をもつので、これにはあてはまらない。

つまり、このような継起の系列をどこまでたどってみても、「偶然性—必然性」のカテゴリーにおける「絶対的な必然的存在」に達することはありえない。つまり、どんな変化であれ、ある新しい状態がそれ以前の古い状態という原因なしに、それ自体として生起するということはありえない。そしてそのことはただ、経験の偶然性を証明するにすぎず、ここから可想界の、つまり世界全体の必然性や偶然性を推論することは不可能なのだ。したがって、第一の絶対的原因が想定されるとしても、それは必ず時間的な系列の内側に、つまり、現象の系列として考える以外にないのである。

（☆⇒）ここの議論のポイントは、経験的な因果の系列から絶対的な始発原因の存在を措定することを断念し、その代わりに、絶対原因を、世界の外側につまり可想界に求める論者もいるが、これは「カテゴリー」の使用の乱用、逸脱であって成り立たない、ということ。矛盾対当の例などはとくに重要性はなく、話をやや複雑にしている。


〈反対命題に対する注〉

現象の系列を遡行して絶対的に必然的な原因にゆきつくことにはこれまで見てきたように大きな困

難があるが、それはつまり、いかに因果系列のいちばん始発点に「絶対的な無条件者」をおくことができるか、という困難である。だからそれは、事物の存在概念それ自体の考察から現われるような「存在論的」証明における困難ではなく、「宇宙論的」な証明にともなう困難である。

（☆⇒）存在論的証明は、最高存在の存在証明を「存在」の属性から導出する証明。神は一切の属性を含むので、とうぜん存在という属性を含んでいるはず、という具合。これに対して「宇宙論的証明」は、原因—結果の系列から導出する証明。カントの意は、これは因果関係の系列をさかのぼって絶対的な第一項に至ることができるか否かという問題だから、宇宙論的証明における困難であるということ。

そこで、反対命題からは、つぎのことを明らかにすればよいわけだ。

（1）原因系列の遡行は、経験的には、決して絶対的な無条件者で終結するわけにいかないこと。

（2）世界の変化の系列をたどる宇宙論的証明は、この系列における「絶対的な第一原因」の想定とは、結局矛盾することになること。

ところで、このアンチノミーには奇妙な対照が存在する。つまりそれは、正命題と反対命題の証明根拠が同じものである、ということだ。これを確認すると以下になる。

正命題→必然的存在者は存在する。なぜなら、過ぎ去った時間全体は一切の条件（原因）の系列の全体なので、最後に無条件者（必然的なもの）を含むはずである。（⇒①）

反対命題→必然的存在者は存在しない。なぜなら、過ぎ去った時間全体は一切の条件（原因）の系

列を含むが、どの条件（原因）も必ず自分を条件づけるもの（原因）をもっているはずである。（⇩②）

この対立の原因はつぎのようなことだ。正命題は、条件の系列の絶対的「全体性」ということに重きをおき、そこから絶対的かつ必然的存在者が導かれることになる。これに対して、反対命題は、一切の事象の系列における偶然性（⇩どの事象も自己原因ではなく、必ず自分の原因＝条件者をもつこと）に重きをおき、すると絶対者はどこにも存在しないことになる。

だが、二つの推論は、じつは「常識」とよく一致している。常識も一つの対象を考察するのに、しばしば二つの矛盾する異なった立場に分裂する。ド・メランは二人の天文学者のつぎのような説を紹介している。つまり、一方は、「月は地球に常に同じ側を向けているので、地球に向いた軸を中心に自転している」。他方は「月は地球に常に同じ側を向けているので、軸を中心に自転していない」。この場合、二つの推論自体は、観察の立場のとりようでどちらも間違っているとは言えないのである。

（☆⇩）二つの命題の推論について。①は、ある事象は、これを規定する（条件づける）前の事象を必要とする。以下同様、この系列はどこまでも遡行するが、それが絶対的な「全体性」をもつはずだ、という点を重視すれば、「自分を規定する条件をもたないような、絶対的なもの（必然的存在）が存在する」と考える以外はない。そうでなければ、系列の全体性が完結しない。

②は、同じくどこまでも遡行するが、ある事象は必ず自分のより上位の条件者＝原因をもつ、という点を重視すれば、自分を条件づけるものをもたないような絶対的必然者はどこにも存在しない、という結論になる。

ともあれ、ここでも基本の論理は、第一アンチノミーの場合と同じ。「第一原因（条件者）が存在する」と、「第一原因（条件者）は存在しない」という二つの推論が等価な仕方で成り立つのである。

第三節　これらの自己矛盾における理性の関心について

上述した四つの宇宙論的理念は、すでに説明したように決して恣意的に選び出されたものではなく、理性の本性から必然的に導かれた、世界についての四つの根本的問いだった。そして、それについてのアンチノミーもまた、理性の綜合的背進の能力から必然的に現われたものだった。

つまり、世界における時間的始発点と空間的限界の有無、究極的に単一なるものの有無、自由の根源的根拠の有無、最高原因の有無といった問いと、それについての決定的な答えの不可能という事態だった。

これらの問題に答えを与えることは、数学者たちにとっても最高の望みであるはずだが、残念ながら数学の思考からもこれに対して明確な答えを与えることはきわめて難しい。だがそれでも、理性がこの問題から身を引いてこれを傍観することは、理性の名誉から言っても、また理性自身の存在理由という点からも許されることではない。

哲学はこういった世界への根本的な問いについて大きな関心を抱いており、だからこそこの奇妙な答えの分裂が、いったいどのような事情あるいは誤解に基づくものかを解明するという重い課題を負っているのである。

そこで、この問題の厳密な吟味は少しおいて、われわれはさしあたり、つぎのことの理由をよく考えてみることにしよう。つまり、いったいなぜ、この問いにおいて、とくに決定的な証拠をもつわけでないのに、それぞれの側が二つの推論のどちらかにはっきり荷担し、きびしい対立を生み出すことになるのか、ということである。

この問題をはっきりさせるためには、まず、四つの正命題と反対命題の二つの系列をよく眺めて、その答えの特徴を取り出してみるのが賢明なやり方である。するとつぎのことが見えてくる。

まず、正命題の系列（⇓世界は出発点と限界をもつ・物質は最小単位をもつ・自由はある・絶対的必然者は存在する）の特質は、それが「純粋理性の独断論」であるということ。

つぎに、反対命題の系列（⇓世界は出発点と限界をもたない・物質は最小単位をもたない・自由はない・絶対的必然者は存在しない）の特質は、それが「純粋経験論の原理」であるということである。

そして、この双方の答えには、それぞれ独自のある「関心」が存在していることが分かる。

＊「純粋理性の独断論」（正命題）の関心

まず前者の「独断論」のもつ独自の「関心」について。それを下の三つに整理できる。

①実践的関心……世界についての独断論は、ある種の「実践的関心」をもつ。これはおよそ心根のまっすぐな人に切実な関心であり、彼は世界の明確な秩序の存在や、魂の不死を信じ、人間の自由と責任、そして最高存在者を認めようとする。これらのことは、いずれも「道徳および宗教」の礎石をなすような考え方であると言える。

②思弁的関心……「独断論」の考えは、世界の全体性と完全性が存在すると答えるから、世界の全体像について、ある明快かつ究極的な解答を与えることになる。これは、正命題が、世界における「無

条件者」を前提することで可能となっている。

　これに対して、反対命題では、系列はどこまでも遡行され、分割はどこまでも続くから、世界の総体についての決定的な答えを取り出せない。このために、人々に、曖昧で不定な世界像しか与えることができない。
③通俗性……世界についての独断論は、一般の人々に理解されやすい通俗性という長所をもつ。絶対的な第一者の概念は、常識的な人々に心の安定を与えるものだからだ。世界についての常識的思考は、その全体性・完結性を思い描くという自然な傾向をもつために、理由から理由へ、原因から原因へと果てしなくさかのぼるより、むしろ根本的原因をおいて、そこで満足しようとするのである。

＊「純粋経験論」（反命題）の関心

　つぎに世界についての「純粋経験論」のほうは、上述したような「実践的関心」をもたない。こちらの考えは、むしろ、人間の自由や道徳というものに対して、否定的な働きを示すことになる。というのは、**『もし世界に出発点もなく創造者も存在しないとしたら、またわれわれの意志が自由ではなく、われわれの心が物質と同じように分割されたり破壊されるものであるなら、――道徳の理念や原則は、すべてその妥当性を失い、それらを理論的に支えている先験的な理念と共に崩壊する』**からだ。（496）

　しかしその代わりに、ここでは、理性についての「思弁的関心」が優位性を保っている。まず「経験論」では、悟性はあくまで自分の本来の領域である経験の領域にとどまり、そのことで、経験領域を律する法則を確定する。またそのことで具体的で確実な認識の領域を拡大してゆくことができるのである。

つまりそれは、悟性の領域と理念的領域の区分を明確にし、悟性の理性領域への誤った拡張に歯止めをかける。「純粋経験論」から見ると、理性の越権行為がきわめてよく理解される。つまり、独断論的理性が自分の本分を見誤り、推論不可能な領域へとその独断論を拡張していることが、純粋経験論からは明らかなのである。

こうして、純粋経験論の役割が、思弁的理性のこのような逸脱に歯止めをかけることに限定されるなら、それはほどよく控えめであり、悟性使用にとってのよき「格律」(原則)となるだろう。そういう形ならば、経験論は、われわれにとってきわめて重要な世界についての実践的関心や、その知的前提と信仰を損なうことはない。

しかし経験論は、しばしば、かえって自ら独断的となり、思弁的理性のありようを愚かな迷妄にすぎないと否定するだけでなく、自分の命題こそが絶対的に真理だと言い張る、という誤りを犯すことがある。このことでむしろ、こちらも同じく独断的な議論として非難に値するものとなるのだ。

こうしていま見たような事情が、プラトン主義(正命題の側)とエピクロス主義(反対命題の側)との対立の中心にあったものだ。いまやわれわれの観点からは、プラトンとエピクロスのいずれも、自分が確実に知る以上のことを主張していたということがよく理解できる。

エピクロスは人間の実践に不利をもたらしても、なお(経験論的)知識を奨励し促進しようとしていた。逆にプラトンは、実践的なことがらについては優れた格律を与えるが、世界のあり方については、みだりに思弁的仮説をたくましくし、われわれの自然的経験の知見をないがしろにする傾向があった。

（☆⇒）プラトンの代表説は、周知のように「イデア説」。現実の世界は仮象だが、しかし世界の根本秩序は「イデアの世界」として存在するとした。カントによればその考えが「独断論」ということになる。エピクロス（前三四一ころ—前二七〇ころ）は、原子説を説き、現在の物理学的世界像に近い。魂の不死を認めず、世界の一切は偶然的で、絶対的、超越的な秩序は存在しないと主張する点で、プラトンとは反対の立場に立つ。そのことでここでは経験論に近いと見なされている。

さて最後に、この対立的議論において経験論は一般的に不人気であるといえる。というのは、独断論のほうが「常識」の考えの側に立っているからだ。概して言えば、きわめて博学な人でも、この常識の立場を超え出ることができない場合が多い。このとき、常識の立場は、「理念」（理想）については、われわれが見てきたような哲学的な知をもたないため、しばしばきわめて雄弁になる。しかし逆に、常識は自然研究のような領域では自分の無知をさらすことになる。

哲学にとっては、明瞭に客観性として証明できないことを独断的に断定することは避けられるべきこととなるが、常識の思考では、これはむしろ日常茶飯事である。常識は、確信をもってはじめようとして何か確実なものを必要とする。が、その確実性を根本的に理解することのむずかしさについては理解していないのだ。

常識は、概して、習慣的となっているにすぎない考えを真理だと考える。つねに思弁的関心よりも、実践的な関心に重きがおかれるからである。だから、哲学的な思弁という点では経験論のほうが優位に立つと言えるが、しかし一般の人々にとっては、こちらが人気を博すということはまずないのである。

こうして、人間の理性は、本性的には建築術的（体系構成的）であると言える。つまり、全体性、完全性、そして、有機的な連関性の完結性を思い描こうとする本性をもっている。正命題はこの傾向を代表する。これに対して反命題は、理性のこの性格に抵抗するものだ。したがって一般的には、正命題に加担する人がはるかに多いのである。

ところで、人が上述したような「関心」を取り払って、純粋に理論的に二つの命題を検討するとなると、見てきたようにその真偽の決しがたさに人はとまどうことになる。

たとえば、一方では、人間の意志の自由を信じたくなるし、一方で、論理を重んじれば、絶対的な自由などというものはどこにもないと考えたくなる。だがまた、現実の行為が問題になるところでは、このような思弁的な懐疑は単なる思弁の戯れとしか思えなくなり、結局のところ、人は自分の自由というものを信じざるをえない。これが思考にとって自然なありようなのである。

とはいえ、哲学的な思考からは、この両者の主張がそれぞれ対等な権利をもつものであることは否定できないのである。

第四節　絶対に解決せられえねばならぬかぎりにおける純粋理性の先験的課題について

あらゆる問いや課題をすべて答え尽くすことができるなどと公言するのは、恥知らずな大法螺《おおぼら》である。しかし、学的領域によっては、必ずその答えが与えられねばならないような領域もある。

つまり、『**問題に対する答えは、問いを生み出したその源泉から導かれなくてはならない。**』(504)たとえばわれわれは、「何が正しくて、何が正しくないか」といった道徳の問題については、これについて厳密に「規則に従って」知ることができなくてはならない。それはいわばわれわれの「義務」である。

しかし、理性の能力で知りえないことがらについては、われわれはどんな〝義務〟も負っていない。つまり、答えが与えられる領域とそうでない領域との区分を明らかにすることが重要なのだ。したがって、ここで問題はつぎのようになる。先験的哲学において、純粋理性で答えられないような問題があるとすれば、それはいったいどういう問題であり、またその理由は何であるのか、と。われわれはまず、この問いに答えなくてはならない。

ところで、私は、「先験的哲学」におけるつぎのような原則を主張したい。つまりそれは、『**純粋理性に与えられた対象に関する問題で、まさしくその人間理性によって解決されえないものは一つも存在しない**』(505)、ということだ。

なぜなら、われわれがなんらかの「問い」を立てるとき、その問いをそもそも可能にしているのはわれわれの理性の概念であり、そうであるかぎり、答えはじつはこの理性の概念の本質のうちに含まれているのである。

だがしかし、先験的哲学において、「対象の性質」について明確な答えを要求しうるのは、宇宙論的理念(世界の量や質、関係、様態)の問いだけである。というのは、宇宙論的理念は現実的な「経験的対象」(つまり事物)を含み、したがってここで問題なのは、われわれの理性のあり方と対象との

〝関係〟の本質であり、われわれはその対象の性質について一定の答えを与えることができるからだ。

しかし、たとえば「心」が単純なものであるかどうか、一切の存在の根本原因と言える「神」の存在があるのかないのか、といったことは、直接には経験できない対象が問題になるので、これについて明確な答えを与えることは不可能である。

見てきたように宇宙論的理念の問いは、「物自体」としての世界についての問いではない。それはつまり、われわれが経験するこの世界の「全体性」や「完結性」についての問いである。だからそれは現実的な経験対象から出発する。そして最終的に、経験的綜合の絶対的全体性という理念についての問いとなる。

したがって、この問題は、経験においてではなく、むしろ理念の本性の考察に基づいて解決されねばならないものだ。つまり、「宇宙論的理念」の本性を解明する、という形で答えられねばならず、また答えられるはずのものなのである。というのも、先に言ったように、ここでは問いそれ自体を作り出しているのが、まさしく当の理性理念の本性だからである。

「先験的理念の問いについては、必ずその一切に答えうる」という私の言い方は極端に聞こえるかもしれない。しかしつぎのことを考えれば納得できるはずだ。

先験的哲学のほかにも、純粋理性の学が二つある。それは純粋数学と純粋道徳哲学である。純粋数学は、まったくアプリオリな原理によって成り立っており、したがって立てられた問いは、経験によることなく答えうるものである。たとえば、円周と直径との正確な比（＝円周率）、は有理数によっても無理数によっても決して厳密には表現されないとされていたが、そのことの原理的な不可能性については、ランベルトがこれをはっきりと証明した。

道徳の普遍的原理もまた同様で、その命題は、まさしくわれわれの理性概念から生じたものか、それともそもそもまったく無意味なものかのいずれかだから、ここでもなんら不確実なものは存在しない。(⇒その〝確実性〟については『実践理性批判』で論じていて、ここでは十分に論じられてはいない。)

これに対して、自然科学の知見には無数の憶測があり、その確実性をあらかじめ取り出すことは原理的にできない。それはただ、われわれの経験と発見に応じて徐々に姿を現わしてくるだけなのである。(⇒たとえば、生物の全体の進化がなぜいまあるようなプロセスをたどっているのか、またなぜ落体の加速度が、$g=9.8\,m/s^2$という数値になるかといったことは、ただ経験だけが教えるのであって、アプリオリにそれを知ることはできない。)そういうわけで、自然の経験の領域とはちがって、その答えを必ず前提的に含むような問いというものがある。

先験的宇宙論の問題は、いかに難問と見えようとも、まさしくそのような問題なのだ。これまで見てきた先験的宇宙論のアポリア——世界は時間的出発点と限界をもつか否か、物質の最小単位があるか否か、自由が存在するか否か、絶対的必然者が存在するのか否か、といった問題は、この意味で、いわば「批判的な解決」がはっきりと与えられるべき問題なのである。

われわれがこの問題を解決できないものと考えるのは、この問いの核心はわれわれの「理念」の本性という点にあるのに、「理念」に対応する「現実的な対象」を認識すべきだと考えてしまうからだ。問題を解決するカギは、この「理念」の本質それ自身を理解する点にある。

多くの人々が、この宇宙論の問題に対する確実な解答はまったく不可能だと考えてきた。しかしこう問うてみよう。諸君はこの問題にいたく苦しんでいるが、だがいったいこれらの理念はそもそもどこから生じたのであるか、また、諸君が求めているのは「現象の説明」なのか、また現象を説明する「規則の原理」なのか、と。われわれはこう答えるべきである。

諸君は宇宙の完全な存在について説明と説明原理とを求めようとしている。しかしそれは経験的綜合の完全な完結性と全体性を求めることであり、すなわち「物自体」を認識しようとすることだ。だがそれは原理的に不可能なのだ。なぜなら、諸君は一切の知覚をあげても、結局諸君自身の空間と時間のうちに置かれているのであり、この圏域を超え出て「無条件なもの」に達することは決してできないからである。

要するに、諸君の理念は「物自体」を説明する原理を要求しているが、それは不可能である。物自体という絶対的全体は、経験的には認識不可能なものだからだ。したがって、じつはわれわれは、世界がどのような性質のものとして存在しているのかは「不確実である」、と言うことさえ適切ではない。むしろ、世界そのもの（物自体としての世界）は、原理的に認識不可能であり、われわれはただ、経験世界に現象するかぎりでの世界を認識することしかできないのである。

こうして、この問題の難問性は、われわれが「絶対的全体」という一つの純粋な理念にほかならぬものを、「経験的に認識可能な客観の全体」と混同することによって生じていたものであった。だからアンチノミーにおける双方の答えは、「不確実」だというよりむしろ「不可能」だと言うべきなのである。

われわれが立っている「批判的解決」の立場は、宇宙論的問いを「客観的に」考察し正しく認識するのではなく、この問題を生じせしめた「世界の絶対的完全性という理念」の本質それ自体を解明することによって、この難問を解くのである。〈⇓『それゆえ、これら独断的解決は、不確実である、といったものではなく、むしろ不可能なのである。これに対して、批判的解決は、この問題を客観的な仕方で問うのではまったくなく、その問いの源泉である人間認識の根本的な本性を考察するために、完全に確実な解答たりうるのである。』 Die dogmatische Aufösung ist also nicht etwa ungewis, sondern unmöglich. Die kritische aber, welche völlig gewiß sein kann, betrachtet die Frage gar nicht objektiv, sondern nach dem Fundamente der Erkenntnis, worauf sie gegründet ist.〈512〉〉

第五節　すべてで四個の先験的理念によって示される宇宙論的問題の懐疑的表明

もしわれわれが、この宇宙論的問題に対する答えが原理的に矛盾に陥るだけであることをあらかじめ知っていたなら、肯定にせよ否定にせよこれに独断的な答えを与えようとはしなかったろう。あるいはまた、われわれはこの問題を、その答えによってそれぞれの立場がそこからどういう利益を得るか、という観点で考えることもできたろう。そして、どちらの立場もまったくナンセンスな答えしか生み出さないことを知れば、そもそもこの問題設定自体が根拠のない前提に基づくものだったのではないかと考え、その前提を吟味し直すこともできたかもしれない。

さてところで、この問題について私の立場を言えばこうなる。現象の背進的な綜合の系列における絶対的存在（無条件的存在）を肯定する考えも否定する考えも、その宇宙論的理念が悟性概念にとって「過大」であるか、あるいは「過小」であるかのどちらかになる。このことをはっきりと理解することができれば、われわれは、この先験的宇宙論の問いが、必然的にアンチノミーに陥ることの理由を、より原理的に知ることができる。

宇宙論的理念は、あくまで経験的世界を対象としているが（⇒世界の果てや出発点という時間、空間的な対象としての世界だから）、そもそも経験の対象は可能な悟性概念にのみ適応するものであって、宇宙論的「理念」にはまったく関係することができない。そしてこれこそ、それぞれの世界概念において、理性の推理がアンチノミーに陥る本質的な理由なのである。

このことを、さらに詳しく考察してみよう。

第一に、もし世界ははじまりをもたないとすると、世界はわれわれの悟性概念にとって「過大」である。なぜなら、世界に出発点がなければ、理性はこれまで経過した永遠の系列をどこまでたどっても、その「全体」に達することは決してできないからだ。また逆に、もし世界がはじまりをもつなら、世界は悟性にとって「過小」なものとなる。なぜなら、理性は必ず出発点のその背後の時間を問おうとするから、このはじまりは決して「無条件的なもの」でなくなり、やはりどこまでいっても遡行は完結しないからである。

この事情は、物質の空間的な量の問題についてもまったく同じである。つまり、

第二に、もし空間における物質が無限に多くの部分からなっているなら、分割を続けていく背進のプロセスは決して最終項に到達せず、理性にとって「過大」である。またこの分割がそれ以上進めない最終項（最も単純なもの）で終わるとすれば、この場合も、理性の推論の能力にとっては絶対的な「無条件者」に達することができず、こちらは理念の完結性にとって「過小」である。

第三に、世界に生起する一切のものが厳密な自然の法則に従ってのみ生じた結果である、と考えるなら、どの事態の原因もまたそれの原因から生起した結果であることになる。つまり自然は、理性にとってたどり尽くせない永遠の因果系列となり、「過大」なものとなる。

また、この系列の中のどこかに「自由」による原因の存在を想定すれば、理性の推論の能力は、この「自由」という原因のそのまた必然的な原因をさらに要求し（⇒この「自由」はどのようにして現われたのか?）、そのことで世界はわれわれにとって「過小」なものとなる。

第四に、また、われわれが絶対的に必然的な存在者というものを想定して、これを与えられたどの時点よりも遠くにおけば、この存在者はわれわれの経験的概念にとっては決して到達しえないものとなり、世界は「過大」なものとなる。さらに、世界における一切のものは偶然的であると考えるならば、今度は、この「偶然的な世界」の存在全体の〝根拠〟（必然性）を求められることになり、結局、この世界の実在はわれわれの理性の概念にとって「過小」なものとなる。

こうして、結局のところどの世界理念も、理性の能力による経験的背進にとっては、つまり可能的な悟性概念にとっては、「過大」であるか「過小」であるかのどちらかであり、ぴたりと適合するものにならない。

このことによって、われわれは、世界理念についての問いが、本質的に、経験的な悟性概念に対応して現われたものであること、しかしそれにもかかわらず、理性の完全性や完結性の要求を原理的に超えているためにこれに答えることができず、そのため必ずアンチノミーに陥るということを深く理解することができる。

（☆⇓）この言い方はややまぎらわしいので、補うと以下になる。世界はどんな具合に存在しているか、という問いは経験的認識の領域の問いである。すなわち「悟性概念」に対応する問いである。たとえば、このリンゴはどんなふうに存在しているのか、と同じ問いである。

しかし、宇宙理念は、世界の完全な全体像あるいは完結的像を求める問いである。つまりそれは理性の領域に属する。このときわれわれは、悟性概念によって答えられる経験的対象の存在の認識の原理を、そのまま引き延ばして「理念の問い」に答えようとする。いわば、リンゴは私にとってどんなものかを経験的に調べるのと同じ方法で、「リンゴそれ自体」の本質を問おうとし、そのためにアンチノミーが生じるのだ、という説明になっている。

ところで、われわれは、理念が悟性概念にとって「過大」「過小」である、と言って、人間の経験的概念が理念にとって「過大」「過小」と言わなかった。その理由は以下である。

ギリシャの哲学問答に、「球が孔を通らなかったら、球が大きすぎると言ったらよいのか、それとも孔が小さすぎると言ったらよいのか」という問題がある。この場合は、どちらの言い方でもよい。しかしわれわれは、「彼が服にとって大きすぎる」と言わないで「服が彼にとって小さすぎる」と言うであろう。つまりここではあくまで人間が基準となるからである。

同様に、人間に経験されるかぎりの世界にとっては、あくまで「悟性概念」がものごとの判断の基準であって、理念がそうなのではない。だから、人間の経験的概念が理念にとって「過大」「過小」であると言わず、理念が経験的概念にとって「過大」「過小」であると言うのが妥当なのだ。

ともあれ、こうしてわれわれはいまやつぎのことを理解できる。対立する主張において相争う宇宙論的理念における弁証的主張は、その理念の対象自体（世界全体、最小単位、究極原因など）が、じつは経験的対象とは無関係な、思考によって作り出された概念にほかならないことを理解しないために、解決不可能なアンチノミーに陥っていたのである、と。

第六節　宇宙論的弁証論を解決する鍵としての先験的観念論

われわれはつぎのことをすでに確証してきた。すなわち、空間・時間において直観される一切のものは、あくまでわれわれに経験される「現象」であって、それ自体存在するもの（＝物自体）ではない。およそわれわれが表象する対象は、延長をもった「物」、あるいはなんらかの変化の系列であり、われわれの経験の向こうにそれ自体存在しているもの（物自体）ではないのだ。

人間は、ただその感性形式を通して〝現れてきた〟対象しか、表象したり、認識したり、経験することはできない。そしてその原因となる「物自体」は、われわれには決して経験されないものとしてとどまっている。この学説を私は「先験的観念論」と名づける。また、これを形式的観念論と呼んで、実質的観念論――実在それ自体を疑い否定する経験的観念論――と区別してもよい。

ところが実在論者は、この「現象」にすぎないものを、物自体と考える。つまり、実在物＝物自体と考える。また、われわれの先験的観念論の立場は、経験的観念論（⇒存在物の現実存在それ自体を疑い否定するバークリー、ヒュームなどの経験論）とも同じものではない。

先験的観念論は「現象」の実在を否定はしないが、それがあくまで人間の経験にとっての「現象」であり、「対象それ自体」として実在するものではないことを主張する。さらにまた、われわれに与えられる「心」（心意識）のありようも、あくまで「現象」であると主張する。

たとえば「月に生き物がいるかもしれない」ということは、かつて誰もそれを見たことがないとしても、経験の可能性としてはありうることだから、これを絶対的に拒否することはできない。しかし言うまでもないが、そういったことはあくまでわれわれの経験の可能性の枠内のことであって、「物自体」としての問題ではない。

要するに、われわれに現実的に与えられているものは、知覚から知覚へと継起してゆく「経験的進行」だけである。つまり感性形式（時間・空間）を通して現われた対象の表象能力なのである。それは「物自体」の表象ではなく経験としての「現象」であり、両者は明確に区分されねばならない。

繰り返せば、およそわれわれに対象の直観＝表象をもたらすのは「感性」の能力であって、それ以外にわれわれが対象を受けとる原因はまったく知られない。さまざまな対象を経験するその根本原因として、われわれは「先験的対象」（物自体）というものを想定できるが、しかしわれわれは「物自体」を経験することはできず、ただ、それが感性を通して与えられる形でのみ、われわれは対象一般を経験するのだ。

こうして、「現象」とは知覚を通してわれわれに生じている表象のことであり、われわれの経験統一の規則に従って他の知覚との関連をもっている。すると、われわれにとって、「過去」に存在した事物や出来事というものもまた、「それ自体」としてではなく、われわれの可能な経験の連関のなかではじめて「現実的なもの」として表象されているにすぎないことが分かる。

つまり、われわれが、たとえばある出来事について自分の記憶をたどって、それがたしかに過去に存在したものとしてその因果的関係を不都合でない仕方でたどり直せるかぎりで、「過去の事物や出来事」はその存在の確実性をわれわれに〝現わす〟、のである。

おなじように、われわれが、あらゆる時間と空間に実在する一切の感覚的対象をその総体としてイメージするとき、それがつまり〝経験されるもの〟としての「世界の全体」を意味している。しかしそれは「物自体としての世界」を意味しているのではない。だから宇宙の全体という理念は、あくまで、われわれにとっての〝経験世界の全体性〟という理念にほかならない。

しかしまた、私のさまざまな経験に先んじて実在しているはずの「経験可能な世界の全体」でさえ、それがどのようなものであるのかは、まったく先験的な事態であって、われわれは決してそれを知りえない。(⇒たとえば、われわれは可能性としてはこの地球上のすべての場所にゆき、そのありようを自分の目で確かめることができる。同じく、経験の〝可能性〟としては——もしそういう手段があるなら——世界のすべての場所を自分の身体で経験することができる、と言える。それがつまり「私の一切の経験に先んじて、実在しているはずの経験可能な対象の全体」という理念である。)

たとえば、われわれは、「もし私がどこまでも宇宙空間を経験し続けて進んでゆけるなら、恐ろしく遠い星を見ることが可能である」と言うことができるし、また「かつて誰も一度も見たこともなく、またこれからも誰も見られないような星が、宇宙には存在するだろう」と言うことさえできる。つまりそれらは「経験可能性」の範囲内の問題である。しかし、「物自体」として存在する「星」について言えば、それは原理的に決して経験できないものであり、したがってわれわれの対象としてはまったくの「無」というほかはない。

このように、経験可能性の対象としての事物・出来事・対象と、「物自体」としての対象とをはっきりと区別することは、そこから現われる認識論的誤謬を防ぐために決定的に重要な作業なのだ。

第七節　理性の宇宙論的自己矛盾の批判的解決

純粋理性のアンチノミーの議論は、その大枠を見ると、つぎのような構成になっている。

①「大前提」……ある「条件づき」のものが与えられていれば、このものに対する一切の条件の全系列もまた与えられている。(⇒たとえば、いま「私」が存在するということは、その両親、またその両親、またその両親、……とどこまでも続く系列が、必ず存在したのでなければならない。)

②「小前提」……感官の対象は、条件づきのものとしてわれわれに与えられている。(⇒われわれが経験する事象は、必ずその存在条件、つまり「原因」をもっている。)

③そこで、「結論」……ゆえに条件づきのものに対する条件の全系列は与えられている。

アンチノミーの四つの対立する議論は、どれもいま見た推論を基本の前提として成り立っている。いまこのような前提からする理性の推論のどこがおかしいのかを確認してみよう。

第一に、つぎの命題は確実で疑えない。「もし条件づきのものが与えられているなら、それを可能にしている一切の条件の系列を背進すること(さかのぼること)が、われわれに〝課せられている〟」。(⇒「私」がいまここに存在する根本の根拠を知りたいなら、「私」はその原因となったものの系列、両親、またその両親……という系列を想像的にさかのぼって考えてみるほかはない。)

この命題は「分析的命題」であり、理性による論理的な要請である。つまり、何かが自分の原因を自分の外にもって存在している、ということのうちには、その原因のまた原因のまた原因の……という系列の全体が存在していると考える以外にはない。

第二に、いま、何か条件づきの存在とその条件の系列を「物自体」として考えるなら、この条件の系列の全体は必ず、現に与えられている（⇒存在している）と考える以外にはない。

さて、世界についてのわれわれの認識は、われわれの感官による経験に基づいている。だから、この「物自体」として存在するはずの世界の全体を、それとして認識することはできず、ただ感性的に経験されたものを悟性によって綜合しつつ、世界の像を形成してゆくことができるだけだ。

だから、ある条件づきのものが与えられていれば、その条件の系列を脳裏で想像的に背進して綜合していって、その全体像を思い浮かべることができるだけである。それを、この条件の背進が「課せられている」と言ったのである。そこでまたつぎのことが分かる。

先の「大前提」においては（⇒条件づきのものが存在すれば、その全体の系列が与えられている）、世界は暗黙のうちに「物自体」として想定されている。ところが「小前提」では、世界は「現象」として、つまり経験的なものとして考えられている（⇒われわれが経験するどんな事象も、必ずその存在の条件、つまり原因をもっている）。

そして最後に、「結論」は、この異なった二つのレベルの「世界」、「経験としての世界」と「物自体としての世界」が混同されており、そのことでこの議論の「弁証的虚偽」（⇒レトリカルなごまかし）が成り立っているのである。

しかし、繰り返せば、この混同は作為的なものではなく人間の理性にとって自然なものと言わねばならない。

われわれは、世界の全体がいわば「物自体」としてまず客観的に実在し、それがわれわれの個別的経験（現象）を可能にしている、と考える。だから、自分の個別経験（現象）があれば、それを可能にしているものとしての世界全体を、〝現に与えられたもの〟、として考える。そこで、個別経験を想像的に拡張してゆけば、つまり条件の系列の背進をどこまでも行なえば、世界の全体の認識に達するだろう、と考えるのである。

しかし、何度も確認したように、われわれは、個別の経験から世界の全体の認識に達することは決してできない。「物自体」は単に論理的な要請として現われている理念であり、経験を根拠とする現実の世界とは違うものだからだ。このことを理解できないために、アンチノミーは、経験的な条件の背進によって世界の完全な認識に到達できるだろう、と考える過ちを犯すのだ。

いまこの事情を理解するために、プラトンからソフィストと非難されたゼノンのパラドクスを例に挙げて考えてみよう。

ゼノンはこう主張する。「神は、有限でも無限でもない。動でもなければ静でもない。他の何ものにも似ており、似ていない」。

神は「動でもなければ静でもない」ということのゼノンの意は、おそらく「宇宙＝神は、自分の場所に永久に静止しているとともに、つねに変化し運動している」ということだったと思える。しかしこの言い方は、論理としては矛盾している。また、ゼノンは、宇宙は一切のものを包含しているのだから、ある意味で何にも似ていないし、また似ていなくもない、と言いたかったのだろう。

ともあれ、いまとくに第一命題について考えてみよう。

論理学的には、つぎのように言える。相対立する二つの命題がともに偽でありうるような対当（ペア）を、「弁証的対当」と呼ぶ。これに対して、どちらかだけが偽である対当（ペア）は、本来の矛盾対当、「分析的対当」である。

たとえば、「およそ物体は、よいにおいがするか、悪いにおいがするかのどちらかだ」というペアの命題は、「まったくにおいのしない物体がある」ということが考えられるから、どちらも間違いである可能性があり、「弁証的対当」である。しかし、「およそ物体は、何かにおいがするか、まったくにおいがしないかのどちらかだ」という命題ならば、必ずどちらかが正しく、どちらかが間違いということになる。このような命題は本来の「矛盾対当」（分析的対当）である。

さて、ここで問題の、「世界は空間的に無限か、それとも有限かのどちらかである」という命題を考えてみよう。もし世界を「物自体」として考えるなら、「世界は量的に無限、あるいは有限」という対当は「分析的対当」で、必ずどちらかが正しい。しかし、世界を「現象」、つまりわれわれに経験されるかぎりでの世界と見なせば、この対当は、どちらかが絶対的に正しいとは言えない「弁証的対当」（⇒レトリカルな見かけ上の対立）となる。

つまり、物自体としての世界、という観点からは、世界は無限か有限か、ということは必ずどちらかの正解をもっている。しかしこれについては、人間であるわれわれはそれを知る手段をもたない。われわれは世界の全体に達しようとしてただ経験的に条件を原因の原因のそのまた原因の……という具合に背進するほかないが、この背進によって世界の全体へ到達することはできない。だから、われわれの現象世界においては、それが「無限か有限か」は決定されえない。

そして、まったく同じことが、四つのアンチノミーのすべてに言えるのである。

『こうして、宇宙論的理念におけるアンチノミーは解消する』。（534）アンチノミーは、「物自体」としての世界においてだけ成り立つ「絶対的全体性」という理念が、われわれの現象としての世界の認識に拡張されたために生じた、仮象としての「弁証的対当」にすぎなかったのだ。「物自体」と「現象」の厳密な区別だけが、このアンチノミーを解決（解消）するのである。

だが、それでも、アンチノミーには、いわば批判的な意義が存在する。これらの議論はいわゆるソフィストリー（詭弁）ではなく、われわれの認識があくまで経験に基づくにもかかわらず、理性の働きによってつねに「物自体」としての世界を思い描き、そのために世界認識についてさまざまな誤謬推理を生み出す、その理由と根拠をよく教えるからである。

第八節　宇宙論的理念に関する純粋理性の統整的原理

いま見たように、われわれが経験するかぎりでの「世界」では、世界の経験的な最大量というものは考えられる。しかし、宇宙論的理念としての「世界の絶対的な全体性」という概念では、世界の最大量というものは存在せず、ただ、想像的に、どこまでも系列の背進が「課せられる」と言えるにすぎない。すなわち、経験としての世界（現象としての世界）と「物自体」としての世界、という二つの世界の概念を本質的な仕方で区分することによって、はじめてわれわれは、アンチノミーという仮象の難問を解くことができる。

理性が生み出す宇宙論（世界の大きさ）の原則は、いわば一つの「規則」にすぎない。つまりそれは、与えられた一つの現象から、その条件の系列をたどってどこまでも背進することを命じるのだ。

だが、この背進においては、いわゆる「絶対的無条件者」を見出すことはできないから、この背進はどこまでいっても停止しない。これが理性の宇宙論的原則である。

したがって、この原則は、カテゴリーを用いて経験的な対象を先取的に構成する理性の「構成的原理 konstitutives Prinzip」ではなく、経験世界においてのみ有効なカテゴリーを、経験世界を超えて拡張することで世界の全体像を描き上げようとする「統整的原理 regulatives Prinzip」と呼ぶべきものである。

「構成的原理」が、カテゴリーを用いて「対象が何であるか」を教えるものであるのに対して、「統整的原理」は、対象の完全な概念をつかむために、その条件の系列をどこまでも遡行（背進）すべきことを指示する。

そこで、「世界の全体」といった場面では、構成的原理によってその客観性を捉えることは不可能であり、理性は統整的原理によってその「絶対的な全体像」を思い描くほかはない。しかし、そうしてつかまれた世界の全体像は、あくまで一つの思い描かれた像にすぎず、決して客観的な実在性として妥当しない。

つまり、われわれが世界の総体といったものを問うかぎり、経験的な背進をいかに行なうべきかの規則を指示する「統整的原理」に従うほかはないが、この原理からは、決して世界が絶対的な全体としてどうなっているか、の客観的な答えを得ることはできないのだ。

さて、われわれはいま見た「背進的綜合」の概念をもっと正確に規定してみよう。ここで私は、「無限の背進」と「不定の背進」という二つの概念を区別したいと思う。

たとえば、「直線は無限に延長されうる」は、「線分を、好きなだけどこまでも引き延ばすことができる」という意味である。これをわれわれは直線の無限の延長の可能性と言う。これに対して、「直線をどこまでも延長せよ」と言うときには、ここではその意味は「直線を引き延ばすことを止めてはならない」であって、これは「不定の延長」であり、延長は〝課せられている〟のである。

別の例を考えよう。たとえば、われわれはある両親からはじめて、親が子を、子がまた孫を、孫がまたひ孫を……、という具合にこれをどこまでも思い描くことができる。こういう前進的な進行の場合、条件の系列の全体性があらかじめ前提されているわけではない。この場合われわれは、この系列をどこまでも無限に延長できるだけである。

逆に、いま「私」の存在から、その親、そのまた親へと背進する場合はどうだろうか。この場合の背進は無限の背進なのか、それとも不定の背進なのか。

私の主張はこうなる。ある「全体」がすでに与えられていると想定されるとき、その系列における背進は〝無限に〟進行する。しかし、系列の一つの項が与えられていて、そこから背進をどこまでも続けるべきことを単に〝要請〟されたときには、それは「不定の背進」ということになる。

たとえば、一つの物質をどこまでも分割せよ、という場合は、この分割は無限に進行し、この分割を停止すべき地点は経験的には見出せない。これは「無限の背進」である。これに対して、あらかじめ絶対的な全体性が与えられているわけでなく、ただ与えられた一項があり、これを可能にしている条件の系列をただつぎつぎに背進してゆく、という進行では、この進行は「不定の背進」ということになる。

要するに、系列の全体が経験的に与えられている場合は、その構成部分の系列における「無限の背進」が可能であると言える（物質の分割）。しかし全体があらかじめ与えられておらず、ある任意の与件から系列をどこまでもたどりうる（背進できる）という場合は、われわれはただ、この背進（進行）を規則に従って無限にたどりうる、というだけであり、これが「不定の背進」である。

ともあれ、「無限の背進」の場合でも（事物の分割）、「不定の背進」（未来へ向かう因果関係の背進）においても、条件の系列（部分や量）が客観的に無限なものとして与えられている、と考えてはならない。この背進で示されるのは、物自体のありようではなく、ただ背進がどこまでもたどられうるという理性の推論の条件にすぎない。

だからここでは、条件の系列の量自体が無限か、有限か、といったことは、そもそも問題にならない。この背進の規則と条件は、あくまでわれわれの経験世界におけるものだからである。

ここでも、われわれは「物自体の世界」と、「経験の世界」との区分を行なうことが重要である。この二つのことがらの混同が、世界の全体性についての解きがたいアンチノミーを生み出しているのである。

（☆⇓）「構成的原理」と「統整的原理」は、すでに「原則の分析論」において、「直観の公理」と「知覚の先取的認識」（＝量と質についての原則）が「構成的原理」に依拠し、「経験の類推」と「経験的思惟一般の公準」が「統整的原理」に依拠する、とされていた。

整理し直すと、カテゴリーを経験的対象に適用して、その対象の客観性を具体的に把握（構成）するための原理が「構成的原理」。これに対して、「統整的原理」は、人間が経験的世界の限界を超えて、世界の完全性や全体性を推論しようとするとき、与えられた与件から出発してその原因の系列の背進をどこまでも要求することで、その全体像を思い描こうとする理性の原理。

第九節　これら四個の宇宙論的理念に関して理性の統整的原理を経験的に使用することについて

アンチノミーにおける世界の「絶対的全体性」の議論は、われわれが「物自体」としての世界と、「現象」としての世界（経験的世界）を行動することから生じていた。経験的世界においては、世界の絶対的な全体や量（大きさ）などを認識することはまったく不可能なことだった。われわれが問題とすべきは、経験的な条件の系列の背進の原則をさらにはっきりさせることだ。

こうして、「可能的経験の継続」における理性の規則を明確に示すことによって、理性が自己矛盾を引き起こすその理由を完全に理解することができる。そこで、われわれはアンチノミーの四つの命題に従って、それぞれの理性推理の自己矛盾の原因をもう一度確認してみよう。

I　現象を合成して世界全体とする場合にその合成の全体性に関する宇宙論的理念の解決

ここで理性の「統整的原理」の根拠は、「経験的な系列の背進は絶対的限界を見出すことはできない。だからどこまで背進を続けても無条件的絶対者にゆきつくことはない」という点にあった。というのは、もし経験的背進が絶対的限界を見出すなら、それは、絶対的な無（あるいは空虚）によって宇宙が限界づけられていることをわれわれが実際に経験する、ということを意味するが、そもそも絶対的な無や空虚を経験するといったことは不可能だからである。

そこで、いまはっきりさせるべきは、われわれが宇宙の絶対的大きさを確認すべく行なう系列の背進を続けるとき、それは「無限の背進」なのか、それとも「不定の背進」なのかということだ。そして、その答えは「不定の背進」である。

すでに私は、「物質の分割」を「無限の背進」の例として示した。ここではあらかじめ全体の量が直観として与えられ（規定され）、ただそれを内側に向かって無限に分割してゆく。しかし宇宙の絶対的大きさ（量）については、われわれはそれを事前に直観できず、ある単位の大きさをどこまでもつけ加えることではじめてそれを表象できるだけだ（⇒もちろん明確にではなく、〝果てなく大きなもの〟として）。だからこれは「不定の背進」と言うほかない。

したがって、「世界は空間的に無限（の大きさ）であり、また、すでに無限の（量の）時間が過ぎ去っている」、などと言うことはできない。無限の大きさ（量）という概念は、どこまでも経験的な概念だが、われわれは世界の時間・空間の絶対的な全体量を経験することはできないからだ。すると同じ理由で、世界は有限である（空間的・時間的に）、と言うこともできない。

こういうわけで、われわれは、経験としての世界の全体（感覚界）については、世界の時間・空間の全体量（大いさ）について確実なことを何一つ言えない。ただわれわれは、経験的背進を続ける規則を知ることができるだけなのである。これをまとめるとつぎのようになる。

（1）まず、消極的解答……「世界は時間的にはじまりをもたず、空間的には究極の限界をもたない」。さもなければ、世界は、空虚な時間、空虚な空間によって限界づけられていることになるが、絶対的な無（空虚）によって限界づけられた世界といったものは経験できない。

つまり、世界の絶対的な限界というものは、経験不可能である。だがまた、世界は空間的、時間的に無限の大きさ（量）をもつ、とも言えない。

（2）つぎに肯定的解答……われわれが知ることができるのは、つまり、「経験的世界の系列における背進は、世界の量の規定としては、不定への背進である」、ということにほかならない。

結局のところ、世界の量についてのわれわれの問いは、経験的な認識としては、決して明確な客観性に達しえない。ただ「いっそう遠い（高次の）項へ向かっての背進」をどこまでも続けるべしという理性の「規則」（⇒統整的原理）だけを知ることができる、ということに帰結する。

Ⅱ　直観において与えられた全体を分割する場合におけるその分割の全体性に関する宇宙論的理念の解決

「世界の全体量」における系列の背進は、「不定の背進」だった。これに対して、「物質の分割」における系列の背進は「無限の背進」である。

ここでは、もし分割がそれ以上分割不可能な「最も単純な部分」に達すればそこで終わるわけだが、しかしどんな空間の部分も可分であるから、ここでも分割は無限に進行する。ただし、ここでは全体の大きさについての直観があらかじめ与えられているので、「無限の背進」と呼ばねばならない。

つぎに注意すべきは、この場合は一つの全体が無限に分割されるわけだが、しかし、この全体は

「無限数」の部分から成り立っていると言うことはできない、ということだ。つまり全体を、無限数の分割部分の総体から合成されるもの、と考えることはできない。

このことは、空間だけでなく物体についても言える。

いま、ある空間の全体が無限数の分割された部分から合成されているのではないことを見たが、物質の場合は、これはあてはまらない。というのは、空間と違って、物質の場合には、われわれは「実体」や「実体による事物の合成」という概念をもつ。つまり、どんな物質も部分としての実体から〝合成されている〟と考える。

ただし、ここで問題になっているのは、あくまで「現象としての事物や空間」であって「物自体としての事物や空間」ではない。最も単純な実体としての物質とは、純粋悟性による一つの理念であって、われわれの経験は決してその最小部分としての実体を認識できないのである。

さてしかし、単なる空間的な「全体」と、実際の物質の分割には違いがあることを言っておこう。われわれがたとえば有機体のような物質を分割する場合、それを組織している有機体的諸部分へ細分化してゆくが、この場合には、どこまで分割を続けてもつねにより小さな有機体組織を見出す、ということはありえない。ただ、それを物質の部分として見るなら、われわれが最小の単純な実体を見出すのでないかぎり、どこまでも分割できる。

つまり、ある有機体の構成を考える場合、われわれは、それがどのような組織や単位から構成されているかについては、ただ「経験的」にそれを知ることができるだけである。これに対して、はじめに見たように、空間の分割の場合には、われわれはあくまでこれを純粋な連続量として分割してゆくから、決して最小単位にゆきつかない。

こうして、物質の分割という先験的な問いについて、理性が示す原理は、あくまでわれわれの経験的認識として、つまり現象として考えるかぎり、物質の最も単純な実体にゆきつかず、背進をどこまでも続けることしかできない、ということである。

数学的―先験的理念の解決に対するむすびと力学的―先験的理念の解決に対するまえおき

数学的な先験的理念、つまり「世界の全体量」と「物質の分割」という問題の原理は、不定の背進（前者）であれ、無限の背進（後者）であれ、それが現象として時間・空間の関係のうちにある以上、条件の系列の背進は決して完結しえない、ということにあった。

注意すべきは、ここでの、ある与件（条件づきのもの）とそれを条件づけるもの（条件）とは、つねに「同種」のものだったということだ（⇒時間の綜合では、一つの長さの時間がつぎの長さの時間の前提となるし、空間では、ある量の空間がつぎの空間を限定する）。だからこそ、ここでは無条件的絶対者を見出すことができなかった。

そこで、ここでの困難は、たとえば世界の時間は、理性がこれを無限だと言えば悟性の綜合にとって「長すぎ」、有限だと言えば悟性の綜合にとって「短かすぎる」、という形で現われていた。だからその答えは、二つの推論を和解させる方法ではなく、いわば二つともに誤りであるとして両断する、という仕方で行なわれたのである。

しかし、ここでわれわれは、世界の全体性と物質の分割についての「数学的先験的理念」と、原因としての自由と絶対的必然者を扱う「力学的先験的理念」とを区別する必要がある。そしてこの区別は、アンチノミーの本質の解明にとって重要な意味をもっている。すなわち、数学的アンチノミーでは、双方の主張はどちらも独断論的な「誤り」としてはっきり退けられたのだが、しかし「力学的アンチノミー」の二つの問いでは、双方の主張は、いわば互いに相手が見落としていた不備を補いあって、双方に満足のいく「和解」が成り立つ可能性があるのだ。

ことの要点は以下である。

すでに触れたが、「数学的アンチノミー」で論じた悟性による条件の系列の綜合は、「同種」のもの（時間・空間の一定単位）のものの綜合だった。これに対して、「力学的アンチノミー」では、条件の系列の綜合において、異種的な条件、つまり「系列の部分」ではなく、系列の外にある「まったく可想的なもの」をも認める（⇒ある事象を引き起こす自然的な原因の連鎖ではなく、絶対原因というものを認める）。

このことによって、力学的アンチノミーの解決では、数学的アンチノミーのそれとはまったく異なった局面が現われることに注意しなければならない。

数学的アンチノミーでは双方の答えはともに誤りとされた。これに対して、力学的アンチノミーでは、現象における絶対的な全体性を求めようとする独断論的議論はやはり退けられるが、ある非感性的な条件と結びつくことで是正された二つの命題は、「ともに真でありうる」という結果が生じるのである。

Ⅲ　世界の出来事をその原因から導来する場合におけるかかる導来の全体性に関する宇宙論的理念の解決

われわれは生起するものの原因性として二つだけを考えうる。「自然による原因性」と「自由による原因性」である。

自然原因は、ある状態の時間的前後関係における原因―結果系列として求められる。これに対して、「自由原因」は、ある状態（変化）を自らはじめる能力であり、自然法則に従う時間的規定関係に支配されない。この意味で「自由」は「純粋な先験的理念」であり、経験によって規定されることがない。

経験的法則というものは、ある結果は必ず一定の原因をもち、その原因はまたその原因をもつという因果の系列の整合性に基づいているが、自由という原因は、その背後の原因について知りえない原因、つまり自発的原因だからである。

意志の自発性としての「自由」という現象の原因や根拠については、われわれはまったく知ることができない。そこでわれわれは、自発性という理念を実践的な「自由」という先験的理念として作り出したのである。

実践的意味における自由とは、「意志が感性の衝動による強制に規定されない」ということ、つまり意志が、感情や欲望に影響されないということである。意志が感性に対して受動的ならそれは動物的意志である。しかし人間の意志の特質は、感性的意志であると同時に「自由な意志」でもありうるという点にある。

もしすべてが自然原因だけによるのであれば、われわれの意志もまた自然原因に規定されていることになり、そうだとしたら、一切は必然となる。そもそも、われわれが、事態はこう「あるべきsollen」であるなどと言うのは、人間において、自然原因だけでなく完全に自発的な「自由」原因を認めるからなのだ。ただし、自由原因から生じた出来事も、それがいったん現われると必然的な自然原因の系列のうちに入り込むことになるのは言うまでもない。

このことから、これまで見てきたような悟性と理性の間に見出される矛盾が、ここでも現われることになる。そして、この問題についての本質的な考察は、心理学でも経験的学でもなく、ただ先験的哲学のみがなしうる課題なのである。

この問題は先験的哲学においてつぎのように定式化される。

数学的アンチノミーにおいては、理性が悟性の領域を拡張することで、世界の全体量などについて独断論的な答えの対立が生じ、それはともに誤りとされた。しかし力学的アンチノミーでは、問題はつぎのような新しい特質をもつ。

まず「およそ自由は可能であるかどうか」という問いが立てられるが、それは、どちらも間違いという仕方では答えられない。つまりここで、「自由」は因果性（原因性）という自然法則と「両立しうるのかどうか」、また、およそ世界の変化は自然原因によるのか自由によるのかのいずれでなければならないのか、という問いが現われる。さらにそれは、この「問いの答えは二つのうちのいずれか」という命題はそもそも正しい「選言的命題」であるのか、という問題にまで進む。

これを整理すれば以下になる。

もしわれわれの経験する世界がそのまま「物自体の世界」だとするなら、どんな生起する事態も厳密な原因と結果の系列をもつと考えるほかはない。ここでは、自由という絶対的に自発的な原因なるものは不可能である。しかしわれわれがこの世界を「現象としての世界」だと考えるなら、むしろここでは、自然の因果系列自体を可能にしている、われわれには知りえない「可想的原因」を想定しなければならないことになる。すると、この世界で生起することがらは、〝現象の系列としては〟自然原因に規定されているが、可想的な原因としては「自由」という原因をもつ、と見なすことができる。

つまり、現象としての世界を根本的に条件づけている「可想的原因」は、現象の系列の外にあり、しかしこの可想的原因から生じた結果は「経験的条件のうちにある」、と考えることができる。

繰り返すと、われわれが現象世界の「実在性」に固執して、この「現象の世界」すなわち「物自体」の世界と見なすかぎり、「自由」というものは厳密な意味では存在しえないものになるのである。これまで多くの哲学者たちがこの問題に悩まされてきた理由は、まさしく彼等が、この「物自体」と「現象」という本質的な区分を見なかったためなのだ。

(☆⇩) われわれがこの経験的世界をそのまま「物自体の世界」だと見るなら「自由」は存在せず、この世界を「現象の世界」と見れば「自由」は存在する、という言い方はそう分かりやすくない。しかしカントの議論のポイントは以下である。

世界がそれ自体「物自体」としての世界なら（言いかえれば、われわれのこの世界だけが存在する世界であるなら）、ほかの自然の変化と同様、人間の「自由意志」による原因—結果（⇩たとえば手でコップをもち上げる）も、その自由意志の発動という点も含めて、われわれがその因果関係を深く理解できないだけで、じつはすべて厳密な因果法則で貫かれている、と考えるほかはない。

しかし、われわれが経験している「現象としての世界」のほかに、それ自体として存在する「物自体」の世界があるのだと想定すれば、われわれの「自由」という原因性は、「物自体」としての世界に存在する根本原因から現われたものと考えることができる。言いかえれば、われわれには知りえない神のような完全な自由としての根本原因（可想的原因）がまず世界の外にあるいは内に存在し、そしてこの根本的な原因性によってこの世界に生じた自然の変化は、すべて物理・化学の厳密な因果関係として理解されるのである。

自然必然性の普遍的法則と調和するところの自由による原因性の可能

いま述べたことをさらに詳述しよう。

われわれは、原因性を「可想的原因性」と「感性的原因性」に区分しよう。「可想的原因性」はその作用が物自体の作用と見なされるものである。そして「感性的原因性」とは、感覚界（われわれの経験世界）における現象の結果と見なされるものだ。われわれが物自体の世界に、一種の原因性の存在（⇓神のような）を想定しても、なんら問題はない。「自由」とは、そのような現象の系列の外にある、われわれには知りえない原因性、と考えることができるからだ。

こうして、われわれは、「主体」（主観）の行為の原因性として、「可想的性格」と「経験的性格」の二つを考えることができる。

主体の「経験的な原因性」は、主体の自由な行為の一切をも、自然的因果の系列から説明しようとする。これに対して、主体の「可想的原因性」は、主体の行為を、自然の経験的条件にはまったく属さないものと見なす。私は前者を「現象としての私」、後者を「物自体としての私」と呼ぼう。

可想的原因性（自由）は、自分の背後にどんな原因ももたない絶対的原因性である。だから、現象のもつ因果系列からは自立しており、その原因性の由来をわれわれは直接には知りえない。しかしそれは経験的現象に影響を与えうるから、この自由が引き起こした結果は、「自然原因の系列」のうちに入り込む。したがってそれは、自然法則によって説明されうるものとなる。こうしてわれわれはつぎのように言える。

可想的原因者は、感覚世界においてある結果を生じる行為「自らはじめる」が、しかしこの行為は、「彼自身においてはじまるのではない」。この行為自体は、すでに感覚世界におけるそれ以前の条件に支えられているからだ。したがって『**自由と自然とは、われわれが一つの同じ行為を可想的な原因において見るか、それとも感覚的な原因において見るかに応じて、その語の完全な意味において、双方ともまったく矛盾なく認められるものとなる。**』（569）

普遍的自然必然性と結合された自由という宇宙論的理念の解明

上に述べた問題について、ここでは、理性がこの問題を解決する要因を分離して、別々に考察してみよう。

まず、自然法則とは、「一切の出来事は、自然秩序において経験的に規定されている」ということである。ただし、この法則はあくまで悟性の法則であり、この法則が生み出すアンチノミーについては、すでに解決した。そこで問題として残るのは、つぎのようなことである。

すべての出来事に関して自然的原因だけを認めるとして、その場合でも、ある一つの出来事について、これを一方で自然原因によるものと見なしつつ、同時に自由という原因を認めることは可能だろうか、あるいはそれは不可能だろうか。

われわれはこう考えるべきであろう。現象における原因（原因の自然の系列）としては、系列を自ら絶対的にはじめる原因というものは想定できない。ここでは、原因としての「根源的作用」つまり絶対的「自由」といったものは、「現象の因果としては」考えられない。だが、そうだとしても、ある結果の原因はすべて必ず経験的原因である、とは言えない。われわれは可想的原因もまた、現象におけるさまざまな結果の原因と考えてよいのである。

つまり、自然原因の中にはまったく可想的な能力から発する原因（＝自由）も含まれていると想定しても、そのことは、悟性が行なう現象の自然的説明と根本的に矛盾するわけではない。そのような想定は〝可能〟である。ただし、可想的原因が引き起こした行為、またその結果については、すべて経験的原因性の法則に従うものと見なされねばならない。つまり、われわれの「自由」から発する行為は、それ自体、ただちに自然的な因果関係の系列の中に入り込むことになる。

ここからつぎのように言える。

無機物、あるいは動物的な生命しかもたない自然（生き物）の原因性の能力は、あくまで感性的条件に規定されている。（⇒たとえば餌を摂ろうとする意志と欲望は、動物のそのつどの欲求である空腹を原因とする。およそ動物の意欲と行為は、動物の身体の自然性を原因としてもっているということ。）同様に、人間もまた感覚界のうちに生きているので、そのかぎりで、その原因性（＝意志、欲求）はやはり自然的法則に従っていると言える。

しかしここで重要なのは、人間は自然存在でありながら、同時にまた、自分自身を、感官だけでなく、統覚によっても認識しているということだ。つまり、人間は自然的、現象的存在であると同時に、「理性」による純粋な「自由」という原因性をもつという点で、可想的原因性をもつ存在なのである。この意味で人間は、感性的存在であると同時に本質的に「理性的存在」である。人間が、このような「実践理性」として独自の原因性を有するということは、「道徳的命法」にかんがみて、明白である。

（☆⇓）ここで言われる「道徳的命法」は『実践理性批判』で定式化されるつぎの「定言命法」をさす。**『君の意志の格律がつねに同時に普遍的立法となるように行為せよ』**

「かくかくの善きことをなせ」という道徳的命法は、われわれを、実践的な行為において、「かくなせ」と規定するものである。この「なすべし sollen」という命法の根拠は、ほかの自然、つまり動物的自然においては決して現われえないものだ。動物ではただ、身体的な欲求が「なしたい」という欲望と、自然的にまた直接的につながっているからである。

しかし人間が理性の実践的な使用によってもつ「なすべし」という原理は、ある〝可能的行為〟を示してこれを規定するものであって、自然的な原因―結果関係の系列とは無関係である。理性は、まったく自発的に「理念」（⇓善の「理念」）に従って、意味の秩序を形成し、この秩序を現実のうちに作り出そうとする。

この「なすべし」は、理性という原因性のみから出てくるのであって、感性的な原因性から出てくるものではない。それは必然的な（条件づきの）「欲する」ではなく、まったく自発的な「欲する」である。この理性による原因性は、あくまで「感性的原因性」からはっきりと分離されねばならない。人間の理性から由来する「なすべし」は、現象としての自然の連関からの決定的な逸脱なのである。だが、繰り返し言えば、この人間の理性的意志による「なすべし」から現われる行為も、いったん現実の秩序に入り込めば、ただ自然的条件に従ってのみ可能である。

われわれは、およそどんなことがらも必ずそれに先行する自然原因をもつ、と考えることで、「原因」（因果性）の概念を形成している。このかぎりでは、人間の「意志」といえども、人がある意志をもつに至った「原因」は、それ自体、何らかの自然原因の系列として存在すると考えるほかはない。このような観点からは、この世界における人間の一切の行為は、自然の秩序と人間の経験的性格に従って厳密に規定されているのである。

だからもしわれわれが、人間の意志や行為の一切の自然的原因の系列を厳密に知ることができるなら、人間の意志や行為の必然性を認識し、それを予言することすらできることになる。だから、人間の意志や行為をその経験的な性格の観点から見るかぎりは、そこには「自由」というものはまったく存在しないという考えも可能となる。

（☆⇓）スピノザによれば人間の自由は存在しない。一切は神の摂理によって規定されているからだ。一九世紀にラプラスも似たような絶対的決定論を主張した。また、ここでのカントの自然原因の強調には、いわゆる宗教的な奇跡は存在しないという含意もあると考えられる。

しかしながら、われわれが人間の同じ行為を、「実践理性」の観点から考察すると、そこに自然的秩序とはまったく異なった秩序を見出すことになるだろう。すでに見たように、人間の「なすべし」は、現象としての自然の因果関係の連鎖からの「逸脱」であり、この意味では、生起しえなかったものがそこに生起している、ということが生じているからだ。

理性を、自然の現象の系列に対する一つの根本的な原因性と考えるなら、理性は、自然の経験的系列のうちに、まったく新しい感性的条件の系列を創り出すものとなる。これはあくまで感性的条件から独立したものであり、したがって可想的原因性と考えるほかにはない。

さて、こう見てくるとつぎのように言える。要するに、一方では、人間のどんな行為も、現象のうちにあって経験的性格をもつというかぎりで、必ず自然的因果の法則に従う。それが理性に発するものであれ、人間の行為は必ず経験的な因果の系列のうちにある。

しかし他方、人間の「実践的理性」について言えば、理性がある状態で意志を決定するとき、この状態を規定する前の状態があり、それが理性的な意志が生じた原因である、などとは決して言えない。つまり『**理性自身は現象ではない**』(581)。

理性自身は、感性のいかなる条件にも従うものではなく、ここに自然の力学的規則を適用することはできないのである。

こうしてすでに述べたように、理性そのものは「一切の意志的行為の無条件的〔絶対的〕な条件」である。しかしまた、理性の行為の結果は、あくまで現象の系列のうちにあり、現象の系列の第一のはじまりとは言えない。

私は、これらのことを説明するために一つの例を挙げてみたい。ただし、この例は必ずしもいま述べた「理性の原理」を〝証明〟するものではない。

たとえばある男が悪意から嘘をつき、社会に大きな混乱を引き起こしたとしよう。どんな行為もその原因を自然系列のうちにもっているとする考え方からは、彼が嘘をついたことの原因は、これを追いつめれば、彼の受けた教育、生活条件、家庭環境などなどに帰せられうることになる。

こんな具合に、彼の「虚偽」の行為を、一つの絶対的に必然的な因果の系列の結果と見ることは、不可能ではない。しかし、ふつうわれわれはそんなふうには考えず、彼にその行為の一定の「責任」を帰し、その行為を非難されるべきものと考えるだろう。

このことが意味しているのは、われわれは、暗黙のうちに、彼の行為の「自然的原因」の系列と、「理性による原因」とをはっきりと区別しているということ、つまり、『**行為者が自分の行為の系列を、まったく自ら開始したものと**』（583）考えているということだ。あるいはまた、理性は感性にまったく影響を受けることなく自らを保ちうるものであり、理性においては、前の状態が必ずしもあとの状態を規定するわけではない、と考えているということなのである。

こうしてわれわれは、つぎのようにこの問題をまとめることができる。

重要なのは、われわれは自由な行為を考察するとき、その原因をたどって「可想的原因」にまで達することはできるが、そこが推論の行き止まりであって、さらにその背後にまでさかのぼることはできない、ということだ。「可想的原因」とは、われわれがその結果（現象）は知ることができるが、その原因については決して知りえないものだからである。

だからわれわれは、人間の「自由」（なすべし）の行為をある「絶対的な原因」と考えるほかはないし、自然法則が理性の「自由」の必然的な原因として存在する、と考えることはできない。しかし、一方でまたわれわれは、「自由」な意志やそこから発した行為も、あえて感性的な因果の系列としてこれを位置づけることも不可能ではない。だから『**必然的**な**自然法則と自由とは、互いに無関係に、また互いに妨げあうことなく両立しうる**』(585)、と言うことができるのである。

つけ加えると、われわれがここで考察してきた問題は、「自由の現実性」、つまり自由という原因が客観的に実在するということの証明ではない。言いかえれば、われわれは「自由が可能である」ということを証明しようとしたのではない。われわれはただここで、先験的理念としての「自由」の本質を考察したのであり、そこで、この世界を貫く自然法則の原理は、「自由による原因性」という考えと少なくとも矛盾せず両立しうるものだ、ということを明らかにしたのである。

Ⅳ　現象の現実的存在に関して現象一般の依存の全体性に関する宇宙論的理念の解決

ここで問題にするのは、前項の「無条件的原因性」、つまり「自由」という原因性の本質ではない。「実体そのものの無条件的実在」、すなわち事物の存在における絶対的な必然性の問題、あるいは世界の存在の「必然性」の問題である。だからこれは、いわば概念の系列の問題であって直観の系列の問題ではない。

ここでわれわれが出会ったアンチノミーは、こうだった。自然の一切は変化するが、どんな変化もその条件(原因)をもっている。すると、世界の変化の系列においては、どんな原因ももたない何らかの状態(⇒無条件的な項)というものは存在しない。だから、世界には、それ自体原因をもたない無条件的な存在者（絶対的に必然的な存在者）といったものは存在しえない、あるいは存在しうる。

ここでは、宇宙の無限性における「数学的背進」（不定の背進）ということではなく、「力学的背進」が問題となる。

すでに触れたが「数学的背進」においては、悟性による条件の系列の綜合は「同種のもの」（時間・空間の一定単位）の継起的な綜合だが、「力学的背進」における条件の系列の綜合では、異種的な条件、つまり「系列の部分」ではなく、系列の外にある「まったく可想的なもの」をも認める（⇒事象を変化の原因として、自然的な原因の連鎖ではなく、絶対原因というものを認める）。そしてこの点に、この絶対的必然的存在についての「アンチノミー」を解くカギがある。

つまり、われわれは、ちょうど「自由」の存在を、感性的、経験的な原因―結果の系列のうちにありながら、しかし可想的存在として可能なものと見なしたように、「絶対的無条件者」を、可想的な存在として、一切の変化の系列から自立的に存在しているものと見なすことができるのである。

ただし、両者に違いもある。「自由」では、「自由」の原因たる「人間」は、はっきり感覚的、経験的な因果の系列のうちに属しており、ただ、「理性」という原因性だけが「可想的」なものとされた。これに対して、「必然的存在者」（⇒神の存在）は、まったく感覚世界の系列から分離され、その外部にある可想的な存在として考えられねばならない、という点がそうだ。

つまり、ここでは「理性の統整的原理」が示すのは、感覚的世界がそれ自体の絶対的因果法則に支配されているとしても、そのことは、世界全体の原因となる必然的存在者の存在を否定できない、ということである。ただし、このことはもちろん、絶対的存在者が客観的に存在するということを意味しない。

ここで示されているのはあくまで、感覚世界としては、この世界の一切の変化が、先行する条件（原因）に必然的に結びつけられており、そのためにすべては偶然的だと言えるが、しかし、これら一切の変化する存在を統括する絶対的な必然者を想定することは、理性の原理から言って可能であるということにほかならない。

言いかえれば、自然法則の絶対的規定性およびその偶然性と、それを可能にしている可想的な絶対的存在者という二つの主張は、両立可能である（双方ともに真でありうる）ということである。

こうして、われわれが、世界の存在について、感覚世界においては決して認識されない「可想的存在」を認めるかぎり、つまり「現象としての世界」と「物自体としての世界」という区分を受け入れるかぎりで、「力学的アンチノミー」については、二つの答えは絶対的な矛盾に陥ることなく、両立しうることが明らかになるのである。

純粋理性の全アンチノミーに対するむすび

われわれが、現象としての世界のあり方から理性の能力を駆使して、世界の全体性や完全性を推論しようとすると、それは世界についての「宇宙論的理念」、つまり世界の「先験的理念」を作り出し、悟性によっては到達できない無条件者を要求して、アンチノミーに陥ることになった。

しかし、われわれがこの「無条件者」を、感覚世界の外部にあるもの、つまり一切の可能的経験の外側にあるもの（可想的なもの）として考えれば、この理念は「超越的理念」となる。すなわち、われわれは、「可想的存在」（物自体）としてならば、感覚世界における条件の絶対性、完全性を満たす何ものかを想定することができるし、また想定せざるをえないのである。

だが、この「物自体」としての世界を、われわれがあくまで「その性質に関する明確な述語によって規定されているもの」（⇒客観的にその存在や性質を規定できる、実在としての世界）として考えようとすると、それは不可能なことがらとなる。われわれの理性は、悟性能力を拡張してこのことを遂行しようとし、そのことで四つのアンチノミーを生み出したのだった。

可想的な絶対存在を想定してその存在を経験的な知識から証明しようとすれば、われわれは必ずアンチノミーの難問にぶつかって先に進めなくなる。そこでわれわれは、「物自体」についての認識を、それ自体必然的なものから、つまり「物一般についての純粋概念」から取り出すほかはないのだ。

そういうわけで、感覚世界（経験世界）からさらに踏み出して世界の存在それ自身について考えようとするなら、われわれはまず「絶対的に必然的な存在者」の研究からはじめ、この存在者についての概念から「まったく可想的なものの概念」を導出する、という道をとる以外にはない。

以下の章で、このことを試みてみようと思う。

★章末解説④（竹田）

世界認識の装置としての人間の「観念」は、カントでは、感性―悟性―理性という基本構成をもつ。感性は外的印象の受容であり、悟性はこれを概念的判断にまとめあげて、対象の客観的認識を作り出す。

さて、悟性の役割が感性の多様をまとめあげることにあるように、理性の役割は、悟性が示した対象認識を綜合して統一する能力、とされるが、ここではもっと簡単に、認識対象（与件）から推論を行なって世界の全体像を思い描く能力、と言うことができる。つまり、理性は推論の能力である。そしてそのために「仮象」を生み出すのである。

ここには、なぜそもそも「信念対立」が生じるかについての、カントによる一つの根本仮説がある。

人間の理性（悟性）は、それが自然科学的な対象認識に用いられているかぎりは、必ずつねにより深くより広範な「客観認識」を作り出してゆく。しかしそれが世界の全体像や世界観へと拡張されると、さまざまな誤謬推理や逸脱的推論を生み、確定されえないものを客観的認識であるという強弁＝独断論が生じる。

これがカントの「先験的弁証論」の中心的主張だが、その思想的重要性はすぐに観取されるはずだ。だがそれについては後回しにして、さしあたりカントの議論の大きな道すじを概括すれば、以下のようになる。

理性の根本能力は、任意の与件から出発して、それを一つの完全性、全体性、完結性にもたらす点にある。これを人間認識の範型として追いつめると、三つの対象の完全性についての推論となる。一つは「自己＝魂」、一つは「世界」、もう一つは「世界の究極原因」。

つまり、人間の理性は、「私とは何か」「世界はどうなっているのか」「世界を律しているものは何か」という三つのことがらについて、根源的で完全な答えを得ようとする本性をもっている。そして、これが伝統的な「形而上学」をつき動かしていたものである。この「形而上学」的な問いは、原理的に決して明確な答えを出せないものだということを、自分は証明してみよう。これがカントの意図である。

もう少しつけ加えることができる。この三つの形而上学的な問いに明確な答えは決して存在しない。しかしそのことによって存在の意味を探究する「形而上学」が完全に挫折するわけではない。いわば問いの道すじが間違っていただけである。存在の意味や自由の本質といった人間学については、経験的な対象認識にもちいる理論理性によってその本質を把握することはできない。それらの問題は「実践理性」の領域の問題であって、ここでは、そのような本質として新しい問題設定とその述語体系をおき直すべきである。

つまり、「私とは何か」「世界はいかに存在しているか」「世界を律しているものは何か」という問いは、それが「何であるか」の客観認識の問いとしてではなく、この問いをどのように考える「べきであるか」、どのような態度をとる「べきであるか」、という「べし」（当為）の問いとして問題を再構成せねばならない。そして、前者の問題についてはわれわれは決して普遍的な仕方で答えることができないが、後者の問いについてはそれが可能である……。これがカントが果たそうとした哲学における新しい〝態度変更〟にほかならない。

さて、この章でとくに重要なのは、言うまでもなく「アンチノミー」の議論である。いま見たようなカント思想の核心は、「アンチノミー」の議論に集約的に現われているからだ。

「アンチノミー」は、人が「世界はいかに存在しているか」と問うときに必然的に現われる、世界説明についての根本的な意見対立である。それは人間の対象認識が、「量」「質」「関係」「様態」というカテゴリーに従うのに応じて、「世界の大いさ（時間・空間的）」「物質の根本」「原因（自由）」「必然的存在」という四つの問いとして現われる（この枠組みが、十分適切な区分とは思えない人もいるだろう）。

カントは、ここで生じる四組の対極の議論（世界は無限である—有限である、ほか）が、決してどちらが正しいかを決定的には言えないことを証明しようとする。そして、それぞれがまったく同じ権利で自説の正しさを主張できることを示すことによってそれを行なう、という独自の戦略をとる。だが、多くの読者はこのアンチノミーの議論につまずくに違いない。わたしの見るところその理由は、自説の正しさを証明するそれぞれの説が、いずれも「帰謬論《きびゅうろん》」（背理法）になっているからである。

帰謬論は、対立する議論の矛盾を暴露することで自説の正しさを証明する論理法である。エレアのゼノンの、「アキレスは亀を追い抜くことができない」というパラドックスは最もよく知られたものだが、哲学では古今東西に存在する。仏教哲学、ギリシャのソフィズム、スコラ哲学などにおいて基本的論理となっただけでなく、現代思想におけるポスト構造主義、分析哲学においても完全に主流の論理となっている（プラトン、アリストテレス、ヘーゲルは、帰謬論に対するきわめて自覚的な批判者だった）。

ともあれ、たとえば世界の時間的限界について、正命題は、世界の時間的起点の存在の主張は、必然的にそれ以前の時間の存在についての問いを生むが、反命題はそれに答える原理をもたない、という理由で、自説の正しさを〝証明した〟と主張する。

われわれは、いま生きている任意の人間が必ず死ぬということを、論理的には絶対的に証明できない。だが、それは「人は死なない」ということの明証的な証明ではない。にもかかわらず、帰謬論はそのように主張する。そしてそれがソフィストや相対主義が利用する帰謬論の本質的論法である。

カントは、アンチノミーの双方の議論の本性が帰謬論であるために、どちらも決定的な証明を行えない、という強調の仕方ではなく、むしろどちらも厳密な証明を行ないうるために、決定的な答えが不可能である、という示し方をしている。このために、多くの読者にとって、カントによるそれぞれの議論の主張の正当性が十分腑に落ちるものとならない。まさしくその理由で、カントの弁証の全体、つまり、この問題には決して絶対的な答えが与えられえないという主張は、そう容易に読者の納得をもたらさないものになっている。

だが、わたしが読者に注意を促したいのは、アンチノミー以降の、第三節―第九節の部分である。むしろここで読者は、アンチノミーの問いの「不可能性」についての、カントの本質洞察の正しさをよく受けとることができるはずだ。カントの主張を整理すると以下のようになる。

アンチノミーの議論でわれわれは、世界は有限か無限か、自由はあるのかないのか、といった根本的な「世界説明」は、必ず大きく二極に分かれて対立し、その双方が等権利で自己の正当性を主張して決着のつかないことを確認した。また、この世界説明の対立が、推論の能力たる理性の本性に由来するものであることをも理解した。

人間の「経験的な知」が「世界それ自体」(物自体)の全体にまで決して至りえないことは、経験的悟性の本性である。しかし人間理性は、推論の能力を極限まで酷使して認識が「世界それ自体」にまで達しうるかのように錯覚する。そこで推論は二つの極に分かれる。

世界の全体性や完結性に至ろうとする理性にとっては、たとえば世界が起点をもち有限であるという説は、そこで推論が打ち切られる絶対的理由をもたないために「過小」となり、世界が無限であるという説は、推論がいまだ終結に至らないために「過大」となる。この理性の本性がアンチノミーを必然的なものにしていたのだ。こうして、双方の主張、つまり世界についての独断論と懐疑論双方の主張が、じつはともに、原理的に確証できないものを絶対的に正しいと主張する「独断論」であることが明らかになる。

さらに重要なことがある。それはこの二極の「独断論」の対立が、じつはそれぞれの「関心」(動機)の対立という深い根をもつということである。

正命題(=世界は有限。最小単位はある。自由はある。必然的存在はある)の系列と、反対命題(世界は無限。最小単位はなし。絶対的自由はない。必然的存在もなし)の系列を眺めてみると、それぞれの「関心」が浮かび上がってくる。前者は、「世界は有限で最小単位も自由もあり、神もいるに違いない」と考えようとする人々に支持されるが、彼等は、多く、率直な性格と善き心根をもつ人々である。彼等の世界像は、世界についての調和と完結性を求める。したがって、世界に親和性をもち、人間の精神の自由、善と道徳の意義を信頼しようとする。ここでは、世界の有限、最小単位、自由、そして神の存在が、世界像として要請されないわけにはいかないのだ。また、この世界像は「常識的」な世界像であり、良識ある多くの人々は世界をそのようなものとして理解する。

これに対して、「世界は無限、自由も最小単位も必然的な存在もない」と考えようとする人々は、総じて世界についての完結された調和や秩序の像に違和感をもっている。人間世界についての一般的に形成された慣習や道徳の観念に信をおかず、おのれの思弁の能力を頼んで自らの独自の世界観を作り上げようとする。だから彼等は、正命題の系列の世界観を常識的で慣習的な形成物と見なして信頼せず、経験的な懐疑論こそが正しい理性使用による結論なのだと考える。

こういう理由で、両者の主張は、それぞれの「関心」によって支えられて互いに譲りあわない独断論となるのである。

こうしてわれわれはいまや、プラトンとエピクロスの対立をはじめとして古くから哲学において続いてきた根本的な世界説明の対立が、なぜ解けなかったかということの本質的な理由を理解することができる。

われわれは「世界」という存在を一つの事実的実体と考える。そのため、世界は有限であるか、あるいは無限であるか、の〝どちらかであるはず〟と考え、その「正しい答え」に到達できるはずだと想像する。だが、実際にはこの問いの中でわれわれが行っていることは、ただ理性の推論の二通りの類型を頭の中でたどっているだけなのである。

しかもそのことに気づかず、われわれは理性の思考によって事実について検証しているのだと錯覚する。つまり、長い間人々が気づかなかったのは、われわれは「経験世界」を認識の対象としてもつが、それは物自体としての「世界それ自体」とはまったく別物だ、ということにほかならない。

世界は「一」であり、「無限」であり、「神」であるというスピノザ的独断論に対する、ヒュームの経験論的懐疑論、われわれは世界の全体について完全な認識をもつことは決してありえないという議論は、大きな意義をもっていたし、また理論的にも大変正しかった。にもかかわらず、ヒュームの議論は、いま示したような双方の独断論の必然性と動機（＝関心）の深い理解にまでは達していない。またヒューム的懐疑論は、スピノザ的独断論に対して哲学的には優位に立つが、この世界認識の根本問題の「本質」を解き明かすことはできない。

しかし私がよって立つ「先験的批判」の立場は、このアンチノミーに含まれる、「世界は事実として何であるか」という問いが含んでいる背理の理由を本質的に解明し、そのことでこの土壌から生み出される不毛な根本的対立を終わらせるのである……。これがカントの言い分にほかならない。

カントにおけるアンチノミーの議論の要諦をひとことで言えば、「形而上学の不可能性」の原理、と呼ぶことができる。

カント自身は、私は伝統的な形而上学を打ち倒すことによって、より本質的な意味での「形而上学」（つまり道徳哲学）を打ち立てるのだ、と言っている。しかしその意味は明らかであり、このことで「形而上学」という言葉の二つの意味を混同すべきではない。世界の根本原理や究極原因をそれ自体として〝極限的に〟問おうとするような問いが、ここで「形而上学の不可能性」と呼ばれているものである。カントの「道徳哲学」が再び伝統的な「形而上学」に近づいているかどうかはまた一つの興味深い問題だが、これについては『実践理性批判』の解説で論じたい。

ともあれ、わたしの考えを言えば、カントがアンチノミーの議論によって果たした「形而上学の不可能性」の原理の解明は、それが一般に〝認識論的転回〟（コペルニクス的転回）などとして受け取られている以上に、重要な意義をもっている。その理由をいくつか挙げよう。

第一に、カントの「形而上学的問い」の根拠の解体にもかかわらず、その意義が十分に理解されているとは言えないために、哲学における形而上学的な独断論と相対主義的懐疑論の対立は現代哲学においても続いているということ。

たとえば、マルクス主義、近代実証主義とポストモダン思想、分析哲学の認識論上の対立は、ちょうどスピノザ対ヒュームの対立の再演である。そしてこの問題は、フッサール現象学（認識批判）対ハイデガー存在論（形而上学）の対立に大きな影を落としている。

第二に、カントの〝形而上学的問いの不可能性〟のテーゼは、われわれに、何が答えを与えることのできる問いであり何がそうでないかについてのクライテリオン（規準）を打ち立てることの、決定的な重要性をはっきりと教える。

総じて「信念対立」を克服するために必要なのは、「真理が何であるか」をつかむことではなく、なぜ異なった信念が現われるのかについての〝本質構造〟を理解することだからである。認識論においてこのような発想を示したのは、やや不十分な形でプラトン、そしてカント、最後にフッサールである。

第三に、カントの「形而上学の不可能性」の議論は、彼の時代に生き残っていたキリスト教神学における哲学的探究に決定的な〝とどめの一撃〟を与えた。そして、恐らくこのことは、少なくともカントの議論を深く理解した人々にとっては、真の信仰や、神と世界の真実の探究という問題の決定的な挫折を意味したはずである。

ちょうど錬金術（アルケミー）や永久運動の探究が、その不可能性の原理を示されることで終焉し、科学や物理学の新しい分野を拓くように、このことで人々の知的探究の努力は、「形而上学的問い」から人間世界にとってより本質的な問題へと向け変えられることになったに違いない。

この意味で、カントの哲学は、一つの新しい事態を証明したというより、一つの「不可能性」を原理的に示すことによって、時代における人々の知的探究の流れを違う方向へ大きく向け変えるような、きわめて本質的な仕事だったと言える。

ともあれ、カントのこの「形而上学の不可能性」の原理が、現代においてもまだ十分に理解されているわけではないということは、現在のわれわれにとって大きな意味をもっている。カントのこの原理が、ほんとうに疑問の余地のないものかどうかは、もちろんまだ検証されたわけではない。わたしとしては、この解読の読者はもう一度カントの著作にあたって、自分なりの仕方でそれを吟味、判断してもらいたい。

いずれにせよ、ここでカントが示した原理が、さらに根本的な仕方で議論され、もっと動かしがたい原理として提示されるなら、現代の思想や哲学の流れを根本的に動かしうるものとなる可能性をもっているとわたしは思う。まさしくそのような意味で、カントの「アンチノミー」はヨーロッパ哲学全体の〝へその緒〟の位置にあり、この議論についての深い理解なくして「哲学」についての本質的な理解はありえず、またつぎの時代の新しい哲学の展開も存在しえないだろう。

第三章　純粋理性の理想

第一節　理想一般について

「概念」（⇒純粋悟性概念）は、それ自体ではなんら対象を表象することはできず、現象（感性による素材）に適用されてはじめて具体的な対象の像を示す。これに対して、「理念」（⇒純粋理性概念）は、見てきたように、現象という素材に適用されても、その正当な限界を超えてアンチノミーを作り出すのみで、対象を客観的に示すことはできない。

では「理想」（理性の理想）とは何だろうか。

「理想」という言葉は、ふつうは、単に何らかの「理念」というのではなく、理念によって規定される何らかのよき状態、たとえば完全無欠な人間性の「理想」とか、世界の完全な理想状態（最高善など）といったものを意味する。これはある状態を理念のみによって規定するので、「理念」にもまして、具体的な実在的対象としては認識されえない。

たとえば、プラトンの「イデア」は一つの「理想」である。「イデア」は、いわば神的な悟性だけが知っているさまざまな個物の「最も完全」な理想型、あるいは「原型」を意味している。「イデア」ほどの完全形でなくても、われわれもまた、たとえば最も道徳的な人間の理想像や、最も智恵ある人間の理想像といったものを思い描くことができる。ストア派の言う「賢人」はそのような「理想」的人間像の一つである。

われわれがさまざまな仕方で作り上げる「理想」は、プラトンの「イデア」のように、個々の事物を〝創り出す〟ような力をもつわけではないが、それでも、われわれの態度や行動の一つの「規範」として、明らかにある実践的な力を（統整的原理として）もち、人間の行動を完全なものに近づけるそのよすがとなる。

われわれは、プラトンが示唆したような「理想」の客観的な実在性を認めるわけではない。しかし、にもかかわらず、われわれが実際にさまざまな「理想」を作り上げていること、それが単に恣意的な想像物ではなく、実際にわれわれの態度や行為に対する規範として大きな力をもっているということは、誰も否認できないはずである。

ただ、たとえば小説などで、賢人の姿を描くといった仕方で「理想」を実例的に描写するという試みには、大きな弱点がある。それは具体的な像を示す点では利点をもつが、しかし自然な人間をリアルに描き出すことにつきまとう不完全性があり、理想の本性である「完全性」を損なうような性格があるのだ。

このように、「理性の理想」とは違って「構想力（想像力）の理想」には大きな弱点がある。あるいは、これを理性の理想に対して、感性の理想と呼ぶこともできるだろうが、それでも、理想の何たるかをわれわれの経験的直観に訴えて示唆する役割は果たしてくれる。

ただそれはあくまで表象的な助けとなるのであって、「理想」のありようを「アプリオリな規則」によって完全に規定しようとする「理性の理想」とは、明瞭に区別されねばならない。とはいっても、われわれは理想のアプリオリな規定だけではそれを十分に思い描くことができないから、「理想」理念がどうしても「超越的」な性格を帯びるのは避けがたい面がある。

（☆⇓）「純粋理性概念」（理念）とは、理性の推論における「無条件的なもの」のアプリオリな枠組み、を意味する。たとえば、「世界全体」という概念は、この世界という現象から推論される、世界の「無条件的」な全体性であり、世界の全体はかくかくの仕方で存在するに違いない、という像＝理念である。これをカントは「先験的世界概念」と呼んでいた。これに対して、およそ存在しうる一切の事物の成立条件の絶対的全体性（⇓一切の事物の存在と変化の根拠の絶対的総体）を、「純粋理性の理想」と呼ぶ、とすでに「第二章　純粋理性のアンチノミー」で述べている。

というわけで、「理念」の数は、「カテゴリー」における「関係」の様式の数に対応して、つぎの三つだが、その最後の項目、つまり神の存在がここで言われる「理想」にあたる。

①主語（主観）における定言的綜合の無条件者　　（霊魂）
②系列の中の諸項の仮言的綜合の無条件者　（因果関係の無条件者）　（自由）
③体系における一切の部分の選言的綜合の無条件者　（必然的実体の無条件者）　（絶対的必然存在＝神）

第二節　先験的理想について

理念（純粋理性概念）の三つの枠組みは、「霊魂」「自由」「絶対的必然存在＝神」だったが、「先験的理想」はその最後の無条件者、つまり世界の存在の絶対的、かつ必然的な無条件者についての「理想」を意味する。

さて、論理的には、およそどんな概念も、選言的な命題の規定を受け（Xは、Aであるか、あるいは

Bである）、そのうちのどちらかが真である、ということになる（XはBではない。ゆえにAである、などなど）。これはどんな概念も矛盾律に服する、ということを意味する。

しかし「物」の存在は、矛盾律によってだけでは十分に規定できず、ある「物」を完全に規定するには、それがもちうる一切の可能な述語の総体が想定されねばならない。つまり、単に論理的規定だけではなくその内容の完全な規定が要求されるわけだ（⇩「人間とは、死すべきものか、不死のものかどちらかである↓死すべき存在である」は、人間の存在の一面を論理的に規定するが、人間の存在性格の完全な規定は、「人間は、かくかくのものである」といった述語命題の〝総体〟である）。

こう見ると、物の完全な存在規定といったものは、ただ「理念」として想定されるだけで、実際には決して示しえないものだということが分かる。しかし、われわれは、このような物の完全な規定、つまり「一切の可能性の総括」というアプリオリな理念を、事物対象についての「純粋理性の理想」と呼ぶことができる。

ところで、このある事物についての一切の可能的な述語、という概念を考えてみると、さまざまな「……でない（非）」という論理的否定の述語も含まれるが、しかしこれはその存在自体の否定を意味することはできず、単にその存在のある性格の否定にすぎないことが分かる（⇩「人間は不死ではない」「神は死すべきものではない」、さらに「ドーナツの真ん中は、存在しない」など）。

たとえば「人間は不死ではない」は、人間の無（非存在）を表示しているわけではなく、人間のある性格を否定しているだけだ。これを先験的に言えば、およそ「非存在」は「無」自体を表示するわけではなく、ただ「存在」についての「否定性」（非性）を表示するだけだ、ということになる。

すなわち、およそ述語の否定的規定があるところ、じつは存在肯定がそれに先行しているのである。この意味で、否定の概念はすべて「派生的」であり、存在についての「制限」であり、したがって、存在についての肯定性こそがそれに先行する根本的なものだと言える。

それゆえわれわれが理性によって「物」の存在を規定するとき、その根底には、必然的に一つの「先験的基体」が、つまり「実在性の全体」という理念が暗黙のうちに想定されているのである。言いかえれば、われわれが多様な事物をさまざまに規定するとき、その根底には、「最も実在的な存在者」という絶対的に必然的な概念が想定されている。そしてこれこそが、一切の事物のあらゆる存在性格を可能にするもの、つまり、世界の存在についての「先験的理想」と呼べるものにほかならない。

この「最も実在的な存在者」という理念は、また、人間の理性がもちうる唯一真正な世界の「理想」でもある。すでに見たように、理性の能力は、一つの概念を、大前提→小前提→結論と規定してゆく選言的理性推理の能力である。このとき「大前提」（Xは、Aであるか、あるいはBである）の命題は、そのつど、その「うちに」、世界の一切の全体を含んでいる。（⇒選言が三項以上でも同じ。）だから、ある一つの物が規定されるとは、この全体がなんらかの仕方で制限されることを意味する（XはBではない。ゆえにAである）。

こうして、理性がその推論の力で論理的に物の存在を規定しようとするとき、そこには、必ず世界の絶対的な存在の全体という「理想」が、暗黙のうちに前提されているのだ。

これを別の仕方で言うこともできる。ある物がかくかくの仕方で存在している、という物の可能

（規定）は、すべて派生的な可能（規定）であり、実在性の全体という規定だけが根本的な可能である。あらゆる否定的規定は、いっそう大きな実在性の制限だから、どんな否定もあの「最高実在」を前提していることになる。これはちょうど、どんな図形も、無限の空間に対するある仕方での制限、規定としてのみ可能だ、と言えるのと同じである。

われわれはまたこのような「最高実在」の理念を、「根源的存在者」とか、「最高存在者」とか、また「あらゆる存在者中の存在者」などと呼ぶことができる。しかし注意すべきは、これは事物の客観関係を示すのではなく、あくまで一つの「理念」として存在しうるだけであって「実在物」と見なされてはならないということだ。

それゆえ、われわれはこの「根源的存在者」を、多くの派生的存在者の総体、あるいはその集合的全体と考えてはならない。それは部分から構成された全体ではなく、純粋にして単純な一理念なのである。だからまたそれは個物の総括ではなく、その根本的根拠だと言うべきである。

ところで、われわれがこの根源的存在者という「理念」を「実体化」するとき、それはしばしば「唯一の、単純な、永遠の、などなどの規定をもった存在者」として想定されるということが起こる。そしてそのように規定された根源的存在者を、われわれは「神」の概念で呼んできた（⇒スピノザはまさしく神をそのように規定した）。私がすでに、純粋理性の理想が先験的神学の対象となると述べたのは、まさしくこの理由による。

しかし、先験的理念のこのような使用は、理性の本分と限界を越境するものである。われわれはこの理念をしばしば実体化し、ある実在の理想的存在者として思い描くのだが、これはつまるところ、想像力による一つのフィクションにすぎない。絶対的必然者はあくまで一つの「理念」であることを忘れてはならないのだ。

しかし、理性が生み出すこのような仮象を指摘するだけではなく、さらに、理性はなぜ事物の可能を、「最高実在」の可能から派生されたものと見なすようになったのかについて考えてみる必要がある。それは以下のように考えられる。

われわれに実際に与えられる事物は、感官の対象だけ、つまり経験を通して現われてきたものだけだ。だが、対象の経験が与えられるためには、それを可能にする実在物の総体が存在していると考える以外にはない。そしてわれわれは、暗々裡に、経験として事物が与えられるその原則（感性と悟性の原則）を、存在する実在物の総体、つまり物自体の原理として妥当するものと見なす。言いかえればわれわれは、自分の事物経験の秩序と、これを可能にしている「物自体」の秩序とを同じものと考えてしまうのである。

これはある意味で自然な錯覚だと言えるが、そのことでわれわれは、先に見たように、経験的事物の絶対的な総括（集成）として、実在する「最高存在者」という像を想像的に作り上げるのだ。これは、われわれの理性が、経験世界の秩序と「物自体」の世界の秩序との混同によって行なう、いわば先験的「すり替え」にほかならない。またここから、「最も実在的な存在者」の概念は「実在化され、実体化され、最後に擬人化すらされる」ようになり、いわゆる「神」の概念へと形成されることになるのである。

第三節　思弁的理性が最高存在者の現実的存在を推論する証明根拠について

われわれが見てきたのは理性の世界の存在についてのつぎのような仮象的な推論だった。理性は与えられたものから、その条件の系列をどこまでもたどって、どこかに推論の完結する場所をを見出したいと望み、ついに理性のあるべき限界を越境して絶対的な無条件者の存在を推論するに至る。これは人間の理性のとる自然な進路であり、しかも常識的な理性がこの道をとる。しかし実際には、理性はこの背進を終点まで歩み尽くすことはできず、だから、絶対的無条件者を見出すことはできない。

理性は、何かある物が実在すれば、それがまったく偶然的な存在の因果の連鎖ではなく、その系列をたどってついに必然的な原因を見出さないではいられないという本性をもっている。理性が「根源的存在者」という「理想」を思い描くのはまさしくそのためである。

この場合、理性は、何かある絶対的な必然的存在が存在しているはずだという推論をはじめに行なう。そして、このような必然性にそぐわぬものをすべて排除して、いわば最後に残ったものを、それが絶対的必然者の概念に合致するかどうかはともあれ、その絶対的理念として見出すことになるのだ。

言いかえれば、「最高実在性を具有する存在者」（つまり神）という概念は、われわれが知っている一切の存在物の概念のうち、最もよく「無条件的に必然的な存在者」の概念に適合するものである。それゆえわれわれは、「最高存在者＝神」の概念を「絶対的な無条件者」として認めてしまう。このような進み行きは、われわれの理性の自然の本性なのである。

もう一度整理すれば、理性はまずはじめに、ある「必然的存在者」が「無条件者」として現実存在することを確信し、つぎに、この「無条件者」という概念に適合するものを「実在性の全体」という概念のうちに見出す。まったく何からも規定されない全体存在とは、絶対的に単一で、唯一かつ最高の存在者という概念を含む。こうして理性は、一切の存在を可能にする（根拠づける）必然的存在者として、「最高存在者＝神」の概念を思い描くのだ。

つまり、第一に、われわれに与えられている実在から、何か「無条件的な存在者」が存在するはずだという推論があり、第二に、実在性と一切の条件を含むような存在者こそ、この無条件者であるという推論が、条件の系列を背進しつつその完結を望む理性にとって、この上ないよりどころとして現われるのである。

この理性の推理は、もちろん正しいものとは言えない。つまり、「最高存在者こそは、無条件者である」という命題は、「最高存在がなければ、無条件者はまったく存在しない」を必然的に意味するわけではない。偶然的な存在の総体を無条件者と見なすことも、われわれには可能だからだ。「絶対的無条件者」の概念を、最高存在者（神）に結びつける絶対的な必然性は存在しないのである。

だが、にもかかわらずこの「理想」の推論は、われわれにとって重要な「権威」（意義）をもっていると言わねばならない。

ここで、ある義務について考えてみよう。つまりそれは、実践的な観点から見て、もしそれに大きな影響を与えるような最高存在者が想定されなければ、われわれに強い動機をもたらさないような道徳的義務のことである。

思弁的には、われわれは、世界はまったくの偶然的な存在の総体だと考えてもよいし、あるいは反対に、世界の存在の全体が絶対的な最高存在者によって条件づけられていると考えてもよい。だが、われわれが人間として道徳的な義務をもつかぎり、つまり実践的には、最高存在者の想定は、世界の存在の理念的思弁に決定的な影響を与えるのである。このことはきわめて必然的な理由をもっている。

われわれはつねに、物が変化し発生し消滅するありさまを見ており、そのためごくあたりまえに、物の変化には必ず原因が存在するという観念をもつ。またどんな原因もそのまた原因をもつと考える。そこで、われわれが原因の系列をどこまでもたずねると、その最上位の原因性として、一切の事象の最高の原因たる存在者という概念を必然的に思い描くことになる。このためわれわれは、一切の存在を包括する完全な最高存在者という考えを、全体性と完結性を求める理性の要求に応えるものとして、自然に抱くのである。

「神」の概念がどんな民族においても普遍的に存在する理由は、このような理性の本性を理解することによってきわめて明らかになる。

思弁的理性によって神の存在を証明する仕方は三通りしかありえない

さて、神の存在証明にはつぎの三つの可能な方法があって、これ以外には存在しない。

①経験的事実からその根本理由として見出される「自然神学的証明」
②ことがらの原因性をたどって「最高原因」の概念にまでゆきつく「宇宙論的証明」
③一切の経験を度外視して、ただ概念のみから最高存在者の現実存在を推論する「存在論的証明」

私は、これらのどの証明も理性の存在として絶対的な確実性をもっていないことを明らかにしてみたいと思う。ただしその順序は、いま挙げた順序の逆になる。というのは、③の存在論的証明が、理性の推論の本性を最もよく示しているからである。

第四節　神の存在の存在論的証明の不可能について

「絶対に必然的な存在者」という概念は純粋な理性概念（理念）だから、この理念だけからその客観的実在を導くことは決してできない。しかしこれまで多くの哲学者は、まさしくこの純粋な理念から、絶対的存在者（＝神）の実在を証明しようと努力してきた。

彼等は多く、このような「最高存在者」が存在しないなどということはまるきり不可能である、と力説してきた。もしこれを証明したければ、神の非在が不可能であることの動かしがたい条件を明らかにしなければならないが、そのことを厳密に証明した者は一人もいない。

だがまず、この「絶対に必然的な存在者」という概念によって人は何を意味しようとしているのであろうか。

この概念は、もともと勝手に作られて、あとで一般に受け入れられたものにすぎないのだが、このことで哲学者たちはそのような存在者の実在を自明なものと考えてしまったのだ。しかしつぎのような例を考えてみよう。

たとえばわれわれは、「三角形は三つの角をもつ」という命題を絶対に必然的なものと認める。しかし、当然のことだが、それは命題における判断の必然性を示すだけであって、命題の概念が客観的に実在することの必然性を意味しない。（⇒カントの三角形の例は、幾何学的な概念なので概念の必然性と存在の必然性の比較の例としてそれほど分かりやすくない。むしろたとえば、「あの世とは、死後の世界のことである」という命題は、判断の命題としては正しいが、しかし「あの世」が客観的に実在するという証拠にはまったくならない、というような例が分かりやすいかもしれない。）

人々は、ここに典型的に見られるような、論理判断の必然性と事物の実在の必然性との混同を犯し、そのことで大きな間違いに陥るのだ。すなわち「絶対に必然的な存在者」という概念には、そもそもその存在の絶対的必然性が含まれているので、この存在者の実在は決して否定されえない、と考えるのである。しかしこんな推論が成り立たないことはすぐに指摘できる。

たとえば、ある概念をもった主語をおき、つぎにそれを述語で否定するなら、その判断は矛盾となって成り立たない。しかし、この主語となる対象自身を否定するなら、そこには矛盾は生じない。（⇒たとえば、「半身獣は空を飛ぶ」は誤った命題だということになるが、しかしここに「ただし半身獣は存在しない」という判断をつけ加えるなら、矛盾は存在しない。）この伝で、「絶対的に必然的な存在者は、偶然的な存在である」と言うことは誤りになるが、しかし「絶対的に必然的な存在者なるものは、客観的に実在するとは言えない」は、まったく矛盾のないものとして言いうるのである。

すると、「最高存在者」を擁護する人々は、さらにこんなふうに主張するかもしれない。じつは「最も実在的な存在者」という概念には、まさしくその存在者の非存在であることが不可能である、という概念が含まれている。つまり、この概念自体にその存在の客観的実在が含まれているわけだから、なんと言ってもわれわれはそれを否認することはできない、と。

この主張も決して正当化されない。肝要な点は以下である。

ここで主張されているのは、いわゆる「存在論的証明」、つまり「ある存在は、決してその実在を否定できないものとして存在する」という命題だが、いま、そもそもこの命題は分析的命題なのか綜合的命題なのか、と問うてみよう。

これが分析的命題であれば、この命題は可能であり矛盾をもたない。つまりそれは、ある存在を、絶対的に実在するものという概念で規定することである。しかしこれを綜合的命題と見なすなら、ある存在が「絶対的に実在するもの」であるかどうかは、単なる概念的規定ではすまず、さらに、経験的に確証されなければならない。「最高存在者」（神）を絶対的に実在するもの、と規定するだけのことなら、それは一つの分析的命題をおくことにすぎないが、「最高存在者」の絶対的な実在を客観的に証明するには、それが綜合命題として成り立つことを証明しなくてはならないのである。

別の例を挙げよう。ここに「一〇〇ターレルが存在する」と措定することと、私が実際に一〇〇ターレルをもっていることとはまったく違ったことだ。概念としては「一〇〇ターレル」は同じだが、現実には、そこに大きな違いがあることは誰にも分かるはずだ。つまり、これまでの哲学者たちの「最高存在者」の証明は、いわば両者をまったく同じことだと強弁してきたのである。

こうして、「最高存在者」の概念は、われわれにとってきわめて重要な理念であるがゆえに、その理念としての存在が「最高存在者」の客観的実在とつねに混同され、そのことでさまざまな混乱を呼んできたことが分かる。

われわれはただ、この理念の「可能性」を認めることができるだけであって、その客観的実在性を主張することは決してできない。それを証明するには、その存在を綜合的認識として証明しなければならないのだが、見てきたようにそのことは原理的に不可能である。このことはまた、よく知られたライプニッツやデカルトによる証明の試みの失敗がよく示している通りだ。

第五節　神の存在の宇宙論的証明の不可能について

前節で「最高存在者」についての「存在論的証明」が失敗に終わった理由を考察したが、ここでもう一つの「宇宙論的証明」について吟味してみよう。

最高存在者の実在についての宇宙論的証明の推論は、つぎのような形をとる。つまりまず、大前提「もし何か実在するものが（ひとつでも）存在するなら、絶対に必然的な存在者もまた実在しなくてはならない」。つぎに小前提「少なくとも私自身が実在する」。そして結論は「ゆえに、絶対に必然的な存在者が実在する」。

ここでは、大前提と小前提はともに、経験を含んでいる（大前提では出発点だけだが）。だからこれは、完全に概念だけによるアプリオリな存在証明、つまり存在論的証明ではない。そして一切の可能的経験の対象が世界（宇宙）と呼ばれるので、これは「宇宙論的証明」と呼ばれる。さらに経験世界の多様な事物認識に基づくのではないので、自然神学的証明とも区別される。

さて、この宇宙論的証明は、さらにこう推論する。この「最も実在的な存在者」は、また「唯一の必然的存在者」でもある、と。

この宇宙論的証明の内実を分析してみると、そこにいわば二人の証人、つまり一人は純粋理性、一人は経験論という証人がいることが分かる。すなわち、一方で経験という確実な根拠から出発することで、存在論的証明とは違うふりを装っているが、しかし結局のところ、最高存在（最も実在的な存在者としての）を唯一の絶対的な必然的存在者に結びつけようとする点で、純粋概念による存在論的証明と変わらないのである。

ここでは、私が確かに存在する、という経験的基盤から出発するのだが、そのゆきつく先は、一切の可能なもののうちには、絶対的必然性という性格をそなえた唯一の存在者があり、そのような存在者はまた絶対的に実在する、という主張である。

少し別の角度からこれを見よう。ここには「およそ絶対的に必然的な存在者は、必ず最も実在的な存在者である」という命題があるが、この命題が正しいためには、それはまず「いくつかの最も実在的な存在者は、絶対的に必然的な存在である」に変換されねばならない。そしてこの命題がさらに、「およそ最も実在的な存在者は、絶対的に必然的な存在者である」に変換されるのでなくてはならない。

だが、われわれがすでに存在論的証明で確認したように、これらの命題はどれもすべて単なる分析的命題であって、論理的な整合性をもつにすぎず、経験的な証明を含んではいない。つまり「最も実在的な存在者」という概念自身だけでは、なんらその客観的実在性は保証されないのである。

このようにそもそも宇宙論的証明というものは、思い上がった弁証的主張の巣窟だと言うほかはない。いまここに含まれる誤謬推理を以下のように整理することができる。

第一に、偶然的なものからその原因性を絶対的なものとしてたどりうるとする誤謬。これはじつは経験世界（現象界）でしか意味をもたない。

第二に、この原因の無限の系列をたどり尽くせないために、第一原因というものを想定する誤謬。これは理性推理の経験的な逸脱にすぎない。

第三に、これは第二の誤謬とつながっているが、「第一原因」を想定することで推論の完結性を見出して満足を得ようとする誤謬。

第四に、存在論的証明で見たように、世界の実在の全体という可能な概念にすぎないものを、世界の先験的な客観存在それ自身と混同する誤謬。


こうして、最高存在者を、世界の絶対的に必然的な存在者として規定しようとする宇宙論的証明の試みも、およそ不可能なものであることが分かる。

一切を満たす最高存在者（＝神）の実在を、あらゆる事物の可能性の究極的根拠として想定すること、それ自体は許されてよいことだ。だが、その客観的実在をわれわれが認識しまた証明できるとすることは、原理的な誤りであって、理性のはなはだしい越境行為なのである。

先験的理性は、「神」の存在を絶対的な客観的実在として確定するか、あるいは唯一の絶対に必然的な実在性として「神」を見出すかしようとするわけだが、それは本来不可能な企てである。ハレルのような詩人がいかに「永遠」を崇高なものとして描き出そうと、そのことで「無条件的必然」の存在というものに手が届くわけではない。「永遠は物の持続を測るだけで、この持続を担うものではない」からである。

ところで私はこんなことを想像してみる。われわれが思い描く神なる存在者がいるとして、ひょっとすると彼は、自分自身についてこんなふうに思索するかもしれない。「私ははじめも終わりもなく永遠に存在し続ける。私と私の意志によって存在するもの以外には、何ひとつこの世界には存在しない、だがしかし、この私はいったい何処から来たのか」、と。

ここで発されている問いに答えようとするどんな思弁の努力も、結局のところ成功することはありえない。しかし、にもかかわらず、われわれが心にとどめるべきは、**『純粋理性の理想は、不可解なものとは言えない』**（642）ということなのである。

必然的な最高存在という「理想」を思い描こうとする努力は、世界の一切の存在について、それなりの一貫した責任ある説明を与えようとするわれわれの理性の本性に由来している。まさしくそれがゆえに、この問題は見てきたような誤謬推理を生み出してきたのである。

必然的存在者の現実的存在に関するすべての先験的証明における弁証的仮象の発見と説明

ここまで、最高存在者の実在についての存在論的証明と宇宙論的証明という二つの先験的証明が、いずれも成立せず、仮象にすぎないことを見てきた。しかしでは、理性がこのような仮象の推理を行なう理由をどう考えればよいだろうか。

最高存在の実在を主張する先験的証明の主張には、まず「何かあるものが実在する」なら、必ず「何かべつのあるものが必然的に実在する」という推論が前提として存在する。しかしこの前提はいったいどこから現われるのだろうか。

なるほど、われわれは、実在するもの一般の存在（世界の全体）に対してはある必然性を想定せずにいられないが、しかし個々の事物については、必ずしもその絶対的な必然性といったものを考えるわけではない。すなわちここでの必然性や偶然性といった概念は、そもそも事物それ自体に関係するものではない。それはじつは客観的な原理ではなく、理性の主観的な原理にすぎないのである。

世界に必然性を見ようとする主観性の原則は、すべての事象の絶対的な必然性の根拠として「最高存在者」といったものを想定するし、世界に偶然性を見る主観性の原則は、そういったものを一切否定する。したがって、この必然性と偶然性の原則は、主観が世界に投げ与える二つの「統整的」な原則だと言える。

つまり、一方の必然性の原則は、「世界について考えるとき、われわれは一切の事象に必然的な根本的根拠が〝存在するかのように〟世界を考えるべきである」と言い、もう一方の原則（偶然性）は、同じ場合に、「どんな物も最終の根拠をもたないと見なすべきである」と言うわけである。

古代の哲学者たちは、質料（水・アトムその他）を根源的、必然的なもの（原理）と考えた。しかし彼等が、この質料の原理を「実在物」と考えたなら、ここになんら必然的なものを見出せないことに気づいたはずだ。（⇩水あるいはアトムが根源的な元素である、ということの必然的理由を、理性は経験的にはどこからも見出せないはずである。それはたまたまそうだったと言うほかないものだ、ということ。）「絶対的必然性」といったものは、ただ思考（理念）のうちにのみ存在するのである。

すなわち、ここにはすでに一つの「統整的原理」、つまり世界の総体を確実に捉えることができないため、これを〝あたかも統一的かつ一貫したものとして〟考えようとする理性の原理が働いている。だが、またその一方で、われわれは、どんな物や事象についても世界の内部にはそのような必然性がないと考えることもできる。
こうして、「最高存在者」（神）という理想は、それ自体が必然的存在者の実在を主張しているというより、理性の「統整的原理」の一つの現われ、つまり世界の存在を絶対的な必然性と統一あるものとして求める理性の主観的原則の現われなのだと言える。そして、この原則が、「先験的すり替え」によって、世界の必然性と統一の像を、正しい認識（構成的原理）であるかのように見なし、最高存在についての先験的証明の試みを生み出していたのである。

第六節　自然神学的証明の不可能について

二つの先験的証明は決して成功に至らないことを見てきたが、まだもう一つの方法が残されている。「自然の多様、秩序、合目的性、美」といった経験をその証明の根拠とする、「自然神学的証明」である。もしこの証明もまた成立しないとすれば、われわれは「最高存在者」の実在について、理性の思弁的な使用によってはこれを証明することはまったく不可能である、と結論できることになるだろう。

自然神学的証明は、つぎのような場所から出発する。この世界は、われわれに、きわめて多様な秩序、合目的性、美の計り知れない景観を展開する。われわれは一切の知力を尽くしても、この世界の無限の多様を認識し尽くすことができないのだが、ただその絶大な驚異の前に理性の限界を忘れてしまうのだ。

われわれが目撃するのは、無限に連なる原因と結果、目的と手段の連鎖、生起と消滅の反復である。そしてわれわれの理性が、これらの驚くべき世界の秩序の連関をたずねて、ついにこの無数の偶然な存在の根本的原因となる唯一の必然的な存在、つまり世界の一切の存在の「最高原因」、あるいは究極の「最高存在者」といったものを思い描いてしまうことは、自然の成り行きである。この概念は、いわば原理の節約でもあり、またそれ自身、自己矛盾を含んでいるわけではなく、原因と秩序についてのわれわれの探求にとってじつに好都合な概念なのである。

われわれは、このような自然神学的証明に尊敬の念を払ってよい。この考えは、自然研究を鼓舞するとともに、それ自身、自然研究の進展から新たな力を得ている。さまざまな自然の秩序の整合性がより広範にまたより深く見出されるに従って、この学的知識は、「最高の世界創造者」に対する信仰をいっそう強化するように働くのである。

だが、にもかかわらず、この証明が正しい認識としての資格をもつことはありえないと言わねばならない。むしろ私はこう主張するほかはない。自然神学的証明だけでは、最高存在者の実在を証明できず、この証明の弱点は、結局のところ存在論的証明によって補われるほかはないと。

自然神学的証明の要点を整理すれば以下のようになる。

(1) 世界の至るところで、大いなる叡智の意図によって世界が作られているとしか思えぬようなさまざまな〝徴《しる》し〟が見出される。つまり合目的的秩序の存在が見出される。

(2) しかし、この多様な事物の合目的的秩序は、事物それ自身のうちにその根拠をもつわけではなく、その意味で、われわれには偶然的なものとして現われている。すると、この合目的的秩序がなんらかの理性的原理によって配慮されたものと考えざるをえない。

(3) ここからわれわれは、この世界の合目的的秩序の統一を支える、なんらかの崇高かつ賢明な原因が実在すると考えるほかはない。またこの原因は、盲目的な原因ではなく、自由な叡智者による世界原因であるに違いない。

(4) このような最高原因による世界の統一は、ちょうど人間が高度な建築物を作り上げるときにこれに与える統一になぞらえられる。

だが、見てきたように、このような自然神学的推論は、最高存在者の証明として決定的な弱点をもっている。

まず、このような推論から現われるのは、「世界建築師」としての最高存在者であって「世界創造者」としてのそれではない。というのは、この推論では、最高存在者は、すでに存在する素材（質料）を一定の秩序（形式）に従って作り上げる者であって、世界それ自身を、つまりその質料と形式を一から創造する者ではないからだ。

自然神学的証明は、世界の最高原因、創造者としての「神」を、全能、偉大な叡智、完全なる存在者といった像で描き出してきた。しかしこのような像は、世界の質料、形式を含む一切の存在の「究極原因」という概念を示すことはできず、ただ、最高存在の偉大さを称揚することしかできない。自然神学的証明は、世界の絶対的全体性に到達するために、経験だけをあてにして進むのだが、ここでその不可能に直面し、ついに、経験が示す偶然性から一切を包括する必然者の実在という理念に向かうのである。

つまり自然神学的証明は、ここで「宇宙論的証明」に乗り換えるのだが、すでに見たようにこれはじつは存在論的証明の変奏形にほかならない。自然神学的証明を行なう者はこのことを認めようとはしないが、にもかかわらず、彼等が世界の存在の絶対的必然性を求めるかぎり、自然神学的証明は最終的に存在論的証明を援用する道をたどるほかはないのである。

こうして、最高存在の実在についての証明は、右に見たように三つだけであり、自然神学的証明の底には宇宙論的証明があり、そのまた根底には存在論的証明が存在する。これらは経験を取り入れる度合いが異なっているが、最終的には最高存在の理性による思弁的証明であり、存在論的証明をその基礎的根拠としているのである。

第七節　理性の思弁的原理に基づくあらゆる神学の批判

理性の思弁的原理による神学の試みをまとめると以下になる。

《神学の体系》

理性的神学（理神論）→先験的神学 →宇宙論的神学
（絶対的必然的根拠へ向かう）　　　　→存在論的神学

啓示的神学（有神論）――→自然的神学
（最高の叡智者＝世界創造者へ向かう）　→道徳神学

理性的神学は、純粋理性によって根源的存在者、最高存在者を証明しようとする。宇宙論的神学は、始発点を経験におくが、存在論的神学は、経験を交えず概念によってのみ最高存在者の実在を証明しようとする。

有神論は、世界創造者、最高の叡智者の存在を求める。自然的神学は、自然の秩序＝経験世界からその証拠を得ようとする。これに対して、道徳神学は、道徳法則を根拠とする最高存在者への確信を根拠とする。

まず私はこう言おう。すなわち、**『理論的認識とは、存在するもの**（was da ist）**の認識を意味するが、実践的認識とは存在すべきもの**（was dasein soll）**の認識である』**。(661)

つまり、理論的認識は、自然存在の認識＝自然法則（事物がいかに存在しているか）を扱い、実践的認識は、人間における道徳性の認識＝道徳法則の認識（いかにあるべきか）を扱う。いずれにせよ、認識は、ある与えられたことがらの条件の認識が問題となるが、自然法則の認識においては、さまざまな事物の根拠となる絶対的な条件が「仮定」され、これに対して、道徳法則の認識においてはこの絶対的条件は「要請」される（postuliert）のである。

すなわち、絶対に必然的な実践的法則は存在するが、この法則の「拘束力」を可能にする条件としてなんらかの「現実的存在」が要請されねばならない。というのは、道徳法則は経験のみから見出される自然法則と違って、われわれの心（自由）の法則だから論理的に絶対的な必然性をもち、したがってこれを可能とする絶対的に必然的な条件は、実践的理性によって導かれるべきものだからだ。

道徳法則は、最高存在者の実在を仮定するのではなく、「要請」するのである。このことを私はいずれ別の著作でもっと明らかに示すつもりである。（⇒この「道徳法則」についての「認識」と「要請」を、カントはつぎの『実践理性批判』で論じる。）

自然世界の認識においては、われわれは生起するものとその原因の関係を認識しようとするが、ここでは基本的に経験的認識に頼ることになる。だが、現に存在する世界の存在からその絶対的原因を認識しようとすると、われわれは思弁的理性を用いるほかはない。

しかし見てきたように、この試み、理性によって世界の絶対的原因を究明しようとする先験的神学の試みは、すべて失敗に帰したのだった。するとこの問題においてわれわれに残されている道は、道徳法則を根拠としまた手引きとするような神学しかないことになるのである。

もちろんこのような結論に賛成しがたい多くの人々がいるに違いない。彼等は、これまで長くなじんできた神学的証明の方法を捨てるくらいなら、私がここまで意を尽くして述べてきた、最高存在者が不可能であることの証明をもう一度すべて疑うほうがましであると考えるかもしれない。すると彼等はここでの厳密な議論の一切に正当な反論をおかねばならないが、しかしそれは無理というものであろう。しかも私は、ここでの議論によって「最高存在者」についての一切の究明の道を閉ざしてしまったわけではない。

私は、先験的神学が求める最高存在の不可能性を厳密な仕方で証明した。しかし、だからと言って、先験的神学はまったく無駄だと言いたいのではない。むしろそれは、いわば消極的に使用されることで、重要な役割を果しうるのだ。

われわれは理性の純粋な使用によって、はじめて以下のことを認識するにいたる。理性の思弁的使用によっては、われわれは最高存在者の実在を証明することはできない。その代りにこの概念を純粋理性にとって一つの「理想」としてもつことになる。これはいわば完全無欠の理想であり、この存在者は、人間の全認識をめぐってその頂点に位置するような理念にほかならない。

もう一つ重要なことがある。注意すべきは先験的神学の不可能性の証明は、まさしくその反対の主張に対してもそのまま適用されることになるということだ。つまり、われわれは理性の思弁的使用によって最高存在者の実在を証明することはできないが、また同じ理由で、その逆のこと、つまり最高存在者の実在を完全に否定することもまたできないのである。

私は先ほど、先験的神学にとって最後に残る道として、「道徳神学」なるものを示唆した。もしこの道が、先験的神学の欠陥を補いうるとすれば、これまで不確かなものだった純粋理性による先験的神学が、世界の最高存在という問題に関して、むしろ不可欠な役割を担う可能性があるだろう。

というのは、必然性、無限、統一、永遠、全能、そして最高存在者といった概念は、すべて先験的な述語であり、純粋理性の領域に属する概念だからである。しかしこれについて詳しく論究するのはまだ先に延ばさねばならない。

先験的弁証法・付録（省略）

★章末解説⑤（竹田）

カントの区分では、「純粋悟性概念」は判断のアプリオリな枠組み（カテゴリー）であり、「純粋理性概念」（理念）は、世界の全体性と完全性についての推論のアプリオリな枠組みである。そして「理想」は、「理念」のそのまた純粋理念だとされる。

たとえば数学的概念としての「直線」は、われわれの周りに経験的に実在する「まっすぐな線」のいわば〝極限的な完全性として思い描かれた理念〟、つまり一つの「理想」形式である。あるいはまた、プラトンは「さまざまなイデアのイデア」を「善のイデア」と呼ぶが、「善のイデア」はさまざまな「イデア」（ものごとの本質）の「理想」である。したがって、最高存在者についての推論であるカントの「理想」は「理念の理念」と呼んでよい。

さて、カントは、純粋理性概念（理念）の三つのアプリオリな枠組みをおいた。「魂」「世界」「最高存在者」である。しかし、この三つは、それぞれの領域で理性の推論能力が逸脱して、「純粋理性の誤謬推理」（「私＝魂」は実在するという推論）、「純粋理性のアンチノミー」（世界の存在とその原因と根拠についての推論）、そして「純粋理性の理想」（最高存在者の存在についての推論）を生み出す。

最高存在者の理念は「先験的理想」と呼ばれ、世界の一切の存在の究極の根拠だと想定されているから、ちょうどプラトンの「イデアのイデア」に対応する。じっさいカントは、「先験的理想」の概念を説明するのにプラトンのイデアを引きあいに出しており、きわめて適切な例になっている。ただし、一般にプラトンの「イデア」は真実在と呼ばれ、それ自身実在するものと見なされているが、カントはこれをあくまで一つの「理念」（カント的には「理想」）として提示している。

さてカントはこう言う。道徳的な人間とはどんな人間のことか、という問いに対して、たとえばわれわれは道徳的偉人の伝記を読んでこれを知ることができるし、また文学では、道徳的人間を造形することができる。しかしそれらはあくまで構想力（想像力）による理想形成である。

あらゆる人間にとってさまざまな「よきもの」「よきこと」の完全性を、たとえば、徳、勇気、慈愛、共感、優しさ、聡明、叡智、真率といった諸理念で表現できる。つぎにそこからその根本本質を取り出すなら、真や美や善という、より本質的な理念（イデア）として表現できる。そしてさらに「善のイデア」をこれらのイデアの究極の根拠として認めることができる。これがプラトンの思考だったが、カントもまた似た道を進んで自分の哲学の体系を作り上げているのである。

まず第一に、カントによれば、先験的理想はあくまで認識不可能なものである。先験的理想、つまり「最高存在者」の理念は、これまで「神」として抱かれてきた。そして「神」の存在証明は長くスコラ哲学の中心的テーマだった。だが、「神」の存在証明が原理的に不可能であることを〝証明〟することと、それがこの章の大きな眼目である。

彼はそれまで試みられた神の存在証明を三つに区分する。自然神学的証明（世界の壮大な森羅万象を考えると神が存在するとしか考えられない）、宇宙論的証明（一切の事象はその原因をもつが、この原因の連鎖をたどると、必ず究極の根本原因〈神〉に至るはず）、存在論的証明（神＝最高存在者の概念自体が、その必然的現実存在を含む）である。

そしてその上で、それぞれの〝不可能性〟を証明する。この不可能性の証明のポイントは、これまでのさまざまな神の存在証明の試みは、結局のところ、「存在論的証明」（絶対的な必然性をもつ存在というものが存在しなければならない）を最も根本の根拠としているという点にある。神の存在証明の不可能性については、アンチノミーの議論ほどつまずくところなく、カントの理路を理解できるはずである。

つぎに問題となるのは、この決定的な「神」の存在証明の不可能性がもたらす帰結である。

カントのこの〝証明〟は、言うまでもないが、神の存在を絶対的な前提とする伝統的な神学の形而上学にとどめを刺すような意味をもっている。しかしカントによれば、神の存在の不可能性を証明するのは、「形而上学」を終焉させるためではなく、むしろこれまで神学的な仕方で行なわれてきた形而上学の真のテーマを建て直すためである。これまで人々が大きな関心を寄せてきた形而上学の中心テーマ、つまり、「霊魂の不死」「自由」「最高存在者」というものについて、われわれはいまどう考えるべきか。

人々は長くそれらの客観的存在（実在）を証明しようとして大きな努力を払ってきた。しかしそのつど強力な懐疑論に出会い、結局その試みは決して成功することがなかった。自分もまたそれらのものの「客観的存在」の証明の不可能性を〝証明〟した。しかし自分のとった方法は懐疑論的な不可能性の証明とは違ったものである。

つまり自分の不可能性の証明は、同時に、「霊魂の不死」「自由」「最高存在者」が決して存在しないという証明もまた、原理的に不可能であるということの〝証明〟でもあった。つまり、それらはあくまで〝可想界〟の存在なのだ。そしてまさしくこのことの深い理解だけが、「形而上学」すなわち、人間はなぜ生きるのか、またいかに生きるべきかという問題の新しい発見につながる。これがカントの主旨にほかならない。

カントはこの「伝統的形而上学」の根本的な転回を、「構成的原理」と「統整的原理」という概念で説明している。ここでもう一度確認しよう。

すでにわたしは、補説でこう説明した（二五九頁）。カテゴリーを経験的対象に適用して、その対象の客観性を具体的に把握（構成）するための原理が「構成的原理」。これに対して、人が、経験的世界の限界を超えて、世界の完全性や全体性を推論しようとするとき、与えられた与件から出発してその原因の系列の背進をどこまでも要求することで、その全体像を思い描こうとする理性の原理が、「統整的原理」である。

構成的原理について、カント自身がこんな分かりやすい例を挙げている。たとえば太陽の光の強さを、月の光の強さの約二〇万倍といった具合に数量化して〝構成的〟に捉えることを可能にするのが構成的原理であると。一方、「宇宙の全体」がどんなものかと考えると、たとえば一光年を何億倍しようとその具体的な全体像に達しうるものではない。そこでわれわれは宇宙がある「限界」をもって閉じられた巨大な宇宙空間であるとか、むしろ「果て」のない広がりをもつ無限空間であるといった想像によってこれを表象しようとする。こちらが統整的原理である。

さて、このように統整的原理は、ものごとの全体性や完全性を思い描く（推論する）理性の根本本性に由来する。人間が思い描くさまざまな「理想」は、基本的にこの統整的原理を根拠としていると言えるのである。

人間社会はなぜ例外なく、「神」の存在（あるいは絶対存在者、最高存在者）を信じてきたのか。それはこの世に善きもの、美しきものがあるかぎり、最も「善きもの」や「美しきもの」が、あるいはまた、それらを根拠づけている絶対的なものが存在するはずだ、という理性の完全化の能力（統整的原理）に由来している。

同様に、われわれが「善き行為」に意味があると感じるかぎり、個々の善きことをつねに意味づけるような、ある絶対的な意味の根拠というものが存在するはずだという信も、この統整的原理から現われる。

その一方で、理性はその対極に、どんな善や美も人間世界の慣習の体系にすぎず、世界存在のすべては偶然的な存在であるという、徹底的懐疑論をも生み出す。このために、善や美の「イデア」を信じる人々は、その「真実在」を証明しようとする努力を続けてきたのである。

しかし、われわれはここまで、人間存在の意味と価値を司る「最高存在者」の実在を客観的な認識として実証することが、原理的に不可能なことを確認してきた。だが同時に、これと同じ原理によって、その非在を実証することもできないことをも、われわれははっきりと理解できるはずだ。「理想」は、理性の完全化の推論の能力から必然的に現われる。それらの「理想」が実在するものかどうかは、われわれには認識できない。しかし、重要なのは、それが実在するかどうかにかかわりなく、「理想」は、われわれの世界観にある明確な像を結ばせるということ、そしてそのことで行為や生き方に確固とした指針を与え、われわれの生に豊かな意味を付与するということだ。

もしわれわれが、世界に全体的な意味も存在せず、さまざまな人間的価値を根拠づけるものも存在しないのだと考えたらどうなるだろうか。先ほどとはまったく逆に、それらの理想が実在するかどうかにかかわらず、われわれは生きる上での確固たる意味と意欲を失うことになるだろう。どんなときも自分の行為に確信をもてず、ただ世界の完全性や絶対性に対する人々の「信」を無知として嗤《わら》うときだけ、わずかに相対的な優位を感じるような人間となるだろう……。

さて、カントのこのような議論を、いま、人はどのように評価するだろうか。たとえばニーチェはカントの考えに真っ向から反対した。意外に思えるかもしれないが、ハイデガーやサルトルは、倫理思想としてカントにきわめて近い。

しかしつぎのことを書いておきたい。人が何か「善きこと」をめがけようとするとき、必ず理性の推論の能力（統整的原理）を用いてなんらかの「理想」を思い描き、この「理想」をモデルとして現実を批評し、何をなすべきかという目標の結び目を作り上げていく。そうカントは言うわけだが、まさしくこれは、近代社会において人間が「善」に近づく上で、動かしがたく必然的な範型であると言えないだろうか。この意味で、カントは、近代人間「倫理」のはじめの本質的原理をおいた哲学者と言うにふさわしいとわたしは思う。

どんな既成の権威や慣習的ルールからでもなく、ただ自分の理性の推論の能力によって「理想」理念を打ち立て、それが命じる「善き」と「正しさ」に従って生きること。もちろんすべての近代人がこのような生き方をするわけではない。しかし、少なくともこれは、近代においてきわめて多くの知的選良がつかむ「自己倫理」の基本形だと言える。

カントは理念の「理想」の枠組みを、「霊魂の不死」「精神の自由」「最高存在者＝神」という三契機とした。われわれがいま、これをどのような形に変奏できるかはたいへん興味深い問題である。

II

先験的方法論

緒言

思弁的な純粋理性による世界認識を一つの建築物と見なせば、こんなふうに言える。われわれはこ
こまで先験的原理論において、いわば人間が世界認識に用いる「材料」を厳密に吟味し、その結果、
以下のことを確認した。

はじめわれわれは、天に届く認識の大伽藍を建てるつもりだったが、やがて、われわれの認識能力
ではそれが原理的に不可能な試みであること、われわれはただ、経験の領域においてしか確かな認識
の材料をもちえないことを理解した。また、このことへの理解の不十分さが、いかに適切な世界認識
の建物を建てるべきかについて大きな混乱が生じていたことの理由だったことをも、認識したのであ
る。

しかし、このことでわれわれは一切の世界認識を断念してしまうわけにはいかない。むしろいまや
自分たちの認識の材料についての明確な理解に達したので、われわれは、材料の限界を踏まえた上で
より適切な「設計」のありようを構想しなくてはならない。

そういうわけで、私がここで示そうとする「先験的方法論」とは、「純粋理性の完全な体系の形式
的条件」を規定すること、つまり、正しい世界認識のための「材料」についての吟味ではなく、正し
い「方法」(設計)についての吟味、を意味する。

この考察は、純粋理性の訓練、規準、そして建築術、最後に純粋理性の歴史という順序で進むこと
になる。つけ加えると、これまで一般に学校では、「実用的論理学」を正しい認識の方法論として教
えてきたが、これは見てきたようにきわめて不確かなものでしかありえない。私の先験的方法論はこ

れに代わるものとなりうるだろう。

第一章　純粋理性の訓練

論理的には、われわれはどんな命題も否定することができる。しかし否定的判断の本来の役割は、「誤謬を防ぐということ」にあるはずであって、単なる否定のための否定は無意味なだけでなく滑稽なものとなりうる。たとえば、「アレクサンダーが軍隊をもたなければ、彼の世界征服はありえなかったろう」などという命題がそれだ。

しかし、われわれの認識能力はきわめて制限されているにもかかわらず認識への要求は大きいから、さまざまな認識上の仮象や誤謬がつねに生まれ、それが及ぼす弊害は小さくない。このことを考えれば、否定的判断の論理的な誤謬を防ぐという消極的な役割にも大きな意義があるはずだ。

そこで、たえず正しい規則から逸脱しようとする理性の傾向を抑制するための指導を、私は「訓練」と呼び、ここから考察をはじめたい。この理性の「訓練」は、心的な能力の開発とは違って、あくまで思考や論理の誤った逸脱を抑制するための消極的な訓練を意味する。

まず、理性を経験的に使用する場合には、理性はほとんど間違うことはない。経験的な対象が問題であるかぎり、理性使用はつねに経験的事実によって検証されるからである。また純粋直観をもちいる数学の領域においても、理性はその役割を正しく果たす。

問題なのは、理性が概念だけを扱い、純粋あるいは経験的な直観の吟味をまったく受け入れない場合、つまり見てきたように、理性が先験的に使用されるときである。この場面では、われわれは正しく理性を使用するための（理性が逸脱を行なわないための）、適切な訓練を必要とする。

ここでの「純粋理性の訓練」はこの問題を扱う。この訓練が正しく行なわれるなら、さまざまな論理的な誤謬や詭弁などがいかにそれらしく自らの正当性を主張しても、われわれは容易にその誤りを見抜くことができるだろう。要するに、純粋理性の訓練のねらいは、個々の認識の内容の吟味でなくあくまで認識の方法の吟味ということにある。

第一節　独断的使用における純粋理性の訓練

数学が生み出した輝かしい成功は、理性能力への大きな信頼をもたらした。しかしこのことはまた、哲学の認識方法への数学の適用ということへの過度の信頼をも生じさせることになった（⇒デカルト、スピノザなど）。われわれはこの事態について、数学と哲学の本質的な違いをよく検証してみよう。

私は、まず、哲学的認識は、「概念の論証」による認識であり、これに対して数学は、「概念の構成」による認識である、と言ってみよう。（⇒概念を「構成」するとは、いわば概念を厳密な単位のように扱い、これをレンガを積み上げるように積み上げてゆく、というイメージ。）

概念を構成する、とは、概念に対応する直観をアプリオリに表象することである。たとえば、三角形を考える場合、私は三角形の概念を直観として思い浮かべるか、あるいはこの直観（⇒カントでは数学の概念は純粋直観）に従って、ある具体的な三角形を紙の上に描いてみるかする。

どちらにせよ、私はこれを経験からではなく、概念から「アプリオリに」作り出すわけだ。実際に描かれたものはあくまで個別的な三角形だが、それは私が概念によって構成した普遍的なものとしての「三角形一般」の一例にすぎない。だから、数学は普遍的なものを、特殊的、個別的なものにおいて考察するが、哲学はむしろ特殊なものを普遍化するような思考方法をとる、と言ってよい。

したがって、数学と哲学の大きな違いはその「形式」によるのであって、質料つまり対象の違いによるのではない。数学は量を扱い、哲学は質を扱うと考える人もいるが、それは間違いである。

数学は概念を構成するという形式をもつが、概念が構成しうるのは量だけであるということにすぎない。

逆に「質」は経験的直感によってしか表象されないから、事物のさまざまな質についての認識は、哲学的な概念の綜合の仕事となる。

たとえば、「実在性」といった概念は経験にもとめる以外にはなく、誰もこれを、直線とか点といった純粋な直観として操作し構成することはできない。またたとえば、哲学者に三角形という概念を与え、三角形の内角の和と直角の関係について考えさせるとどうなるだろうか。彼は直線や角度の概念を知り、また三角形が三本の直線や三つの角からなることを知ってはいるが、そこからそれ以上のことを何も取り出すことができない。つまり彼はこの概念を展開するすべをもたないのである。

しかし数学者なら、まずそこから三角形を構成しようとするだろう。さらに彼は、この三角形の任意の一点から直線や平行線を引いたりして、その角度の関係を構成的に見出すだろう。つまり自分のうちの直線や角度などの直観的な概念を頭の中のキャンバスで再構成し、展開して、その諸関係を見て取るわけである。

このことは幾何学でも代数でも基本は変わらない。こういう場面で数学者が行なっていることは、別の言い方をすれば、アプリオリな直観を素材としてこれを綜合的命題へと〝構成〟しているのである。（⇩「直観の公理」で見たように、カントでは、数学はアプリオリな綜合的命題を構成することである。たとえば「7＋5＝12」は、分析的命題ではなく綜合的命題であるとされる。）

要するに、哲学者はただ、直線や角度の概念を論証的に「定義」づけることができるが、それ以上はどこにも進めない。ところが数学者はこれら定義から出発して、それらを構成的に綜合して新しい関係を見出す。こうして、哲学者は概念を「論証的に」使用するが、数学者は概念を「構成的に」使用する。だが、この二種類の概念の使用について、その必然性あるいは根拠をもう少し考察してみよう。

まず、哲学が行なう概念の論証的使用の特質は、およそ経験的に存在するものについて、それが量をもつのか、もつとすればどのくらいか、現実存在であるか否か、実体的なものか、あるいは属性にすぎないか、他のものとの相互関係はどうか、などについて問うところにある（⇩つまり量、質、関係、様態というカテゴリーの枠組みにあわせて、その存在を問う）。

これに対して、数学における概念の構成的使用では、アプリオリな直観を空間的に規定し、時間を分割し、そこから取り出される単位や量の関係を綜合する。このように、数学的な理性認識は直観一般における量や形態の綜合による構成を行なうのである。

この数学的な構成的な理性使用は、きわめて確実で大きな成果を上げるから、一般の人々や数学者たちが、数学の方法のもつこのような確実性を哲学的領域に応用すれば、認識において大きな成果をもたらすはずだと考えるのは自然の理である。しかし見てきたように、この二つの方法では扱う対象が本質的に異なっているためそうはいかない。数学者たちは、この両者の方法の間にある重要な差異を理解せず、そのために彼等もまた、自分たちの領域を超え出ることができると考えてしまうのだ。

こうしてわれわれは、概念の論証的使用と構成的使用の本質的な差異を理解したので、つぎの点をはっきりと確認しておく必要がある。

まず、数学的な方法を哲学的認識に応用しても、本質的にはなんら重要な利益をもたらすことはできないということ。むしろ、数学的方法の特質と限界を明確に認識して両者を混同しないように心がけることのほうが、哲学の思考にとって大事であること。

そういうわけなので、ここで私は、数学における定義、公理、証明という三つの概念を再定義して、その特質を明確に示しておきたいと思う。

(1)「定義」……定義は、さしあたって言えば、あるものの概念を明白かつ十分な仕方で、かつその事物の限界内で明示することである。だからわれわれは、経験的概念には厳密な「定義」を与えることはできず、ただ「解釈」できるだけだと言うのが適切である。経験的概念はつねに本質的な多義性をもつから、これを厳密に一義的に定義することはできないのだ。

たとえば、黄金という概念は、色や堅さ、重さ、比重などについては厳密に示せるが、それが経験的にもつさまざまな側面のすべて（⇒貨幣となる、人間の欲望をかき立てる、などなど）を厳密に示すことはできない。また、「実体」「原因」「正しさ」「公正」といった概念も、経験的には多様な意味と表象（イメージ）を含むので、誰にとっても明白な同一性として定義することはできない。

だからわれわれはこれらの概念を定義することはできず、せいぜいその意味を「解明」できると言うのが妥当である。では自分で任意に作り上げた概念なら一義的に「定義」できるのではないだろうかと考える人もいるかもしれないが、厳密には、それは「定義」とは言えず単にその人の主観的表象にすぎない。

こうして厳密に「定義」される概念とは、アプリオリに構成されるような数学的概念だけだと言うほかはない。ただわれわれは、一般的には「定義」という言葉をもう少し広く使っているので、ここでは、綜合によってその厳密な確実さが生み出される「数学的定義」と、分析的論証によってゆるやかな確実性を作り出す「哲学的定義」という区別をおいておくことにしよう。

もう一度これを整理してみよう。

a　哲学においては、数学のように厳密な仕方で最初に「定義」をおいてはならない（仮定的試みとしてなら許されるが）。あるものの定義の確実さを吟味し論証するところに哲学の本領があるのだから、哲学では「定義」は出発点ではなく、むしろ結論でなければならない。数学では逆に、はじめに「定義」をおくことによってしか、概念の綜合的構成を開始することができない。

b　数学的定義では誤るということはない。数学では、ある概念は定義によってはじめて厳密に与えられるからだ。ただし、概念の形式についてはつぎのような例外もある。

誰かが円周を定義しようとして、「円周とは、その上の一切の点がただ一つの点から等距離にある曲線である」と言うとき、この「曲線」という言葉は不必要であり、したがって十分正確ではない。それはむしろ「およそある線上の一切の点が、ただ一つの点から等距離にあるような線はすべて曲線である」と言いかえられることで、より正確なものとなる。

これに対して、哲学における分析的な定義（哲学的定義）は、さまざまな仕方で誤りうる。すでに述べたように、経験的概念では、絶対的に一義的な定義はできないために、実際には存在しない要素を入れ込んだり、本質的な要素が抜け落ちたりということがいくらでもありうるからだ。

(2)「公理」……数学では、定義として与えられたアプリオリな直観を綜合的に構成することで、「公理」を生み出すことができる。たとえば、「三つの点は、つねに一つの平面の上にある」といった命題が公理である。しかし哲学では、はじめの単純な概念を組み合わせて、新しい「公理」を確実なものとして生み出すことはできない。

たとえば生起や原因という概念それ自体から、「生起するものはすべて原因をもつ」という命題を絶対的に確実なもの（公理）として作り出すことはできない。この命題は、時間的な経験という外的要素に媒介されてはじめて成立しているからだ。哲学の命題は、このような経験的概念の綜合を含むので、数学のようにアプリオリな直観をアプリオリに綜合して、新しい確実性や妥当性を構成することができないのである。

3）「直観的証明」……数学におけるようなアプリオリな直観による必然的な証明は、厳密な確実性をもち、直観的証明と言われる。しかし経験的なものを含む哲学では、このような直観的な証明は成立しえない。

数学では、一つ一つの直観がアプリオリなものだから、誰にとっても確実な同一性をもっている。数学的理性は、この確実な直観的概念をちょうどレンガを積むように「構成」するので、その構成の結果はやはりどこまでも確実な同一性をもつ。だからこの構成のプロセスが適切なものでありさえすれば、厳密な直観的証明が可能となる。代数学と幾何学ではその形式は違うが、実質的にはやはり同じことが言える。

しかし哲学では、はじめの概念にまず厳密な定義を与えることがむずかしいし、これを論証的に分析する際にも経験的なものの多様な要素が入り込むので、そのような厳密な証明を行なうことはできない。だから、哲学的証明はこれを、直観的証明ではなく概念的（論証的）証明と呼ぶべきであろう。

私は、ここまでの議論をより明確にするために、およそ理性が生み出す必然的な綜合的命題を、ドグマ（概念的命題）とマテマ（概念構成的命題）という二つの概念に区分したいと思う。この二つの綜合的命題のうち、前者が哲学的命題であり、後者はアプリオリな直観の構成による数学的命題である。

哲学の論証は、あくまで経験的なものをカテゴリーに従って綜合してゆくものであって、原理的に、数学のような厳密な確実性をもたない。先に「生起するものはすべて原因をもつ」という命題の例で示したとおりである。このような哲学的論証による命題は、数学で使う「定理」といったものとはなりえず、ただ「原則」と呼ぶのが適切である。

こうして、哲学において、数学が行なうような厳密な論証が与えられると考えるのは、大きな越権でありまた傲慢でもあることをはっきりと理解することができる。われわれがすでに見てきたような「純粋理性」の領域、つまり世界の存在や、世界の理想といった先験的な世界認識の領域については、なおさらである。

哲学が数学と自分との方法の本質的違いを理解できなければ大きな錯誤に陥る。哲学が向かうべき道は、むしろ、理性使用による認識領域の区分をはっきりと解明すること、そして、理性の限界について深い理解をもつことによって哲学的認識のより本質的なテーマを取り戻すことにほかならない。

（☆⇓）ここでの主張を、カントは、さまざまな角度から延々と引き延ばして論じているので、一見、きわめて多くのことが言われているように見える。しかし、主張のポイントはかなりシンプルで以下の二点。

数学の論証は厳密な確実性をもちうるが、哲学の論証は、悟性を経験的なものに適用するときだけ一定の確実性をもち、これを超えると蓋然性しかもてない。だから哲学の向かうべき道は、この認識の限界をよく理解することで、むしろ哲学本来の本質的な主題（テーマ）を見出すことつまり実践理性＝道徳の領域を見出すことである。

第二節　論争的使用に関する純粋理性の訓練

純粋理性は、理念の力を借りて経験的可能の領域を逸脱し、世界についての独断的結論にまで達そうとする。しかしこれに対してわれわれは、理性使用についての本質的な「批判」を展開し、その越権を指摘した。理性批判の権能は見てきたようにきわめて大きく、純粋理性はこの「真理を標準とする」批判にあくまで従わねばならない。

しかし、この理性批判の名を借りて、じつはもう一方の「独断論」が純粋理性の主張に対する反対者として現われてくる。この批判は、純粋理性の独断論的な理念の存在の主張に対して、むしろ逆に独断論的な否定論をおくものである。だがこの純粋理性への批判に対しては、純粋理性は一方的に屈服すべきではない。ここにはいわば「人間を標準とする」弁護論がありうるのだ。

私の言う「純粋理性の論争的使用」とは、純粋理性の主張を独断的に否定しようとする議論に対して、これを防御しようとする立場を指す。つまり、世界の全体存在、魂、自由、神の存在といった純粋理性の主張に対する、徹底的に懐疑論的な批判への、そのまた反駁の立場にほかならない。

ここでなにより重要なのは、純粋理性の主張があやしいものであるからと言って、純粋理性の逆の主張が正しいと主張することもできない、ということである。

われわれは先に、純粋理性の「自己矛盾」について論じ、そこに「外見上」の対立が含まれていることを明らかにした。つまり、世界の現象は「絶対的な第一のはじまりをもつ」という命題と、その逆の「絶対的はじまりをもたない」という命題との対立は、いわば「現象」としての世界と「物自体」としての世界を区別できないことから生じた矛盾であるということだった。そして、この区別をはっきりさせれば、第一の命題と第二の命題は、必ずしも絶対的な矛盾とならないことを見てきた(⇒現象の世界としては、絶対的なはじまりは決して確証されえないが、物自体の世界としては絶対的始発点はありうる。)

しかし、だからと言ってまたわれわれは、つぎのような場合にはこの矛盾を見かけのものとして無視するわけにはいかない。

つまり、有神論の主張する「神は存在する」と無神論の「神は存在しない」という対立、また「思惟する魂＝心は、つねに同一であり消滅しない」と、「心は消滅する」といった対立の場合である

（⇒つまり神の存在と霊魂の不滅の問題の対立）。ここでは、対立はいわば絶対的であって、現象と物自体の区別という考えによっては解決しないからである。

たしかに優れた思想家の中に、神の存在や魂の不滅を主張する人は多く存在する。しかし、そのことで純粋理性の主張を確実な真理として認めることができないことは、ここまでの批判的検討によって明らかである。しかしだからといってわれわれは、「神は存在しない」あるいは「魂は消滅する」という反対の考えを、声高に主張できるわけでは決してない。そのような反対論を証明しようとする人は、じつは純粋理性の肯定論が自説を証明しようとして陥ったのとまったく同じ困難にぶつかることになるからである。

この事態を深く理解することでわれわれは、世界を正しく認識したいという理性的（＝理論的）関心と、世界がいかにあるべきかを求める実践的関心とをうまく結びつけるような一つの命題を承認することになる。それは、いわば「事実が疑わしいので、評決を延期する」という裁定、すなわち、右の双方の主張のうちのいずれも決して決定的な正しさを主張しえない、という命題にほかならない。

われわれ人間の思考にとってつねに最高の関心事となってきた対象がある。それはつまり、世界の絶対的存在の謎、自己の魂の存在意味や理由、最高存在の確実性についての謎である。この問題についてわれわれの理性は、その全精力を傾けて確実な証拠をつかもうとしてきたが、しかし決して最終的な確実性に達することはできなかった。これら実践的な主題については、つねに強力な懐疑論的反論が存在するからである。そして、そこにわれわれの理性の実践的関心の大きな不安の源がある。

だが、いまわれわれが確認したことは、諸君は心安んじてこの懐疑的反論者たちに好きに議論させておけばよい、ということだ。彼等がどれほど強力な批判論をおいたとしても、結局のところ、自由や魂や神の存在について、絶対的な否定を証明することもまたできないからである。

このように考えるなら、このわれわれにとってかけがえなく重要なテーマは、根本のところ、事実の認識の問題ではなく「語調」の問題、言いかえればそれを証明できるかどうかではなく、それへの「信仰」をもちうるかどうかという問題にほかならないことが明らかになるはずだ。


ところで、きわめて公正な判断の持ち主であるデヴィド・ヒュームにつぎのような質問をしたら彼はどう答えるだろうか。

「人間の理性が、最高存在の概念とその実在について思考することができるということ、これは人間にとってきわめて有意義な見解であるはずだが、なぜあなたは考えられうるあらゆる反対意見を動員して、この見解を否定しようとするのか。」

おそらくヒュームの答えはこうである。「私は、単に反対のための反対を行なうのではない。むしろ、理性をして自分自身の本性についての深い理解を得させること、これが第一のねらいである。この理性の本性を深く知るほど、人は、自分の主観的な信条によって理性をねじ曲げず、これをより公正な仕方で使用するようになるはずだからである」と。

今度は、ヒュームとは反対に理性の経験的使用の原則を固守しようとするプリーストリに、こう尋ねよう。「われわれの心における自由と不死とは、一切の宗教を支える二つの支柱であるのに、なぜあなたはこれを打ち倒そうとするのか」。

プリーストリ自身は、敬虔かつ熱心な宗教の教師として、こう答えるだろう。「それはひとえに、理性の本性を正しく認識したいという関心による。もしわれわれが心というものを特別扱いにして、これを動かしがたいものとしてある自然法則から切り離して考えるなら、われわれはおよそ理性というものへの信頼を捨てるほかはないだろう」と。

両者の言い分にはそれなりの理があって、宗教的な見地からこれを批判するのは意味のないことだ。道徳的見地から見ても両者ともに立派な人物である。またヒュームが抽象的思弁の領域を投げ捨てなかったのは、彼が自然科学の領域とその外側の領域とをはっきり区別していたからで、これはヒュームの立場からは当然のことだった。

ともあれ、見てきたように、われわれは彼等のような神や魂の不死に対する懐疑的な批判論に対して、いたずらに心を騒がせるべきではない。見てきたように、彼等の批判とて、神や不死に疑問を投げることができるだけで、それが存在しないことを確実に証明できるわけではないからだ。彼等に反撃を加えようとして、理性的な議論をわきまえない人々まで動員しようとすることはかえって愚かな結果に終わるだけである。とは言え、人々が理性におけるこのような重要な問題について大きな議論を提起してきたのは、結局のところ必然的なことだったと言うほかはない。

道徳や自由や神の問題は、われわれにとって重要な関心事ではあるが、これを擁護しようとするあまり、理性の本性をねじ曲げて道徳の根拠をやみくもに強弁したりすることは、無益な計略やごまかしと結びつくことになり、かえって人々の信頼を損なうことになる。われわれは理性の問題を、あくまで理性の本質を深く知るという仕方で誠実に解決すべきであり、このような態度こそ、われわれの実践的関心にとって結局は有意義なのである。

繰り返し確認すれば、純粋理性は可能な経験の領域を超え出て、神や自由の存在や魂の不滅を主張しようとする。しかしそれは絶対的な確証にまで至ることは決してない。だが、まったく同じ理由と根拠で、この主張が完全に否定されるということもありえない。まさしくこのことを、純粋理性の批判の法廷が明らかにしたということ、それが重要なのである。

われわれが神や魂の問題について、それぞれ独断的な意見に分かれて「争い」を繰り返すなら、そこには不安定な平和しか存在しない。われわれが真に理性の本性を理解し、この独断的な対立が生じる本質的な理由を理解したとき、この問題についての対立の無意味が理解され、ほんとうの意味での「平和」が訪れるだろう。

これまで多くの思想家が、二つの陣営に分かれて独断的な意見を主張しあってきた。しかし、このような無益な対立はもはや終焉するに違いない。われわれが見てきたように、純粋理性の批判はどちらの主張も決定的に確証されることは決してありえないことをはっきり教えるからだ。

ちなみに、大学の学生に対して、彼等がよき考えを身につけるまで、神や霊魂の不滅を否認する批判的、懐疑論的主張を読ませるべきでない、といった主張もある。しかしこのような考えは長い目で見れば、有益なものとは言えない。むしろこれとは反対に、彼等に、理性批判の原理をしっかり身につけさせることによって、独断的な考え方に対する正しい批判の目を養うように導くことのほうが賢明な態度である。

都合の悪いところを覆い隠すのではなく、理性批判の本義を深く理解するということこそ、この問題に対する真に有効な対処法なのである。そのときはじめて、われわれの前に、理性の実践的な問題の領域が拓かれる。つまり「認識」の問題としてではなく、むしろ「心意」の問題としてわれわれが神や自由や不死をどう扱うべきかについての新しい展望が拓かれることになるだろう。

自己矛盾に陥った純粋理性を懐疑論によって満足させることの不可能について

あるものについて認識できないという意識（無知の意識）は、それが絶対に不可能でないことが証明されないかぎり、それを知りたいという強い渇望を起こさせる。そしてわれわれの認識上の無知は、大きく言って、個別的な対象の認識上の無知か、あるいは理性の制限や限界についての認識上の無知とに分かれる。この認識の限界や不可能性についての認識が突きつめられていないとき、われわれは、個別的対象の認識について独断論的な判断を行なおうとするし、理性の限界に関してはその本質を捉えることができず、懐疑論的な仕方でそれに向かおうとするのだ。

だが、注意すべきは、あることがらの認識が、必然的に不可能だという明確な認識は、経験的にではなく、われわれの理性の本性についてのアプリオリな認識としてはじめてつかまれうるということである。すなわち、認識の本質的な限界についての認識は、理性そのものの原理的な批判によってのみ可能であり、まさしくその理由でわれわれが行なってきたことは一つの学として成立するのである。

この理性批判の学のありようを、つぎのような例で考えてみよう。

われわれの知覚というものは本性的な限界をもっている。そこで、われわれが地球を大きな皿のような平面だと見なしているうちは、われわれは世界のさまざまな対象を自分の視線の届くかぎりでしか把握できない。経験的には、地球の上をどこまで進んでもその全体を知覚し尽くすことは決してできない、と考えるほかはない。認識の不可能性は、このとき「不定」なものである。

しかしもしわれわれが地球が球形であることを知るなら、この球面の一部から角度を測り、そこから地球の直径を知り、その表面の限界的な広さをわれわれは明確に知ることができる。このときわれわれは、地球の表面にあるすべてのものを認識し尽くすことはできないが、その地球の表面の広さの「限界」については明確な理解をもつことができる。このとき、われわれの認識の不可能性はもはや「不定」のものではなく、明確な限定をもったものとなるのである。

つまり、認識の不可能性を正当な理性批判において把握することができなければ、われわれは、独断論的な認識をでっちあげて無知を補ったり、あるいは、同じく独断的な仕方で懐疑論的な否定によって認識が不完全であることを言いつのることしかできないのだ。理性の本性に対する正しい批判によって、はじめてわれわれは、われわれの認識が必ず一定の不可能性を含むことの本質的理由を認識することができるのである。

デヴィド・ヒュームは、理性の限界についての優れた〝地理学者〟であった。彼が因果性の原理に着目し、この原理は本質的に経験的なものに由来するため主観的な必然性をしかもたない、と喝破《かっぱ》したのはきわめて正しい見解であった。つまり彼が主張したのは、経験的な諸対象に関するかぎり、われわれが作り出す原則や法則はあくまで経験から引き出されたもので、アプリオリな仕方で絶対的な必然性をもっているのではないということである。

しかし、このような認識の批判は、「理性の批判」というよりむしろ「理性の吟味」と言うべきものである。いま見てきたように、これはまだ、われわれの認識の限定性についての「疑惑」の表明にすぎず、理性の限界についての本質的な理解とは言えない。

およそ理性の批判の道程は、その第一歩を「独断論」（認識を捏造すること）からはじめ、第二歩として懐疑論的批判へと進むが、それは最後の第三歩、つまり認識の不可能性についての本質的な理解、「理性の批判」にまでゆきつくべきものである。

われわれの現実認識を支える「カテゴリー」という悟性の概念がアプリオリなものであることをよく理解できない人でも、量や質や関係といった概念の枠組みが認識にとって何の意味ももたないとは言わないだろう。むしろ、この悟性の枠組みの本質が分かれば、理性認識の可能性や限界がよく理解できるようになるということについては、これを認めるに違いない。

理性批判は、世界のさまざまな対象それ自身についての学ではなく、人間の認識の根本的な枠組みについての本質的な学であるから、およそこのような理性と悟性の本性の問題については、必ず答えを見出すことができる。つまり、世界の一切を知ることもその限界の存在を正確に知ることもできないが、理性の限界がどこにあるのか、またなぜ理性がそういう限界をもつのかについては、完全にそれを知り尽くすことができるのだ。それというのも、もともとこの問い自体、理性がその本性に従って提出したものだからである。

それゆえ、懐疑論者の論難は本来、独断論者に向けられるべきものであり、われわれの理性批判の立場に対しては無効なものでしかない。それは独断論の越権をいましめるという点では意義をもつが、理性の限界の本質については、懐疑論自身がまだ不定の無知のうちにとどまっているのである。

ヒュームは懐疑論者としては、おそらく最も聡明で最も優れた哲学者だった。しかし彼は、われわれが行なったようには、悟性と理性の役割を本質的に区分できなかった。このために彼は、一切の認識を経験的なものと考え、したがってそこから引き出せるどんな法則も経験則、つまり主観的な原則を超え出るものではなく、それゆえおよそ必然的に確実な認識というものは存在しないという結論にゆきついた。

たとえば、ヒュームによれば、臘《ろう》は太陽の熱で溶けるが、粘土は太陽の熱でむしろ固くなる。そしてこの因果は、ただ経験だけが教えるのであって、われわれはこれをあらかじめ知ることができない。しかし、これに対してわれわれはこう言うだろう。太陽の熱によって臘が溶ける以上、われわれは、この現象が、太陽の熱と臘の物質との一定の関係に基づく因果の系列として生じているということについては、これをアプリオリに知る、と。

経験がなければ、私は原因から具体的結果を知り、またある結果から具体的原因を知ることはできない。しかしわれわれがこのような現象を、因果関係として捉えるというその仕方はアプリオリである。つまり、われわれがさまざまな現象を因果やその他の関係の法則として捉えるということ自体は、事象の経験的観察からではなく、理性認識のありようそれ自身の考察からアプリオリに知ることができるのだ。

こうしてヒュームの主張の誤り、あるいは不十分な点は明らかであろう。彼は悟性の能力に制限のあることを主張しただけで、その限界線を正しく示したのではなかった。また人間の不定な無知のあり方をよく示唆したが、この無知の本質を解明したわけではない。そのため、彼の主張もまた、懐疑論が必ず受けるしっぺ返し、つまり自分自身の主張の根拠をとことん明確には示せないという困難に陥ることになった。

人間の無知（認識の不可能性）を指摘することと、この事態を解明することの間には本質的な違いがある。認識の不可能性は、必ず一方で「独断論的」認識を生み出す。たしかに、懐疑論はそのゆき過ぎを指摘する。しかし、この両者が争いあうと、いきおい双方の主張は過剰なものとなり、その調停点を見出すことはますます困難になる。認識論における独断論と懐疑論者のこの対立は哲学において長く続いてきた係争だが、この問題の真の解決は、われわれが正しい理性批判の道をとるときにのみ現われるのである。

第三節　仮説に関する純粋理性の訓練

理性の純粋な使用だけでは、事物の客観的存在を認識することはできない。悟性＝カテゴリーを経験にあてはめてはじめて対象の認識ということが可能になる。理性はあくまで推論によって概念の可能性を想定することができるだけだ。このことを、われわれは繰り返し確認してきた。

だがこのことはかえってさまざまな仮説の氾濫を招くことにならないだろうか。確定的な認識だと主張しさえしなければ、誰でもさまざまな「仮説」を立ててよい、ということになるからである。実際は、妥当な仮説というものはそれなりの条件をもっている。どんなことでも想像力を働かせて憶測すればそれも一つの仮説だと言えるわけではなく、少なくともその存在が「可能なもの」であるということが確証されるのでなければならない。そういう場合だけ、それは妥当な仮説と言えるものになる。

見たように、力学的な先験的理念、つまり自由や絶対的な必然者の存在については、われわれはその存在についてなんら確定的なことを言えない。対象が経験的な対象である場合にのみ、われわれはカテゴリーという枠組みを利用してそれを認識できるのだ。

たとえばわれわれは、何か新しい根源的原因や存在、たとえばまったく接触なしに引きつける力（⇒サイコキネシスのような霊的物理力）とか、どこでも自由に通り抜けたり移動できるような物体といったもの、つまり、時間、空間にまったく制約されないような、あるいは自然法則を自由に逸脱するような物体といったものの存在を、みだりに「仮説」として立てることはできない。そういったものは単なる「空想」にすぎない。

さてしかし、純粋理性概念はあくまで理念であるから、それが思い描く対象は客観的対象としては認識できない。しかしこれについての存在仮説は単なる想像の所産だと言うこともできない。たとえば、われわれが心を「単純なもの」として考える（想定する）こと自体は、一つの必然的な理念的想定であって、ありもしない空想＝想像とは言えないのだ。むしろわれわれはこの理念によって、一切の心的能力が必然的に統一をもつということを、さまざまな現象を判定する原理としてもちいることができるのである。

つまり「心が単純で一なる存在である」という理念をもつこと自体は、心が、実体として一なる存在である、という独断論的な主張とは違って、なんら問題がないのだ。ただ、われわれの経験には絶対的に単純なものは決して現われえないのだから、誰も、心が絶対的に単純な存在であるということを実証することはできないというだけである。

与えられた現象を説明するには、われわれは経験的に見出された法則に頼らねばならず、理性の理念を経験的なものの説明原理とすることはできない。自然のさまざまな現象を客観的に説明する先験的な仮説は存在しえないのだ。つまり、自然における秩序と合目的性は、あくまでわれわれの経験から取り出された自然法則に基づいて説明されるほかはない。自然の多様なありようを神的な創造者といった存在によって説明するのは、「怠惰な理性 ignava ratio」のなせるわざである。

しかしわれわれが、自然の原因の系列の絶対的全体性といったことを説明しようとするときには、経験的な観察や法則はなんの手がかりも与えないから、われわれが理性理念をこの問題についての一つの仮説としておくのは妥当なことである。

自然の秩序の整合的な説明が困難になるとわれわれは、つい超越的な仮説（神的存在）に頼ろうとする。しかしこれは、理性の正当な使用を中途で捨て去ることであるし、理性の本来の領域をあいまいにしてしまう。このことでわれわれの自然研究の発展が阻害されることになるのだ。

完全無欠な存在としての世界原因（⇩神の存在）といったものを勝手に前提すれば、なるほど、世界の秩序の合目的性やその壮大さや完全性などはよく説明できるだろう。しかしそれによって今度は、たとえば、なぜ世界に悪や不合理が存在するのか、といったやっかいな疑問が現われることになる。そして、こういった問題に確実に答えることはできないから、われわれはつねにさまざまな説明を捏造して延々と無駄な議論を続けるほかなくなるのである。

人間の心の単純性や不滅という仮説についても同じ事情であって、これについても、心も物質のように大いさや強度を変えるから心の単純性は成立しないではないか、といった疑問や異議が現われることになる。そこでまた、こういった疑問に対して確実とは言えないさまざまな説明を考えざるをえなくなるのだ。

こうして、神の存在や魂の不滅といった理念は、これを、客観的な事実として証明することは決してできない。ただ重要なのは、すでに見たように、われわれはこの理念（⇒神の存在、魂の不滅など）を、それは絶対的にありえないという否定論に対して弁護することはできる、ということだ。私はこの擁護論を、純粋理性の独断的使用ではなく論理的使用と呼びたい。

繰り返すと、われわれの理性は、神の存在や魂の不滅についてこれを絶対的な確実性として証明することはできない。だが、まったく同じ理屈によって、われわれはこれを絶対的な確実性として否定することもできない。これまでこの両極の主張の議論対立が長く存在してきたのも、まさしくこの理由による。

私がここで強調したいのは、神の存在や魂の不滅を実証することはできないが、しかしその完全な否定も不可能であることを本質的な仕方で明らかにすることは、とくに、理性の実践的使用の見地からきわめて大きな意味があるということだ。

理性の実践的関心という観点からは、純粋理性は、神の存在や魂の不滅という理念のいわばもとの所有権者であって、いわばそこに〝地の利〟があると言ってよい。というのは、この係争の法廷では、そのような理念をもつことに異議をとなえる者のほうが、自らその不当性を証明しなくてはならないからであり、しかしそれは原理的に不可能だからである。

なるほど懐疑論者は、そのような理念の現実存在が証明できないことを強力な論拠によって主張する。しかし、これに対して理念の所有者のほうも、懐疑論者に対して、まさしく君が用いる同じ論拠によって神や不滅の霊魂の絶対的な非存在を証明することはできない、と反駁することができるのだ。つまり、ここで理性の理念は、自分の権利を新たな証明によって確立する必要はなく、むしろ相手の主張をそのまま投げ返すことで、その可能性を弁護することができるのである。

しかし、もう一つ注意すべきことがある。純粋理性が思弁的に使用されるときわめて弁証的なものとなるので、それ自体が、さまざまな詭弁論や相対論を生む土壌となる、ということである。理性の純粋な使用が生み出す弁証的な反対論（⇒懐疑論や相対論）はきわめて強力なものであり、だからこそこの議論の対立は哲学の歴史を通して延々と続いてきた。そうであるがゆえにわれわれは、この反対論の根拠を十分に捉え、その萌芽をここでしっかりとつみとってしまう必要があるのだ。

否、それがまだ萌芽であるときには、むしろこちら側からその反対論の論拠を十分に展開した上で、その不可能性を本質的な仕方で示すという方法を用いてでも、これらの議論を根絶したほうがよいのである。

たとえば、われわれが、心と身体とはまったく異なった自立的な本質をもつ存在だと主張すると、経験論者は、われわれの心的能力の沈滞や高揚もじつは生理器官の変容の因果に結びつけられている、と反論するだろう。しかしこの場合、われわれは、たしかにそこには関係があると認めてよいが、しかし身体は思惟の根本原因ではなく思惟を制限する条件にすぎないのだ、と反駁することができる。

つまり、心の働きが身体という条件に依存しているということは、ただちに、心のうちに生じることの一切が身体的要素に還元されるということを意味しない。このことをどんな経験論者も証明することはできないからである。

また、さらにわれわれは、どんな生き物もその出生は偶然的なものだから、およそ生命の永遠性ということ自体が偶然的である、といった反対論に出あうだろう。しかしこれに対してもつぎのような先験的仮説を提示することができる。

個々の生命はたしかに偶然的に生滅する。しかしこの世においてわれわれが経験する個体の誕生や死は、あくまでわれわれにとって現われ出ている現象にすぎない。およそ生命それ自体は「可想的なもの」であり、ある出生によってはじまり、ある死滅によって消滅するものではないと考えることは可能であると。

このような仮説は、もちろん、実証されるものではなく、相手の反対論に対するいわば対抗概念にすぎない。しかしこの仮説設定の手続きはあくまで合法的であり妥当である。というのは、相手側がわれわれの主張が経験的に実証されないことをその不可能の根拠として主張しようとしたので、われわれのほうは、相手側の否定の主張も経験領域を超えた独断論にほかならないことを示すことで、これに反駁しているだけだからである。

こうして、理性理念における神の存在や魂（生命）の不滅の仮説は、たしかに一つの蓋然的判断にすぎず客観的に確証できるものではない。しかし神や魂に対する懐疑論的な否定論（⇒神や不滅の霊魂や自由は決して存在しないという説）を反駁する上で、この理念は欠くことのできない有意義性をもつのである。

第四節　理性の証明に関する純粋理性の訓練

純粋理念の先験的かつ綜合的命題（魂の不滅や神の存在証明）を本気で証明しようとすれば、特別な条件が必要である。概念が妥当な仕方で綜合されるだけでなく、その存在の〝客観的実在性〟が証明されなくてはならない。

しかし何度も繰り返すが、純粋理念の命題を確保しようとするなら理性は経験の限界を超え出なければならず、このことはそもそも不可能である。この場合には、数学のように空間についてのアプリオリな直観を手引きとして綜合的命題を導くだけでは済まないからだ。

哲学的な「充足理由」の証明（あらゆるものは存在理由をもつ）の命題を、アプリオリに証明しようとするどんな試みも成功しなかった理由はそこにある。そのため人々は、このような命題については独断的な証明より、むしろ当たり前に常識に頼るのがよい、と言い出したりする。

また、「思惟する実体」（心）の単純性を、われわれの統覚がつねに統一的であるということから証明しようとする試みがあるが、これもやはり確実なものとは言えない。というのは、「心」の絶対的な単純性は、われわれの知覚経験から導かれるようなものではなく、純粋に理念として推論されねばならないからだ。どんな思惟の意識も、経験的にはそれ自体として単純であるとは言えるが、そこから、意識＝思惟が、それ自体独立した一つの単純な実在的存在であるという推論を直接に導くことはできないのだ。

たとえば、私が運動するとき、私は自分の「身体」を運動する一つの単純な統一体、あるいは一つの点のようなものとして表象する。この場合には、身体の大きさや各部分といったものは意識されない。しかしだからと言って、身体は単純な実体であると言うことができないことは明らかである。

思惟の中でつかまれた運動する「身体」という私の表象と、実体としての私の「身体」は、同じものではない。後者は、実体としては、複雑な要素を含んだ構成体だからである。ここにも典型的な「誤謬推理」の実例がある。

しかし大事なのは、このような典型的な「誤謬推理」を防ぐためには、純粋理念の綜合的命題を証明する上で何が必須条件であるのかについての明確な指標をもたなければならない、ということだ。つまり、理性の推論がどのような条件（制限）の中でなら、その正当性を保ちうるかについて、の明瞭な指標をもたねばならないのである。それを整理すると以下になる。

第一の点は、このような先験的理念の命題について、厳密な意味での「証明」ということが成り立つためにはどのような原則が必要か、またこの原則はどのような権利で根拠づけられるのか、を確定しておくこと。つまり、ここでは悟性による経験的証明は役に立たないこと、したがってこの種の「証明」の哲学的根拠をまず確定しておく必要があること。

第二の規則は、およそ先験的命題の証明というものは、複数ありうるものではなく、ただ一つしか見出されないということ。

何度も確認したが、数学や自然科学の証明は、アプリオリな直観あるいは経験的直観が、綜合的判断の客観性を保証する。だから一つの綜合的命題は、唯一の道をたどる必要はなく、いろんな場面から綜合的に取り出すことができる（⇒三角形の内角の和が二直角に等しいことの証明にはいくつもの方法がある）。しかしたとえば「魂は単純である」といった先験的命題は、ただ一つの概念を規定するものだから証明根拠もただ一つしかない。

たとえば、われわれはすでに「生起するものはすべてその原因をもつ」という命題を、あらゆる出来事は時間形式のうちにあるという根本条件から導いたのだが、このような命題はこれ以外の証明根拠をもたない。この命題を、偶然性の概念によって証明することもできるように見えるが、この証明も結局は同じ根拠に帰着する。

こうして、仮に、「心はすべて単純である」といった先験的命題が証明されうるとすれば、その証明は、思惟の多様性といったことではなく、「私」の単純性という場面から導かれるほかはない。また、「神は実在する」という命題についても同じで、その証明は、神が絶対的に必然的な存在であるということと、神は最も実在的な存在者であるということとが必然的なものとして結びつけられる、という道をとるしかない。もちろんこの方法によっても、結局のところ、二つの先験的命題の厳密な証明は不可能だったのであるが。

こうして、先験的命題の証明が一つの道しかもたない、という原則は、独断論者が先験的命題を複数の証明を使って強弁しようとする場合、そのまやかしに対するきわめて強力な反駁の手段となるのである。

第三の規則は以下である。先験的命題の証明は、間接的証明であってはならず、直接的証明でなければならない、ということ。

間接的証明は、なるほど命題の真実性（ほんとうらしさ）を高めることはできるが、その真実性の絶対的な根拠を示すことができない。だが、それはしばしばわれわれの表象に働きかけることによって、ことがらの直観的な明証性を作り出すため、学的な論証においてよく多用されている。しかしこれは、認識の帰結の真実性から認識の正しさを推論するものにすぎず、とうてい厳密なものとは言えない。

このような間接的証明法、既知の帰結から未知の理由や原因を推論する証明は、主観的なものと客観的なものとが混同されえないような場合では有効だが、たいていの場合、たとえば先に見たように、「私についての表象」から「私という存在の客観性」の導出が容易に行なわれるという場合のように、まったく蓋然的な証明でしかありえない。

数学においては、このような〝すり替え〟ははじめから不可能である。また自然科学ではこのようなすり替えの余地はあっても、たいていの場合、その証明は多くの観察によって検証され淘汰されてゆくので、このような証明法は重要な位置をもちえない。しかし、純粋理性の先験的証明では、まさしくこういった、論理的な間接的証明によって命題の真実性を証明したと考えるようなすり替えがしばしば横行するのである。

要するに、先験的な綜合的命題（神の存在や魂の単純性）においては、人は、しばしばこういった直接的証明や帰謬論を用いて反対の主張を論駁し、そのことでもう一方の主張を正当化しようとする。しかし、これはまったく無効な証明であると言わねばならない。

（☆⇓）ここはカントが自分のアンチノミーの議論が、帰謬論、背理法的な議論であることをよく自覚していることを示している。アンチノミーにおける双方の議論は、まず「世界は時間的はじまりをもたない」と仮定し、つぎにこの仮定が成り立たないことを示そうとしていた。相手の議論が成り立たないことはその反対理論の正しさの証明にはならないが、帰謬論はつねにそのような仕方で自己の〝正しさ〟を論証しようとする。

帰謬論が示すことができるのは、結局のところ、一方の反駁によって他方の主張の論理矛盾が露わになるか、それとも、双方ともが対象についてそもそも不可能な概念を主張しているということかのいずれかでしかない。はじめの場合、相手の論理矛盾をついたといって、それだけでは相手の主張を完全に否定することにはならない。ましてや自分の正しさの証明にもまったくならない。第二の場合は、「無はいかなる性質ももたない」と言うほかはない。つまり、どちらにつこうが対象の客観存在を証明できないのだから、対象についての肯定的主張も否定的主張も無意味なのである。

たとえば、「感覚世界それ自体が一つの全体として与えられているならば、感覚世界は空間的に無限であるか、それとも有限であるかのどちらかである」、と言うとき、そもそも「感覚世界それ自体が一つの全体として与えられているならば」という仮定自体が間違っている場合には（というのは、それは物自体としてなら可能だが、感覚世界＝現象界が全体として与えられている、ということはありえない）、「どちらかである」という答えも成り立たないのだ。

これらのことはもう何度も繰り返し確認してきたことだ。間接的証明法、つまりここでは帰謬論的な議論は、先験的命題において相手の推論の不備をつくけれど、そのことで相手の主張を絶対的に否定することもできず、また自分の先験的命題の証明を行なうことも決してできない。そのことを、ここではっきり確認しておこう。

第二章　純粋理性の規準

われわれが確認してきたことは、純粋理性の使用が、先験的理念について、なんら積極的な認識をもたらすことができないというだけでなく、しばしば誤った推論を生み出すために、この迷路に陥らないために理性使用についての制限的な訓練を必要とする、ということだった。つまり、純粋理性の哲学の大きな効用は、認識を拡張して真理をつかむための「オルガノン」（道具）としての役割を果たすということにはなく、その逸脱を抑えて推論上の誤謬を防ぐという消極的なものである。

しかし純粋理性は、このような役割のほかに、理性が努力し追求し続けてきたある重要な目的についての認識を助けるような役割をも担っている。もしそうでなければ、いったいわれわれが経験の限界を超え出て、世界についての根本的な認識をつかもうとする欲求は、そもそもまったく無意味なものということになるだろう。

すなわち、人々が長いあいだ世界の根本的認識を試みてきたことのうちには、生に対するわれわれの重要な関心事が潜んでいるのである。われわれは理性の思弁的使用によってこの重要な関心事に迫ろうとして失敗してきたのだが、いまや「理性の実践的使用」という道をたどることで、その目標に近づくことができるのである。

私がここで言う「規準」（カノン）とは、理性の認識能力を正しい仕方で使用するための規準である。たとえば、一般論理学も、悟性と理性を正しく使用するための規準を作り出していたわけだが、それはあくまで形式的な正しさを保証するものにすぎなかった。

ここでわれわれにとって重要なのは、先験的分析論（⇒カテゴリーと判断力の諸原則）が、純粋悟性概念（カテゴリー）の使用のための規準だということである。しかし、この規準は、あくまで、悟性が経験的な対象を正しく認識するための規準だから、経験的対象をもたない理性の思弁的使用、つまり「神の存在」や「魂の不滅」といった推論にとっては無意味であり、これらの問題については正しい認識のための「規準」は存在しないということになる。

そういうわけで、「神」や「魂」といった問題の領域において、純粋理性の正しい使用とその「規準」というものがあるとすれば、それは理性の「思弁的使用」においては不可能である。私としては、しかしそれは、理性の「実践的使用」において可能なものとなると言いたい。以後、この問題を考察してみよう。

第一節　われわれの理性の純粋使用の究極目的について

純粋理性の思弁的使用が本性的にもつ限界について、繰り返し確認してきた。ここでは私は、むしろ、この純粋理性の思弁的使用の本来の動機、つまり純粋理性の究極目的とも言えるもの、その真の課題がはたして何であるのかについて、考えてみたい。すでに示唆したように、それは人間理性の実践的関心にかかわるものである。

思弁的理性が正しく認識しようとしたのは、意志の自由、霊魂の不滅、そして神の存在という三つのことがらだった。ただし、思弁的理性がこの三つのことがらを探究する場合においても、じつはそれは理性の「思弁的関心」に大きな動機をもつのではない。そのわけは以下である。

まず、仮に意志が本質的に自由であるとしても、思弁的関心からは、人間の意志の自由は、ほかの自然現象と同じく「一定不変の自然法則」に従って説明されねばならない。つぎに、心が自然とは違ったそれ自体の精神原理として存在するのだとしても、このことはこの世の自然現象や、あるいはあの世の世界についてのより深い認識をわれわれにもたらすわけではない。

さらに、仮に神の存在が証明されたとしても、それによってわれわれは、この世界の秩序が見事な合目的性をもっていた理由を理解するが、かといって、自然の秩序のより詳しい細目やメカニズムについていままで以上に広い認識をもてるわけでもない。より高度な自然認識については、これまでと同じく、経験的データが徐々に蓄積されることによってしか認識は拡大されないのである。

こうして、右の三つの目標は、この世界を正しく認識するという思弁的理性の関心にとって、実質的な意味をもたないものであって、この意味では、思弁理性はいわば無駄な努力をしているのである。だが、なぜこのような無駄な目標を、思弁理性は懸命に求めてきたのか。その根本の理由は、じつはわれわれの理性の実践的関心が、これらの問題についての認識をうながしているからなのである。

実践的な関心とは、われわれの「自由」な意志、つまり「かくありたい」「かくあるべき」という自由意志にかかわる。

われわれの自由意志は、「経験的なもの」としては、ふつう「幸福」という目標に結びつけられ、理性は「幸福」をつかむためには何が求められるべきかといった仕方で（「統整的」に）使用される。しかし、理性が「純粋」に、実践的な法則（道徳的行為の原則）を捉えるために使用されるなら、それは「何々を得るためには、何が意志されるべきか」という経験的な規準ではなく、いわば「かくかくなすべし」というアプリオリな絶対的命題が導かれねばならない。そしてこれが、「道徳法則」と呼ばれるものである。（⇩『実践理性批判』でそれは、「君の意志の格律が、つねに同時に普遍的立法の原理として妥当するように行為せよ」と定式化される。）

これが私の言う、理性の実践的関心ということである。そして思弁理性が大きな目標としていた三つの課題は、じつはすべてこの実践的関心に深くかかわっているのである。

いまやその真の動機をつぎのように表現することができる。すなわち、『**もし意志が自由であり、神と来世**（⇩魂の不滅）**が存在するならば、われわれは何をなすべきであるか。**』nämlich, was zu

tun sei, wenn der Wille frei, wenn ein Gott und eine künftige Welt ist.（829）と。
こうして、私はここでは「自由」（自由意志）という言葉を、これまで見てきたような思弁的な意味ではなく、もっぱら「実践的」な意味で用いる。

動物的な意志は、本性的に「感性的衝動」である。これに対して、人間の意志は、感性的衝動から自立的な、つまり理性の指示にのみ従う「自由意志」である。この自由意志に基づく意志が「実践的自由」と呼ばれる。つまりそれは、人間に固有の「自由」（意志）のあり方である。

人間の自由意志は、感性的な衝動（感官を触発するもの）によって直接に規定されるものではない。それはいわば、自分の存在全体にとって何が「有利であり有益」かについての、理性の考慮に基づく意志（かくなそう）である。そしてこのような実践的理性のありようは、一つの法則に、つまり先に述べた「道徳法則」に定式化される。

この法則は、「ものごとはかくある」ではなくて、「ものごとはかくあるべし」という定言命法（命令文）の形をとる。つまり実践的法則の形をとる。（⇒カントでは、人が感性的衝動におされた結果としてもつ意志「かくなそう」は、いわばあくまで自然法則の系列のうちにあるにすぎず、実践的法則として現われたものではない。）

われわれはなにより、この自然法則と道徳法則（実践的法則）との差異をよく理解しなければならない。つまり、われわれの実践的な自由というものも、じつは意志自身それに先立つ自然の因果系列から現われたもので、結局のところは自然法則に従うのではないか、という疑問もありうるが、この疑問をわれわれは度外視してよい。実践的自由とは、感性的衝動（自然性）によって規定されるものではなく、純粋に理性によってのみ規定される意志のあり方だからだ。

この意味で、実践的自由は自然原因からの「自由」を意味する。はたして絶対的原因としての「自由」が存在するのか否かという「先験的自由」の問題は、われわれが理性の実践的使用について考えるときには、右に述べた理由でこれを度外視することができるのだ。したがって、純粋理性の「規準」という問題に立ち戻って考えれば、「実践的な関心」としてわれわれに残されたテーマはつぎの二つである。

第一に、神は存在するか、第二に、来世は存在するか（魂は不死か）。

これについてさらに考察してみよう。

第二節　純粋理性の究極目的の規定根拠としての最高善の理想について

ここまで見てきたように、理性はその思弁的使用においては、自らが求める完全な世界認識に達することができなかった。しかしここでわれわれは、理性の実践的使用の可能性について考えてみなければならない。

さて、理性の一切の関心をつぎの三つの問いにまとめることができる。
（1）私は何を知りうるか（純粋理性の問い）
（2）私は何をなすべきか（実践理性の問い）
（3）私は何を希望することが許されるか（判断力の問い）

第一の問いは、ここまで見てきたような世界についての純粋な認識の問いである。厳密に吟味してきたように、純粋理性はその限界をもっており、純粋理性の思弁的使用によっては、先に挙げた「神は存在するか」と「来世は存在するか」といった問いには、決して答えられないことが明らかになっていた。

第二の問いは、道徳の問いであるが、これも理性の思弁的使用によっては答えることができず、ただその実践的使用にのみかかわる問題である。

第三の問いは、これを、「私がなすべきことをしたなら、私は何を希望することが許されるか」と言いなおすことができる。

（☆⇓）道徳的行為をすることで、私は何を希望してよいか。これをさらに言いかえれば、道徳的行為は「何に値するか」。さらに言えば、もし全能の神が存在するなら、道徳的行為はどう評価されるのか、という問いになる。

これらは実践的問題であるとともに、じつは理論的問題でもある。（⇓この言い方はこれまでの文脈からは分かりにくい。おそらく、善悪の問題は、いかに善を定義できるかという点では理論的問題だが、それをどう評価するかという点では実践的、ということであろう。）この場合、理論的な側面の考察と実践的側面の考察は、互いに相手を支え強化しあうことになるだろう。

一般的に言えば、およそわれわれが希望するもの（望むもの）は、「幸福」である。このとき、希望と実践的法則との関係は、ちょうど自然の知識と事物の理論的認識との関係に似ている。われわれの認識は「何かあるものが生起する以上、ある第一原因が存在するはずだ」と推論する。同様に、われわれの「希望」は、「何かが実現して欲しいが、だとすればそれを可能にしてくれる「何か」(=神)があるはずだ」と推論するのである。

幸福についてさらに考えてみよう。幸福とは、一般的には、われわれの傾向性(⇒感性的欲望や欲求)をできるかぎり深く、長く満足させることである。この意味での「幸福を求める」ための原則を、私は「実用的法則」(処世の規則)と呼ぼう。つまり、「幸福」であるためには何をなせばよいか、についての原則である。

これに対して、「幸福に値することを求める」ための原則(法則)を、われわれは「道徳的法則」と呼んでよい。こちらは「幸福に値する」(立派な人間である)ために何をなすべきか、についての原則(法則)である。

第一の原則は、基本的に経験的なものだ。なぜなら、何がわれわれの感性にとって「快」=「幸福」であるかは、経験によってしか分からないからだ。これに対して、第二の原則(法則)を取り出すために、われわれは経験を必要としない。あくまで理論的かつアプリオリにこれを考察することができる。

右のことから、私はつぎのように言ってみたい。感性的な幸福を得るための法則ではなくて、「幸福に値する」ための法則は、絶対的かつ必然的なものである。したがってそれは、仮言的ではなく定言的な命法(命令法)の形をとる、と。

(☆⇒)つまり、「幸福たろうとするなら、これこれをなせ」という仮定法ではなく、定言的な命令文、「かくかくのことをなせ」、という法則になる。『実践理性批判』では、**『君の意志の格律が、常に同時に普遍的立法の原理として妥当するように行為せよ』** Handle so, daß die Maxime deines Willens jederzeit zugleich als Prinzip einer allgemeinen Gesetzgebung gelten könne. という形で言われる。

道徳的命法は仮言的命法ではなく定言命法だというカントの説は、前者（実用的法則）が経験的に取り出されるのに対して、後者（道徳的法則）はアプリオリに取り出される、という点を強調するための言い方である。しかし、道徳的法則に「幸福に値するためには」という前提と要請が含まれているという点では、道徳的法則も「幸福に値するためには、かくかくのことをなせ」という仮言的命法の側面をもつと言えなくはない。

この意味で、純粋理性は、その実践的使用において、むしろ人間の経験的行為を促し可能にするような原理（道徳的原理）を含んでいると言える。世界があらゆる点でこの道徳法則にかなっているとすれば（⇒もし世界のすべての人間が理性的存在であって、自らの道徳的自由に従うなら）、私はそのような世界を「道徳的世界」と名づけたい。

もちろんこれは、あくまで一つの「実践的理念」である。しかしこの実践的理念は、人間の感性にも現実的な影響を与えるべきであるし、また与えうるものと考えられる。そしてこのかぎりで、「道徳的世界」という理念は「客観的実在性」をもつと言えるはずだ。（⇒世界が道徳的である、ということの考えは、一つの〝かくあるべき〟「理想」である。しかしこの「理想」は、現実の世界に影響を及ぼしうる可能性がある、そのかぎりでそれは〝リアルなもの〟と言えるはずだ、というのがカントの言い分である。）

さて、こうして先に挙げた第二の問い「私は何をなすべきか」に対する答えは、こうなる。「幸福を受けるに値するように行為せよ」。では最後の「私は何を希望することが許されるか」という問いについてはどうだろうか。これについてはつぎのように言えばよい。「人は自分自身を幸福に値するように行為するかぎり、幸福を望みうる理由をもつ」、と。（⇒カントの意にそって言いかえれば、「道徳的に生きる人は、幸福になる正当な理由＝権利をもっている」。）

したがって、純粋理性の理念としては、道徳の原理と幸福の原理は統一されうるものである。つまり、すべての人が自分を道徳的に律して生き、そのことによってすべての人が幸福になる、という理想状態、つまり「道徳的世界」の理念が示されうる。

ところで、道徳法則は万人に「道徳的行為」をなすことを責務として与えるが、しかし実際には、すべての人がそのように行為するという保証はどこにもない。このことはまた、現実には、人々にとって道徳的行為をなすことが必ずしも「幸福」につながるとはかぎらない、ということでもある。そこで、いま述べた「道徳的世界」の理念は、もし人間に道徳性を求める「最高存在」（⇒神）が同時に究極の自然原因としてこの世に存在しているならば、という想定においてのみ可能なものとなるであろう。

私は、この想定、つまり自然の究極原因でもある「最高の叡智者」が完全な道徳的意志と幸福の状態とを配慮して存在しているという世界の理念を、「最高善の理想」と名づけたい。（⇒『**私は、道徳的に完全な意志と最高の至福とが結びつく形で、世界における一切の幸福の原因として存在しているような叡智者の理念を、それが道徳性〈幸福となるに値すること〉の概念と正しく対応しているかぎりで、「最高善」の理念と呼ぼう。**』（838））

また、この「最高善」の理念から言えば、このような完全な道徳と幸福の一致という「可想界」は、この世界にただちに実現することはありえないから、われわれはそれを「来世」（魂の不滅）における可能性として想定せざるをえない（⇒個々の人間は死んでしまうので）。したがって、道徳的世界の理念からは、「神」と「来世」という二つの概念は切り離しえない二つの前提となる。

こうしてつぎのように言える。われわれの理性は、もしこのような最高存在と来世の可想界を想定しなければ、道徳的法則をまったく無価値なもの、無意味なものと考えざるをえない。あるいは逆に、道徳というものをわれわれにとって意味あるものと考えるかぎり、「神」と「来世」という想定は、人間の理性にとって〝必然的〟なものである、と。

だからこそわれわれは、道徳的な行為をわれわれにとっての一つの「命令」だと見なすし、またそれが「命令」であるかぎり、そこには一定の「威嚇」と「約束」が含意されていると考えられるのである。

ライプニッツは、最高善を配慮する神と、そのもとに人間が完全な道徳的存在として生きる世界を「恩寵の国」と呼び、「自然の国」と区別した。これを受けて言えば、われわれは「恩寵の国」に住んでいるという自覚こそ、実践的理性にとって必然的な理念なのである。

道徳的行為を「道徳的法則」に従って行なうとは、われわれがそれを自由な意志において、つまり自らの「格律（マキシム）」として行なうということである。そしてこのことはわれわれが自分の道徳的行為を、先に述べた「最高善」の理念に結びつけているということでもある。もし神や来世が存在しなければ、人間の道徳性が幸福に値するということ自体が無意味だからである。

われわれは人が幸福になるということだけでは、それを「善」と見なすことはできない。幸福に値する者が幸福であること、このような状態がわれわれにとって善と見なされるのだ。あるいは、道徳的な人間が単に幸福に値するだけでなく実際に幸福になること、これが「完全な善」という理念にとって必要なことである。

ただし、この場合、幸福になりたいという動機が道徳性に先行するのではなく、あくまで道徳的たろうとする意志が先行するのでなければこの理念の意味は消えてしまう。そのような心意はすでに道徳的なものとは言えないからだ。真に道徳的な者が幸福に値し、実際にも幸福であること、このような世界は「可想界」だが、その可能性の原理をわれわれは「最高善」の理念のうちに見出すのである。

さて、いま述べたような神の存在についての考察を「道徳神学」と呼ぶことができるが、道徳神学は思弁的神学に対して大きな優位をもっている。それは、思弁神学では、「神」の存在についてまったく何一つ規定することができなかったのに対して、道徳神学では、必然的に、唯一の完全無欠な理性的、根源的存在者としての「神」といった観念をはっきりと導く、という点である。

このような神の存在性格は、道徳の実践的な理念からのみ導かれるものであって、単なる自然や世界の究極原因としての神という概念からは、まったく導くことができない。神はまさしく道徳的理念から見て、全能なる最高意志であり、また全知かつ永遠の存在でなければならない。もしそうでなければ、神は道徳界と自然界を統一する存在ではなくなり、人間の道徳的心意と価値を知ることもできず、最高善の理想を実現することもできない存在というほかないからである。

こうして、「叡智者」の世界における目的の体系は、最高善という理念において実践理性と思弁的理性とを統一するものとなる。また、一切の自然研究の存在は、この最高善の理念に基づいて「目的の体系」という形をとり、自然神学へと向かう。だがまた、自然神学は、自らがよって立つその理念的根拠を自覚するとき、はじめて先験的神学に達することになるだろう。

世界の最高目的は、道徳性の目的にほかならないが、これについて考察することができるのは悟性ではなく理性だけなのである。

だが、すでに述べたような道徳の最高目的をわれわれがよく認識したとしても、もし自然と道徳との合目的的統一が存在しないのであれば、じつはわれわれは自然の合目的性を認識することもできないし、理性を訓練したり、開発することもできない。しかし繰り返し述べたように、道徳の合目的的統一が必然であるように、自然の合目的的統一も必然的なのである。

理性の歴史において、人間は、はじめは素朴だった道徳の概念を徐々に純化しつつ自然の知識を展開し、いまやキリスト教における神の存在の明瞭な観念をつかむところまで来た。われわれはこの「神」の概念を受け入れてきたが、それはまさしく、思弁的理性が見出したこの「神」の概念が、われわれの道徳的原理と矛盾しないからなのである。だから、思弁的理性がたどろうとして果たせなかった世界の完全な認識という課題を受け継ぎ、ここから理性の本質的目的についての認識、つまり「最高善」の理念を導いたのは、なにより実践理性の功績であることが分かる。

しかし、実践理性が「最高善」の概念にまで達したからといって、これを直接的な対象認識のように考えて、ここから「道徳法則」を演繹するといった過ちを犯してはならない。見てきたように、われわれは、あくまで「道徳法則」から出発し、その実践的な内的必然性として「最高叡智者」の存在を導き出したのである。

あるいはこう言ってもよい。われわれが道徳的行為を自分に課せられた「責務」と見なすのは、道徳的行為が事実として神の命令だからではなく、むしろ道徳の本質についての認識がこれを「責務」として示すために、これを「神の命令であるかのように」見なすのである、と。

こうして、「道徳神学」は、この世におけるわれわれの使命を「内在的に」果たすためにのみ、可能なものとなる。われわれは、なによりもまず「道徳法則」が理性に示す責務に従うべきなのであり、これを「最高存在者」の絶対命令として遵守《じゅんしゅ》するのであってはならない。そのような考えは、ちょうど理性の思弁的使用が、認識の正当な限界を超え出るのと同じく、道徳神学のいわば「超越的使用」であって、結局のところ理性の究極目的を挫折させることになるだろう。

第三節　臆見、知識および信について

誰でも自分の「意見」というものをもつが、それが誰にも例外なく妥当するなら、その根拠は客観的なものと言え、このような意見は「確信」と呼ばれる。しかしその客観的な妥当性があやしい場合には、この意見は単にその人が「自信」をもっているだけのものである。だが、「自信」は、単なる主観的な思いなしにすぎず、その人にとっての妥当性しかもたない。

そもそも「真実（真理）」とは、客観との一致を根拠とする。だから、およそ悟性の判断、つまり事物の存在についての認識は、認識と客観との一致ということが前提になる。そこで、ある「意見」が根拠をもった「確信」なのか、単なる「自信」（＝自己信念）なのかは、一般的には、その意見が他

のすべての人々にとっても妥当するようなものかどうかにかかっている。だからわれわれは、ある意見の正しさ（客観性）を判定するのに、他の大勢の人々の意見と比べてみるのである。

ともあれ、人は、はっきり「確信」となること、つまり認識と客観との一致を見出しうるようなことがら以外を、正しい考えとして人に押しつけてはならないのだ。

ここで簡単な整理を行なうと、およそ意見は、「臆見《おっけん》（思いなし）」、「信」、そして「知識（認識）」に分けられる。「臆見」は、主観的にも客観的にもあやしさのあるもの、「信」は、主観的には確信されているが、客観的には疑いが残るもの。そして「知識」は主観的にも客観的にも確実なものである。

われわれが何か対象の事実や客観性について考えを言うとき、それなりの根拠となるものをまったくもたないで、自分の「臆見」を言い立てるといったことはすべきでない。それは知識や認識とは無関係な主観のうちの単なる空想的な戯れにすぎない。とくに、純粋理性のアプリオリな判断においては、臆見を立てることは許されない。たとえば、数学における判断では、判断の結合の必然性や絶対性を探さねばならないのだから、臆見はここではまったく役にも立たない。

いま述べたことは、道徳の領域についてもそのままあてはまる。われわれは、道徳的には、何かが許されているはずだという「臆見」によって行為してはならず、何が許されているかを確実な認識として知った上で行為しなければならない。

しかし、理性の先験的使用、世界の絶対的全体や神の存在を知るといった「理性の先験的使用」という場面では「臆見」が過少にすぎることはいうまでもないが、「知識」（思弁的認識）によってもこれを正しく捉えることはできない。見てきたように、道徳法則については、単なる思弁的認識によってはこれを適切に知ることはできないのだ。だが実践的な問題についてはまた話が違ってくる、思弁的理性では歯が立たなくとも、われわれは実践的理性においてそれを「信」の形でつかむことができるのである。

ここで実践的問題を大きく区分すれば、第一にさまざまなことがらについての（実用上の）「熟練」と、第二に「道徳性」の問題、つまり道徳的な「何をなすべきか」の問題とに分かれる。ただし、前者は、いわばわれわれにとっての偶然的な目的だが、後者は必然的な目的である。

ふつうわれわれがなんらかの「目的」をもてば、これを実現するための条件は、すべて仮言的な必然性として示される。つまり、「かくかくを得るためには、かくかくをなさねばならぬ」と。私がその目的を達成するためにもしそれ以上の他によい手段を知らなければ、この条件は相対的に十分なものだし、さらに、他の誰もそれ以外の手段を知らないことが分かっていれば、この条件は私だけでなく誰にとっても客観的にもっとも優れたものと言える。

さてこう考えた上でも、「熟練」（技量）においては、その目的を達成するための条件は偶然的な「信」となることがある。たとえば、医師が危機にある患者を治療するにあたって、病気の診断に絶対的な自信がない場合でも、医師は自分のなしうる最善の判断において診断を下そうとするだろう。だが、その場合この医師の「信」はあくまで偶然的なものというほかはない。それは主観的にのみ最善のものなのである。このような「信」を私は「実用的信」と名づけよう。

もう一つ別の例を考えてみよう。ある人が自信たっぷりに自分の意見を言うようなとき、その「信」の度合いを測るよい基準がある。「賭け」がそうだ。彼は、たとえば一ドカーテンの金なら自信に満ちて自分の発見に賭けるが、一〇ドカーテンなら躊躇するだろう。こうして、賭け金が大きくなればなるほど、彼の「信」はその偶然性と不確実性をはっきり示してゆくに違いない。

われわれは、ある対象に対して、まったく理論的にその存在の真偽を確かめる手段をもつことがある。こういう場合の理論的判断は、ある意味で実践的判断に類似するものと言えよう。実践的判断の場合は「知識」ではなく「信」が問題になるわけだが、理論的判断の場合でも、ある種の「理論的信」と言えるものが成立することになる。

たとえば私について言えば、もしそれが経験によって確かめられうるとして、われわれに見える遊星のうちのどこかに必ずなんらかの住民が存在していることに、私は全財産を賭けてもよいと思っている。つまり、それは私の単なる「臆見」ではなくて、強固な「信」だからである。そして、私は「神の存在」についても、これとまったく同様に強固な「信」をもっていると言いたい。ただしもちろんこのような「信」は、純粋な理論的「認識」ではない。

われわれの経験は、自然が合目的的統一をもつことの実例をこの上なく豊富に、またいたるところに見出している。そして自然のさまざまな現象がかくも見事な合目的的統一、つまりあたかも一つの「目的」のもとに見事に統一された秩序をもつように見えることの理由として、われわれは最高叡智者の存在という以上のものを見出すことはできない。また逆に言えば、この最高存在の想定なしには、われわれは多様な自然の現象を綜合的に秩序づけることすらできないのである。

このような理論的な認識が示す関係からも、われわれ「神の存在を固く信じる」と言える。先に述べたようにもちろんこれはあくまで「理論的信」と言うべきものなのだが、そう見ると「自然神学」

はこのような「信」を生じさせるものであることもわかる。

しかしながら、単なる「理論的信」というものはやはりどこか不安定なものを含んでいる。思弁はこの「信」を絶対的に確証するわけでなく、そこになんらかの難点を生じさせることがあるからだ。しかし、「道徳的信」においては事情は異なる。

ここでは、私が自分の理性に従って「道徳的法則」に従うべき目的は、つねに絶対的に必然的である。そして繰り返し述べてきたように、私の考えるかぎり、この目的は、「神と来世が存在する」という唯一の条件のもとでのみその意味と実践的妥当性とをもつ。しかしまた、この目的は、道徳性の本質から言って、神の命令というのではなく私自身の格律（マキシム）として意志されるべきものとなるのだ。

何人と言えども、自分は「神と来世」の存在を知っている、と言うことはできない。それは論理的な確実性としてはありえないからだ。しかしわれわれは、実践的には、これを道徳的に「確信」していると言うことができる。この場合には、この理性的（理論的）な「信」は道徳的な確実性をもっているのである。

しかし、ここに唯一の懸念があるとすれば、この理論的「信」は道徳心と固く結びついているということ、つまり、そもそも道徳心をもたない人にとってはこの問題はどうなるのか、という点である。

あえて言えば、これほどの重要な問題について、まったくどんな関心ももたないという人はいるはずはないと私は思う。たしかに、世の中には、善良な心意をもたず、道徳的関心をもたない人もいる。しかし、そういう人でさえ、神や来世を〝恐れる〟心意はもっているものだ。このために、そういう人々ですら「神と来世」など全く存在しないものだ、と強く主張したりすることはあえてしない。もちろん、この考えを正しいものとして確証することは、誰一人としてできないのであるが。

さて、ここまで来て、人はこう言うかもしれない。純粋理性の可能な道を隅々まで探索した果てに、われわれがそれによって得たものは、結局この「神と来世」という二つの関心事についての、「知識」ならぬ「信」だけにすぎなかったのではないか。それだけのことなら、われわれは哲学に頼るまでもなく、すでに常識によってもっていたではないか、と。

たしかに、われわれが、理性批判における幾多の困難の道をたどって得た結論は、ある意味で消極的なものである。しかしこれはむしろ大きな功績だと考えてよいのである。

それについては次章で詳述したいが、さしあたりこう言っておこう。およそ人間についての本質的な認識というものは、常識を大きく超え出るようなものではないし、また最高の哲学といえども、これについては自然が常識に与えた以上のものを成就できるわけではないのだ、と。

第三章　純粋理性の建築術

私がここで言う建築術とは、学の体系を構成する技術のことだ。学が理性に基づくものである以上、われわれの認識は断片的なものではなく、一個の有機的体系をなすものでなければならない。そのことではじめて認識は、理性の本来的目的を果たすことができる。

ここで「体系」とは、「一個の理念」のもとに整序された多様な認識の統一を意味する。だから、学の体系とは、本来、その「目的」に対応する全体の形式をもつ。つまり、全体はその目的によって統一され、したがって知識の偶然的な集積ではなく、有機的な秩序と構成をもたねばならない。

体系の実現はその「図式」、つまり学の目的に応じてアプリオリに規定された秩序と構成を必要とする。この図式には二通りある。技術的統一と建築術的統一である。前者は、そのつどの偶然的な意図によって経験的に立てられる図式であるが、後者は、明確な理念に従い、ここから生じるアプリオリな目的によって統一された図式である。この両者は明確に区別されねばならない。

およそ、理性の学（哲学）の根本構想は、言うまでもなく明確な理念に基づく建築術的な統一の図式をもたねばならないが、しかし実際には、立てられた図式が学の理念とよく合致することはなかなかむずかしい。だからまた、ある学の理念を求めるのに、その創始者の言葉のみを判断の根拠とすることはできないのである。

だが、われわれは、多くの哲学的認識についての材料を積み上げてきたので、いまやこれらの知識をもとに、学の理念の全体的目的に従って、それを一つの建築術的統一へともたらしうる可能性をもっている。そこで、私は、さしあたり、純粋理性に基づく一切の認識の全体体系（建築術）なるものを構想してみよう。

その全体図はおおよそ以下のようになる。まずわれわれの認識能力は、大きく二つの幹に分かれる。一つが「理性的認識能力」、もう一つは「経験的認識能力」である。

認識能力　(1)　理性的認識能力

(2) 経験的認識能力

理性的認識能力→ (1)「歴史的 historisch（記録的）認識」→素材の知識による経験的認識

＊たとえばヴォルフの哲学体系についての全体知識は知識の整理学にすぎない。

(2)「理性的認識」→「原理」に基づく認識→数学や哲学

① 概念の構成による認識（数学）

② 概念による認識（哲学）

＊数学は一義的なアプリオリな認識なので「学習されうる」。これに対して、哲学は学習されえず、せいぜい「哲学的に思索すること」が学ばれるだけ。

われわれは、きわめて多くの移ろいやすい主観的な哲学の学説をもってきたが、いわばその判定の基準となるような一切の哲学的認識の全体系を、「哲学」の根本理念として思い描くことができる。もちろんこのような「哲学」は現実に存在するわけではなく、一個の可能な理念であって、われわれはただそこに近づこうと努力することができるだけである。だから厳密な意味では、われわれは哲学の体系の全体を学ぶことはできず『**せいぜい（略）哲学的に思索することを学びうるだけである。**』(865)

だがまた哲学においては、「世界概念」（⇒世界の全体的認識の可能性。世界の存在、自由、そして神など）というものが固有の主題として存在してきた。つまり哲学は、人間理性の本質的認識（とくに道徳的目的）についての学なのである。

この意味で、哲学者とは、人間理性に普遍的法則を与える「理性の立法者」だと言える。これに対して、数学者、自然学者、論理学者について言うと、この三者はいずれも「理性の技術者」にすぎない。

ところで哲学における「立法」という理念は（⇒立法は、「なすべきこと」の規準を打ち立てること）、どんな人間の理性にも内在するものだから、われわれはこの人間理性の本性について、哲学がどのような学的体系を構想しうるかについて考えてみよう。

ふつう人間理性の本質的目的と言われているものは、私の立場からは、まだ理性の完全な統一に関する真の「最高目的」とは言えない。真の最高目的とは、人間の究極目的（とそのための派生的な目的）つまり人間の全使命であり、それを探究するのが道徳哲学にほかならない。

人間理性の立法たる哲学は、二つの領域をもつ。つまり、存在する一切のものに関係する自然哲学と、われわれの自由の本質にかかわる道徳哲学である。また、およそ哲学的認識は、純粋理性による認識と経験的認識とに分けられる。前者は純粋哲学と呼ばれ、後者は経験哲学と呼ばれる。

さらに純粋哲学は、一切のアプリオリな認識についての基礎となる批判（哲学）と、純粋理性の学的体系を形づくる形而上学とに分かれる。そして、形而上学はまた、純粋理性の思弁的使用の形而上学（自然の形而上学）と、実践的使用の形而上学（道徳の形而上学）とに区分される。

道徳の形而上学は、人間のなすべきことをアプリオリに規定し、またこれを必然的なものとする原理の考察を含む。これはアプリオリな原理に基づくから、道徳の形而上学は、本来純粋な道徳哲学であり、経験的な人間学を基礎とするものではない。これまで一般に形而上学（狭義の形而上学）と呼ばれていたものは、われわれの観点からは、思弁的理性の形而上学を意味する。

哲学の体系とその秩序の意義を明確に区別することはきわめて重要な課題なのだが、これまで哲学はそれを十分な形では行なってこなかった。とくに従来の哲学は、アプリオリなものとアポステリオリなものとの区別、また先験的なものと経験的なものの区別を適切になしえなかった。そのために、形而上学の概念についてもまたそれに伴う学の概念に関しても、さまざまな不純物が入り込み、形而上学の根本理念をあいまいなものにしていたのである。

こうして、およそアプリオリな認識は、独自の体系的統一を作り出すことになる。形而上学とは、このような純粋認識をその体系的統一として示すべき哲学なのである。

さて、狭義の形而上学は、まず純粋理性の「先験的哲学」と自然学（自然哲学）に区分される。「先験的哲学」は、個別の存在対象ではなく、「世界の存在」一般（の意味）を悟性と理性によって考察する「存在論」をなす。そして「自然学」は自然として与えられた存在対象全般を考察する。

また、ここでの理性使用は、自然的（内在的）使用と超自然的（超越的）使用に分けられる。前者の内在的自然学は、われわれの経験に与えられるいわゆる自然世界を扱い、第一に、事物的な自然を、第二に、思惟する自然存在としての「心」を対象とする。

後者の理性の超越的使用は、内的結合と外的結合に区分され、前者は「世界に関する先験的認識」としての「理性的宇宙論」となり、後者は「神に関する先験的認識」として「理性的神学」を構成する。

以下に、いま述べた「哲学」の全体系の骨格を図で示すと、つぎのようになる。

《哲学》

Ⅰ「批判」

Ⅱ「形而上学」

1　道徳の形而上学……純粋理性の実践的使用

2　自然の形而上学（狭義の形而上学）……純粋理性の思弁的使用

1. 先験的哲学（1）存在論……世界存在の形而上学

2. 自然学（内在的使用）（2）理性的自然学……①理性的物理学→経験的に与えられる外的自然についての学

②理性的心理学→内的自然としての思惟、つまり「心」の学

（超越的使用）（3）理性的宇宙論……世界に関する先験的認識

（4）理性的神学……神に関する先験的認識

右の区分は、純粋理性の哲学という根本理念に基づくものであり、その意味でまさしく「建築術的な区分」にほかならない。しかしここにはいくつかの疑問が生じうると思えるので、それについても言及しておこう。

第一の疑問は、「対象はわれわれの感官を通して現われるアポステリオリなものなのに、それをどのようにアプリオリな形而上学的考察の対象としての理性的自然学になしうるのか」、というものである。これについては私はこう答えよう。

われわれが経験するさまざまなことがら（事物対象）は、すべて感官を通して現われるアポステリなものだが、それをわれわれは、「物質」（不可入な延長）、また「思惟する存在者」（心）という「概念」として捉える。つまり感官を通して現われる諸対象の現われ方やその本性についての考察それ自身は、まったくアプリオリなものである、と。

第二の疑問は、「経験的心理学は、いま応用哲学としての自然学の位置におかれている。しかしそれはこれまで長く形而上学と見なされてきたし、まだそういうものとして重要な役割を果たす可能性がある。いまこれをどう位置づければよいか」というものだ。（⇩ここでの経験的心理学は、主として、ロックやヒュームの経験主義の心理学を指している。）

これに対しては以下のように言おう。この学は、それを形而上学から追い出して単なる自然的な学と見なしてしまうには、まだわれわれにとって重要な面をもっている。だからまだ当分はこれを形而上学の枠組みの中に入れておいてよい、と。

こうしてわれわれは、哲学と形而上学の一般的理念の全体像を見てきた。いまやわれわれはつぎのことを理解するだろう。まず、形而上学は宗教の基礎とはなりえないが（⇩なぜなら、神の存在、その本性などを客観的認識として証明することはできないから）、依然として宗教を擁護するものでありうるということである。

人間理性は本性的に弁証的なものであるので、これをほうっておくと、思弁的理性のほしいままな使用によって道徳や宗教の領域における荒廃をもたらしかねない。形而上学の区別は、この思弁的理性の勝手な先走りをよく制御する。そのことでわれわれは、不和になった恋人のもとにもどるように、いまや衰退の危機にある形而上学のもとに立ち戻ることになるだろう。

『**形而上学こそは一切の人間理性の文化的開発の完成である。**』(878) 形而上学は、人間理性にとって欠くべからざるものであり、理性の本質それ自身を深く考察することで、一切の学の使用の根底におかれるべきものとなる。

なるほど形而上学は、見てきたように、世界と人間の存在についての客観的で完全な認識を与えるものではなかった。しかしこのことは形而上学の価値を損なうものではなく、かえって知識一般の「検察官」としての権威をこれに与える。そのことで、一切の学の努力が、人類一般の幸福という主要目的に背かぬようにするのである。

第四章　純粋理性の歴史

私はこの「純粋理性の歴史」という章を、ごく簡潔に、将来、純粋理性の体系に本格的に入れられるべきものとして示すためにおこうと思う。すなわちここでは、これまでの哲学的探究の全体像を、私の先験的哲学の観点から、ごく大雑把に素描しておくにとどめたい。言うまでもないが、それらはわれわれのたどってきた観点からは、多く廃墟の状態におかれてきたのである。

しかしともあれ、哲学の歴史を通覧してみると、それが究明しようとしてきた最も根本的な課題は、「神の認識」や「来世への希望」という問題であったことが分かる。そしてこれまで、数多くの知的な人々が、来世で幸福になるためには、この世で善き行ないをなすこと以上の方法のないことをはっきりと認めてきた。

つまりそこで、神学と道徳哲学は二つの中心的な動機となって結びあい、この問題の探究をめがけてきた。そうして神学は、人間の思弁的理性を「形而上学」という領域の仕事に引き入れてきたのである。

しかし私はここで、形而上学（哲学）の歴史を時代を追って詳しく振り返ることはしない。その代わりに、その歴史の動因となった最も中心的な三つのテーマをとりあげ、そのポイントだけを示しておこうと思う。

(1) 理性認識の対象

これまでわれわれは、理性認識の対象についての説として感覚論と知性論との対立をもってきた。感覚論者の代表はエピクロスであり、知性論者の代表はプラトンである。

感覚論者は、感官が受け取る対象だけが現実的（リアル）なものであり、それ以外はすべて論理や概念として構成された想像的なものだと主張する。これに対して知性論者は、感覚はつねに移ろうもので確実性をもたず、悟性（知性）だけが「真に存在するもの」を認識する、と説く。

感覚論者は、悟性的なものの存在（イデア的なもの）をまったく否定するわけではないが、彼らにとってそれは論理的なものにすぎない。一方、知性論者にとっては、イデア的なものは可想的存在であり、したがってある種「神秘的」な（⇒彼岸的、超越的な）存在と見なされる。

(2)　純粋理性認識の起源

ここでの対立のポイントは、純粋理性による認識は、結局のところ経験に起源をもつのか、それとも理性それ自身の本性を根拠とするのか、という点にある。アリストテレスが前者、経験論者の筆頭であり、プラトンは後者、精神論者を代表する。

近代では、ロックがアリストテレスを、ライプニッツがプラトンを継承した。しかしロックもライプニッツも、理性認識の真の起源を確定することはできなかった。エピクロスは少なくとも経験認識の限界をよくわきまえていたが、経験論者のロックはこの経験的認識の限界を十分自覚できず、「神の存在」と「霊魂の不死（来世の存在）」とを、数学の定理のように確実なものとして「証明」できると主張した。しかし、もちろんこれは誤りである。

(3)　認識の方法について

「方法」と呼ばれるかぎり、それは原則をもちこれに従わねばならないが、いま自然研究の領域がもっている「方法」は、自然論的方法と学的方法とに区分できる。

まず自然論者について言えば、彼等は自然を認識するのに厳密な学問は無用であり、常識によるのが最もよいのだと主張する。それは、いわば月の面積や直径を測るのに、目分量で十分だというのと違わない。ここにはおよそ学問というものへの軽視がある。

しかし、たとえばベルシウスのように「自分は自分の知るところをもって満足する」と自ら言うような自然論者については、これをことさら非難する理由はない。彼等には学問を混乱させる意図はないので、彼らもまた学問によって煩わされない自由をもっている、と言うほかはない。

つぎに、学的方法について言うと、ここでは「独断論的方法」と「懐疑論的方法」という重要な対立が存在している。独断論者の代表として私はヴォルフの名を、また懐疑論の筆頭者としてはヒュームの名を挙げたい。だが、ここまでに詳しく見てきたように、これらの二つの方法はともに相手を十分批判し説得し尽くすところまで進むことはできかったし、そのことは原理的なことであった。

こうして、われわれに残されている道は、いまここまで諸君が私と道をともにしてきた先験的哲学による「批判的方法」だけだ、と私は言いたい。この方法が、はたして哲学にとって一つの決定的な新しい道を拓くことができたかどうか、それは諸君の判断に待つほかはない。

付録（省略）

★章末解説⑥（竹田）

『純粋理性批判』は、感性論、悟性論（カテゴリー論）、理性論（アンチノミー論、理想論）と進んで先験的原理論が終わり、ここで第二部の先験的方法論に至るが、分量から言えば、原理論に比べて方法論はきわめて短い。

カントによれば、先験的原理論は、世界認識のためにわれわれがもつ「材料」についての吟味であり、それが感性・悟性・理性だった。そしてこの吟味によって、世界の完全な全体や本質それ自体については、われわれは原理的に客観的な認識をもちえないことが明らかにされた。しかしこのことではじめてわれわれは、世界認識の新しい地平に立つことになる。そしてこの新しい地平こそ、世界の思弁的認識という目標に隠れて見えなかった、世界認識の真の目標なのである、とカントは主張する。

彼はそれを、つぎのような仕方で簡潔に言い表わす。われわれが世界を認識しようとするその関心は、つぎの三つの問いにまとめられる。

①「何を知りうるか」……思弁的理性の問い
②「何をなすべきか」……実践理性の問い

③「何を望みうるか」……判断力の問い

この箇所は、『純粋理性批判』という大きな仕事の最も根本の「動機」をなすものなので、解説してみよう。

①は、思弁的理性の関心であり、世界の一切（完全な全体、その本質それ自体）を正しく（客観的に）認識したいという関心である。しかしこれまでくわしく見てきたように、これは人間の理性の能力を超えたものであり、われわれは決して世界を完全に認識し尽くすことはできない。そしてその理由が深く了解されたとき、この理性の思弁的な関心の底に潜むより深い「動機」が見えてくる。

プラトンは『パイドン』において、ソクラテスにこう言わせる。これまで人々は、世界の根本原理が何かという問題に頭を悩ませ、「水」だの「火」だの「数」だの「アトム」だのといった「原理」を主張してきた。しかし自分は、これらが示すような考え方ではものごとの根本原因が何かという問題には決して答えることができず、何か別の考え方が必要だと長く感じていた。そういうとき、アナクサゴラスの「ヌース」（知性）こそ原理であるという説を聞き、ここには新しい考え方があると思った。

そしてソクラテスは、ここから「イデア」という新しい哲学原理を導き出す。ソクラテスは言う。「たしかにこの論からすれば、人間にとって本来考察するにふさわしいことは、その者自身についてであれ、また他のものごとについてであれ、ただ、どのようになるのが最もよいかということ、つまりそのものにとって最高の善とは何かということ、だけなのである」と。

これまで人々は、世界を〝作り上げている〟根本の原理が何であるかを認識しようとしてきた。しかし、この問いの中では、決して最終的かつ絶対的な答えは現われない。いまやわれわれはむしろ、なぜ人々は、「世界の根本原理」を問い続けてきたか、と問うべきである。これがプラトンが古代ギリシャ哲学において敢行した本質的な「問い」の変更だった。

そしてその答えは、「善く生きたい」というわれわれの生への意欲こそ、世界とは何であるか、という認識の問いを支えている、というものだった。それをプラトンは「イデア」という原理として提示した。

カントがここで行なっていることは、このプラトンの試みと一つに重なっている。世界の一切を知りたいというわれわれの認識的関心の真の「動機」は何であるのか。それは「何をなすべきか」、つまりいかに生きるべきかという、実践的関心にあったのだ。後者が前者を支えているのであって、その逆ではない。そしてそのことは、認識能力の限界をわれわれがはっきり理解したときにはじめて明らかになる、と。

こうして、形而上学としての哲学は、認識の限界の確認によって滅びるのではなく、むしろ新しい地平を拓くことになる。それが道徳哲学である。

②人間理性の思弁的関心は、これを追いつめれば「霊魂の不滅」、「自由」、そして「神」の存在とその認識という三つの根本目標をもっていた。ここまでわれわれが明らかにしたことは、これらの存在の客観的認識に到達することは決してできないということだった。しかし同時にまた、それらの存在の可能性をまったく否定することもできないということも明らかになった。

そこでいまや、この思弁的認識の問いは、つぎの実践的な関心へと置き換えられることになる。つまり、われわれは「何をなすべきか」という問いへと。

カントによれば、この問いをもっと詳しく言えばつぎのような形になる。「もし霊魂の不滅、自由、神が存在するのだとすれば、われわれは何をなすべきか」。

カントは人間の欲求能力を「感性的衝動」に由来するものと「理性」(の善悪)の判断に由来するものとに区別し、前者の行為の規準となる法則を「実用的法則」、後者のそれを「実践的法則」と呼ぶ。そして前者は「自由の法則」というより、むしろ「自然法則」だとされる。

われわれがどうしたら「幸福」(感性的快楽)を得られるかについての規準(法則)は、経験的にしか得られない。しかしどうしたら「正しく行為できるか」＝「善をなしうるか」についての規準(法則)は、経験を必要としない。つまり、理性だけで、必ず誰でも同じ結論に達するはずである(とカントは主張する)。

そこで前者は、「もしかくかくの快＝幸福を得たいなら、かくかく行為せよ」という仮言命法の形をとる法則となるが、後者は、ただ「かくかくをなせ」という直接的な定言命法の形をとる。

ひとことつけ加えると、「道徳法則」の概念は、カントにおいては「自然法則」と対をなしている。「自然法則」は言うまでもないが、「自然界」の因果を厳密に貫いている(物理的・科学的に見出された)普遍的法則のことである。

これは「かくかくが起これば、かくかくとなる」という事実の系列をなす法則となる。これに対して「道徳法則」は、「自由界」(人間精神の自由の世界)を貫く普遍的法則であって、道徳的であるには、つまり人間精神が「自由」であるには、「かくなすべし」という「当為(べし)」の法則となる。

③「何を知りうるか」という思弁的認識の問いは、経験的な「事実」としての世界の知を構成するが、物自体としての世界の本体や本質それ自身は知ることはできない。しかしもともと世界の本体を知ろうとする問いは、人間にとって「何をなすべきか」という善や道徳の問いを根本動機としている。そしてまさしくこの問いについてはわれわれは普遍的な知に達することができる。それが「道徳法則」である。

しかし、カントによれば、「道徳法則」は誰にとっても疑えない普遍的認識だが、それは道徳的であることの普遍的な「規準」を示すだけであって、人間が「道徳的」であることの本質的な根拠と理由を示しはしない。これを埋めるのが③の「何を望みうるか」という問いである。

ちなみに、この問いは、①の「何を知りうるか」と②の「何をなすべきか」という問いを統一するものだとされる。

人間が道徳的であるための、すなわち自由な精神として存在しうるための「規準」は、「道徳法則」によって明らかになった。しかしこのことは万人が道徳的に生きることをなんら保証しないし、促すものでもない。ここでカントは、つぎのような推論を行なう。

道徳法則によって善の規準がはっきりしても、人々は積極的に善を行なおうとはしない。その根本の理由は何か。道徳的行為は必ずしも人に「幸福」をもたらすものではないからだ。人々が「幸福」を求めるという本性は「自然法則」である。だが自然法則と道徳法則は、一致の可能性をもたないのだ（つまり、「福徳一致」の原理をもたない）。むしろ幸福を求める「実用的法則」は多くの場合「実践的法則」と背反的である。これがいわば「実践理性」の根本的アンチノミーである。このアンチノミーはどう解決されるか。

じつは、この問題こそ、第二の批判書である『実践理性批判』の中心テーマである。しかしここでカントはその大きな骨格を予示している。

カントはこう主張する。このアンチノミーの解決は「最高善」という概念によってのみもたらされる。すなわち、もし世界に、人間の「道徳的な行為」を「幸福」に値するものと見なし、その絶対的な一致を配慮する最高の叡智者が存在すると想定しうるなら、そのときだけこの実践理性における根本的なアンチノミーは解決されうる。つまり「最高善」とは、道徳的な行為が必ず幸福によって報われる、「世界の道徳的完成」という理想理念を意味する。

「先験的理想」が、絶対的な必然的存在者の存在という「統整的理念」であるように、この「最高善」の理想は、実践理性における最高の統整的理念なのである。

もう一つ重要なのは、「最高善」は実践理性の理念であり、その客観的存在は決して認識できないが、しかしまたその非在を絶対的に結論づけることもできない、という点だ。

このような「最高善」の概念は、二つのことを含意している。第一に、もし「最高善」というものが存在しないのだとすると、人間の道徳的行為はまったく無意味なものとなってしまうだろうということ。なぜなら、そこでは道徳的な行為をなす人間が最も不幸な生を送り、反対に最も不道徳な人間が最も幸福な生を生きるということが、一般的な状態であることになるからである。

第二に、しかし逆に、もしわれわれが道徳的行為を行なうことに価値があると考えるなら、そのときわれわれは、この世の「幸福」の論理を超えた「最高善」の理念をなんらかの仕方で信じているはずであるということだ。

最後にカントは、このような実践理性における真の構造について論じている。しかしそれは十分論じ尽くされているとは言えず、この問題のより哲学的な論究については『実践理性批判』を待つほかはない。

あとがき——カントと現在

オーギュスト・コントに、「形而上学」とは根本原理、究極原因を捉えようとする学である、という簡潔にして要をえた定義がある。

コントによれば、中世ヨーロッパのスコラ哲学（キリスト教神学）が形而上学であるのはもちろんだが、それに代わるものとして現われた近代哲学の思考もまた、世界の根本原因、究極原理を探究するがゆえに、「形而上学」にほかならない。いまや形而上学ではなく、自然科学の方法を適切に応用した「実証主義的方法」こそ、人間や社会の探究の基礎としておき直されるべきである、と。

しかし、近代哲学にはまた独自の近代認識論の歴史があり、それについてコントが十全な理解をもっていたとは思えない。これについて考えてみよう。

一般に、カント哲学は、キリスト教の世界像に代わる、新しい世界説明として現われた、スピノザの合理論とヒュームの経験論という両極の対立を調停するものと見なされている。

世界は「永遠にして無限かつ一なるものとしての神である」、これがスピノザの世界観。これに対して、ヒュームは、どんな世界理論もそれぞれ異なった経験から編み上げられた「世界像」にすぎず、決して絶対的な真に達することはない、と主張した。つまり、一方は、人間理性は合理的推論によって世界の完全な認識に達しうると言い、他方は、これに対して、すべての認識は相対的であり絶対的認識はありえないと反駁する。

カントは、きわめて独創的な新しい認識論をおいて、この両者の対立を調停、あるいは克服しようとした。その中心をなすのが「アンチノミー」の議論である。

「アンチノミー」の内容については、この「解読」で十分理解できるはずだ。理性の本性は、世界を完全に、極限的に問おうとするが、しかしこれに絶対的な答えを与えることは、同じ理性の本性から、原理的に不可能である。この議論によって、カントは哲学史上はじめて、認識的独断論と徹底的懐疑論（相対主義）との長い対立に、一つの決定的な解答をおいたといえる。カントの独創は、なにより、この両極の考えが、じつはともに理性推理の〝独断論〟であると見抜いた点にある。

しかし、カントの認識論は、この難問の解決を、世界の「絶対的客観」を「物自体」の概念で〝括り出す〟ことによって行なった。カントの思想的直観はきわめて正しかったが、「物自体」の概念は一つの謎を残した。ここから、ドイツ観念論、ニーチェ、フッサール、ハイデガーと続く、近代哲学「認識論」の新たな格闘の歴史が展開することになったのである。

＊

いま述べた、近代哲学の「認識論的」展開の大きな見取り図をおいてみよう。わたしの見るところ、近代認識論（エピステモロジー）の領域で、哲学的に「原理」を推し進めたと言える決定的な理論を提出したのは、ヘーゲル、ニーチェ、フッサール、そしてハイデガーの四人だけである（ほかは小改訂にすぎない）。ごく簡潔に整理してみる。

まずヘーゲル認識論における最大の功績は、時間軸の導入という点にある。

それをひとことで言うと、認識の結果は、時間のスパンを変えることで変化する、という「認識の時間相関性」の原理である。

ある対象を短い時間知覚（観察）するのと、長い時間観察するのとでは、その対象の何であるかは必ず違ってくる。カントは、経験認識の基本構造を感性→悟性→理性という枠組みで捉えたが、ヘーゲルはこの認識論には時間軸が欠けていると考えた。これを補って提出されたのが「弁証法」の考えである。言うまでもないが、これはきわめて重要な新しい「原理」の提示だった。

ただし、ヘーゲルの哲学体系自体は、当時のドイツロマン主義的な理《り》神論《しんろん》的世界像の枠組みから完全には抜け出ることができなかった。そのためヘーゲル認識論は、いわば最も長いスパンの認識を基準として、さまざまな長さの認識の真理性を規定するという、「絶対精神」による「絶対認識」のモデルとなった（「絶対知」の概念はこれとは違っている。これについては『完全解読　ヘーゲル『精神現象学』』〈講談社選書メチエ〉を参照）。

カントとヘーゲルの認識論に、さらに決定的な変更を加えたのはニーチェである。

ニーチェの認識論の核心は、さまざまな生き物が、自己の生命力身体性に相関して、対象のありようを解釈している、という「力―カオス」相関性図式である（わたしはこれを「欲望＝身体」相関図式と呼ぶ）。

ニーチェでは、「神は死んでいる」。世界のどこにも全知の絶対認識者は存在しない。このことで「物自体」、つまり世界それ自体の完全な認識、という概念そのものが消去される。そして、「物自体」の概念は「カオス」と呼ばれることになる。このアイディアは、「物自体」の概念に対するヘーゲルやシェリングなどの反駁を完全に抜きん出るものだった。

というのは、世界は、「力」（欲望＝身体）との相関者として存在＝現出する、という認識的構図は、認識論を、必然的に、知覚＝認知モデルから、意味＝価値生成の関係論へと根本的に変換するものだったからである。この変換は、ロマン主義的二元論や形而上学的独断論に対する、相対主義的、懐疑論的な反対論からは決して現われえない本質的な構図の変更だった。わたしの考えでは、まさしくこの理由で、ニーチェの「力」図式は西洋哲学の認識論上の決定的な革命と呼ばれるべきものである。

しかしニーチェは、自らの「力」の思想の本格的な哲学的展開を行なう時間をもたなかった。そのため、ニーチェの「力」の思想は、ヒューム的な相対主義の側面が強く受け取られ、現代のポストモダン思想および分析哲学の現代的相対主義にきわめて大きな影響を及ぼすことになった。

近代認識論の系譜におけるつぎの巨匠はフッサールである。

フッサールはニーチェからほとんど影響を受けなかった。しかし客観世界という観念が「背理」であるという本質認識において、ニーチェと完全に一致している。ニーチェでは、諸対象の存在と意味は、生き物の「力」（欲望＝身体）に相関して現われるが、フッサールでは、対象の存在と意味は「意識＝志向性」に相関的に現われる。フッサール現象学はしばしば主観主義や意識主義という呼び方で批判されるが、そのような批判は、たいていの場合、認識論の本質構図の根本的な無理解から生じたものだ。

フッサールの最大の功績は、一方で「完全な認識の不可能性」のテーゼを確保しつつ（現象学における「超越」の概念はまさしくそれを表示している）、一方で、普遍的認識の可能性の条件を哲学的に基礎づけた点にある。そして、フッサールのこの業績は、カントの本質的モチーフを最も深く受け継いだものと言える。

対象それ自身の完全な認識というものはありえない。しかし数学的認識や自然科学において、なぜ高いレベルでの客観認識（共通認識）が可能になっているのか。またなぜほかの領域では、完全な客観認識（共通認識）が成立しないのか。それをどのように理解できるのか。これが現象学的認識論の根本的問いである。

たとえば、カントはこの難問を「物自体」の概念で解こうとしたし、ヘーゲルはこれを弁証法と「絶対精神」というアイディアで根拠づけようとした（ちなみにニーチェには、この問題自体を重要なものと見なさず、十分に考えようとした痕跡がない）。

フッサールは、カントやヘーゲルが暗黙の前提としていた理神論的世界像を完全に取り払って、この問いの本質的な解明に成功している。

カントの本質的なアイディアは、世界の「客観」を、科学的な（つまり経験的＝実証的）認識の方法で確定しようとしても無駄で、まず人間の認識の普遍的構造を解明することがこの問題を解明する上での絶対的条件だと、いう考えにある。要するに、どのような領域なら客観認識が成り立ち、どこからは客観認識が成立しないかをはっきりと区分すべきなのだが、それは人間の認識の本質構造の解明という道を通ってだけ可能となる、ということだ。

そこでカントは、世界それ自体の客観的認識は不可能だが（物自体だから）、人間の観念の本質（つまり認識のアプリオリなありよう）ならば客観的なものとして取り出せるということを証明しようとした。それが先験的演繹（超越論的演繹）である。しかし、現在では、彼の「証明」を、十分に成功していると認める人はそう多くはないように思える。

フッサールは、「還元《かんげん》」と「本質観取《ほんしつかんしゅ》」の概念によって、カント哲学の難点を克服している。フッサール認識論の根本のアイディアは、そういう誤解が広まっているが、絶対的、客観的な認識の基礎づけということとは無関係である。現象学的還元の本義は、「共通認識」が成立するための認識論的な条件を取り出すという方法にある。つまり、カントが、感性、悟性、理性、カテゴリー、図式、原則、といった諸概念を人間の認識装置の枠組として独自の仕方で構想したのに対して、フッサールは、誰もが同じ仕方で取り出せる「確信成立」の条件の共通構造だけを記述するという方法でこれをやり直している。

このアイディアによって、フッサールは（通説とは異なって）、客観認識、あるいは普遍的認識の可能性を、「人間間の共通確信の成立の可能性の条件」として定義しなおしたのである。「間主観性《かんしゅかんせい》」の概念はそのような意味で受けとられなくてはならない。

要するに、ニーチェの「力—対象」相関図式は、カント認識論の価値論的転回を意味するが、フッサールの「志向性—対象」相関図式と「間主観性」の概念は、その関係論的転回なのである。

最後に、ハイデガー存在論についても、わたしなりの要約をおこう。

『存在と時間』は、自分の哲学は「存在」それ自身の本質を問うものだが、そのためにはまず「人間存在」の本質を問わねばならない、というマニフェストではじまる。ハイデガーの「人間存在」の本質の探究は、フッサールの「本質観取」の方法の見事な範例となっているが、なにより重要なのは、ここで、フッサールの「志向性―対象」相関と、ニーチェの「力―対象」相関図式とがいわば結び合わされて、「気遣い―対象」相関へ変様させられているという点だ。

ニーチェの「力」図式の認識論上の核心は、あらゆる認識の基礎に価値やエロスの問題が存在する、という新しい問題設定を拓《ひら》いた点にある。これと対照して言えば、フッサール認識論の核心は、あらゆる共通認識は主観的「確信」ではなくむしろ関係的な「確信」の構造を条件とする、という地平を拓いた点にある。

ハイデガーの「気遣い」の概念は、認識論的に、このニーチェの価値論的観点とフッサールの関係論的観点とを統合するものだ。個々の主観は、個々の生の価値とエロスの原理において、その根源的な生の世界を生きる。しかし同時に、つねに他者との関係的な拓かれの地平、共存在の地平をもち、そういう仕方で「現実世界」をそのつど構成している。

人間がどのような構造で、一方で個的な実存の「世界」を生きるとともに、他方で客観世界のうちに定位されているのか。この二重化された「世界」の構造を、ハイデガーの「気遣い」図式はきわめて本質的な仕方でわれわれに理解させる。

だが、その一面で、ハイデガーでは、「存在」それ自身の意味を問う存在論の構想が、本質的に「形而上学」への再帰還を意味するのではないかという問題が解決されないまま残されている。この点で、ハイデガーの存在論は、ニーチェ哲学の〝神学化〟(形而上学化)という性格をもっているとわたしは思う。

ハイデガーの「気遣い」の概念は、ニーチェ的な「力」（欲望＝身体）の概念に最もよく重なるものでありながら、同時に、非本来的な「存在配慮 Sorge」、すなわち〝頽落的に存在すること〟の表示であるという、形而上学的概念を含んでいる。ハイデガーにおいて、「気遣い」とは、本来的な存在配慮の欠性態なのである。

しかしともあれ、近代哲学の認識論は、上述した哲学者たちによって最も本質的な仕方で展開されてきた。わたしはここにヴィトゲンシュタインを加えてもよいが、彼の認識論上の本質的業績は、現代論理学（言語哲学）の領域で、いわばカントやニーチェが行なった「形而上学」批判を再演した点に求められる。

現代言語哲学は、認識の本質を把握するには、まず人間の認識構造（観念）の本質を認識せよ、というカントの命題を、まず言語の構造の本質を認識せよ、に読み替えることによって新しい領域を拓いた。しかしその成果としては、ニーチェやフッサールやハイデガーが拓いたような本質的な原理の展開を十分に生み出しているとは言えない。そこではむしろ、スピノザ的「客観主義的独断論」と、ヒューム的な徹底的「論理相対主義」との対立が続いており、解釈学的展開を含め、この地平を超え出る兆しはまだ見えない。

*

カント哲学は近代認識論の最も本質的な出発点をなしている。そして彼の認識論の中心は、いかにさまざまな種類の「信念対立」を解明し、克服することができるか、という点にあった。そして重要なのは、この問題は、古びていないどころか、われわれの現代的課題にとってますます大きな意義をもっているということだ。

いま見たように、近代哲学は、カント以後、独自の仕方で認識論を展開してきた。しかしそれはさまざまな理由で現在、十分に理解されているとはいいがたい。たとえば、二〇世紀の思想シーンでは、まずマルクス主義的な客観主義が現われ、つぎにそのドグマ主義への対抗としてポストモダン思想が現われた。もちろんそのことには現実的な理由がある。しかし認識論的には、ここでは独断論と相対主義の対立がもう一度再演されているのである。

つまり、二〇世紀の思想は、客観主義的独断論の時代からそのリアクションとしての相対主義の思想へと推移した。ここには、「信念対立」の存在はむしろ「自由」の表現ではないか、といった考えもある。だがこれは、認識論についての大いなる無理解から出た見解である。多様な意見や見解の共存が文化の豊かな可能性として沸き立つためには、その前提として必ず何らかの共通了解（普遍的認識）の土台が必要なのである。

普遍的なものへの不信を土台にした相対主義が広がるところでは、文化的な多様性ではなく、単なる「イロニー」的状況の蔓延が生じるにすぎない。これが進めば、「理論の正しさ」が、学的な派閥の力関係で決まる思想の覇権競争に帰着することになる。

思想の〝普遍性〟への信頼は、客観認識への盲目的信仰からも相対主義への怠惰な依存からも現われない。それは、この両極の〝あいだ〟の構造を考え抜く、認識についての本質的理論からのみ現われる。そのような理論だけが、普遍的認識の成立する領域と、そうでない領域の区分線を本質的な仕方で理解させるからである。まさしくそれがカントの思想的直観の核心点だった。

現代の世界思想は、この認識問題の核心を十分に設定することができているだろうか。われわれの現代社会が、二一世紀に至って根本的に新しい局面を迎えていることは、多くの人々がすでに語るところである。新しい世代は、この問題にどのような根本的な思想によって立ち向かうのだろうか。

歴史上のすぐれた思想家たちは、新しい時代の局面に立ってできるだけ〝根本の場所〟からもう一度思想をたどり直そうとした。ソクラテス、デカルト、カント、ヘーゲル、マルクス、ニーチェ……。わたしは若き世代にもう一度、ヨーロッパ思想の原点である近代哲学の思考の根本問題をじっくりたどりなおして欲しいと思う。カント哲学こそは、その最も中心部分、近代思想の「へそ」なのである。

＊

最後に、この場を借りて、まず、長くつねに哲学の解読を共にしてきた朋友の哲学者西研氏に感謝。哲学テクストの完全解読ではつぎつぎに難所が出てくる。最後までトンネルを掘り抜くには大きなモチベーションと同行者が必要だが、わたしはその幸運にめぐまれた。『完全解読　ヘーゲル『精神現象学』』は共著だが、以後続く、カント、フッサール、ハイデガーなどの解読も、実質的に、西研氏との長い共同作業の結果だということを記しておきたい。

また哲学研究会の仲間たち、われわれの解読につきあい、長く支えてくれたカルチャー・センターの仲間たちにも感謝。このシリーズが、新しい世代に刺激を与えて哲学という思考法の新しい展開のきっかけになればうれしい。

『完全解読『精神現象学』』以来、担当してくれている、講談社の山崎比呂志さんにも感謝。完全解読シリーズはまだ続くと思うので今後もよろしく。

二〇一〇年一月二四日

竹田青嗣

完全解読版『純粋理性批判』詳細目次

ラ

ワ

索引

完全解読《かんぜんかいどく》　カント『純粋理性批判《じゅんすいりせいひはん》』

二〇一〇年三月一〇日第一刷発行　二〇二五年二月七日第九刷発行

著者　竹田青嗣《たけだせいじ》

発行者　篠木和久

発行所　株式会社講談社

東京都文京区音羽二丁目一二―二一　郵便番号一一二―八〇〇一

電話（編集）〇三―五三九五―三五一二　（販売）〇三―五三九五―五八一七

（業務）〇三―五三九五―三六一五

装幀者　山岸義明　本文データ制作　講談社デジタル製作

印刷所　信毎書籍印刷株式会社　製本所　大口製本印刷株式会社

定価はカバーに表示してあります。

ISBN978-4-06-258462-3　Printed in Japan

N.D.C.134.4　412p　19cm

講談社選書メチエ　刊行の辞

書物からまったく離れて生きるのはむずかしいことです。百年ばかり昔、アンドレ・ジッドは自分にむかって「すべての書物を捨てるべし」と命じながら、パリからアフリカへ旅立ちました。旅の荷は軽くなかったようです。ひそかに書物をたずさえていたからでした。ジッドのように意地を張らず、書物とともに世界を旅して、いらなくなったら捨てていけばいいのではないでしょうか。

現代は、星の数ほどにも本の書き手が見あたります。読み手と書き手がこれほど近づきあっている時代はありません。きのうの読者が、一夜あければ著者となって、あらたな読者にめぐりあう。その読者のなかから、またあらたな著者が生まれるのです。この循環の過程で読書の質も変わっていきます。人は書き手になることで熟練の読み手になるものです。

選書メチエはこのような時代にふさわしい書物の刊行をめざしています。

フランス語でメチエは、経験によって身につく技術のことをいいます。道具を駆使しておこなう仕事のことでもあります。また、生活と直接に結びついた専門的な技能を指すこともあります。

いま地球の環境はますます複雑な変化を見せ、予測困難な状況が刻々あらわれています。

そのなかで、読者それぞれの「メチエ」を活かす一助として、本選書が役立つことを願っています。

一九九四年二月　　　　　　　　野間佐和子

KODANSHA

ヘーゲル『精神現象学』入門　長谷川 宏
カント『純粋理性批判』入門　黒崎政男
知の教科書 ウォーラーステイン　川北 稔 編
知の教科書 スピノザ　C・ジャレット 石垣憲一 訳
知の教科書 ライプニッツ　梅原宏司・川口典成 訳 F・パーキンズ
知の教科書 プラトン　三嶋輝夫ほか 訳 M・エルラー
フッサール 起源への哲学　斎藤慶典
完全解読 ヘーゲル『精神現象学』　竹田青嗣 西 研
完全解読 カント『純粋理性批判』　竹田青嗣
分析哲学入門　八木沢 敬
ドイツ観念論　村岡晋一
ベルクソン＝時間と空間の哲学　中村 昇
精読 アレント『全体主義の起源』　牧野雅彦
ブルデュー 闘う知識人　加藤晴久
九鬼周造　藤田正勝
夢の現象学・入門　渡辺恒夫
熊楠の星の時間　中沢新一

ヨハネス・コメニウス　相馬伸一
アダム・スミス　高 哲男
ラカンの哲学　荒谷大輔
解読 ウェーバー『プロテスタンティズムの倫理と資本主義の精神』　橋本 努
新しい哲学の教科書　岩内章太郎
西田幾多郎の哲学＝絶対無の場所とは何か　中村 昇
アガンベン《ホモ・サケル》の思想　上村忠男
ドゥルーズとガタリの『哲学とは何か』を精読する　近藤和敬
使える哲学　荒谷大輔
ウィトゲンシュタインと言語の限界　ピエール・アド 合田正人 訳
〈実存哲学〉の系譜　鈴木祐丞
パルメニデス　山川偉也
精読 アレント『人間の条件』　牧野雅彦
情報哲学入門　北野圭介
快読 ニーチェ『ツァラトゥストラはこう言った』　森 一郎
構造の奥　中沢新一

講談社選書メチエ　哲学・思想Ⅱ

MÉTIER

近代性の構造　今村仁司
身体の零度　三浦雅士
経済倫理＝あなたは、なに主義？　橋本　努
パロール・ドネ　C・レヴィ＝ストロース　中沢新一訳
絶滅の地球誌　澤野雅樹
共同体のかたち　菅　香子
三つの革命　佐藤嘉幸・廣瀬　純
なぜ世界は存在しないのか　マルクス・ガブリエル　清水一浩訳
「東洋」哲学の根本問題　斎藤慶典
言葉の魂の哲学　古田徹也
実在とは何か　ジョルジョ・アガンベン　上村忠男訳
創造の星　渡辺哲夫
いつもそばには本があった。　國分功一郎・互　盛央
創造と狂気の歴史　松本卓也
「私」は脳ではない　マルクス・ガブリエル　姫田多佳子訳
AI時代の労働の哲学　稲葉振一郎
名前の哲学　村岡晋一

「心の哲学」批判序説　佐藤義之
贈与の系譜学　湯浅博雄
「人間以後」の哲学　篠原雅武
自由意志の向こう側　木島泰三
自然の哲学史　米虫正巳
夢と虹の存在論　松田　毅
クリティック再建のために　木庭　顕
AI時代の資本主義の哲学　稲葉振一郎
ときは、ながれない　八木沢　敬
非有機的生　宇野邦一
なぜあの人と分かり合えないのか　中村隆文
ポスト戦後日本の知的状況　木庭　顕
身体と魂の思想史　田中新吾
黒人理性批判　アシル・ムベンベ　宇野邦一訳
考えるという感覚／思考の意味　マルクス・ガブリエル　姫田多佳子・飯泉佑介訳
誤解を招いたとしたら申し訳ない　藤川直也

講談社選書メチエ　社会・人間科学

MÉTIER

日本語に主語はいらない　金谷武洋
テクノリテラシーとは何か　齊藤了文
どのような教育が「よい」教育か　苫野一徳
感情の政治学　吉田　徹
マーケット・デザイン　川越敏司
「社　会《コンヴィヴィアリテ》」のない国、日本　菊谷和宏
権力の空間／空間の権力　山本理顕
地図入門　今尾恵介
国際紛争を読み解く五つの視座　篠田英朗
易、風水、暦、養生、処世　水野杏紀
丸山眞男の敗北　伊東祐吏
新・中華街　山下清海
ノーベル経済学賞　根井雅弘編著
日本論　石川九楊
丸山眞男の憂鬱　橋爪大三郎
危機の政治学　牧野雅彦
主権の二千年史　正村俊之

機械カニバリズム　久保明教
暗号通貨の経済学　小島寛之
電鉄は聖地をめざす　鈴木勇一郎
日本語の焦点　日本語「標準形《スタンダード》」の歴史　野村剛史
ワイン法　蛯原健介
MMT　井上智洋
手の倫理　伊藤亜紗
現代民主主義　思想と歴史　権左武志
やさしくない国ニッポンの政治経済学　田中世紀
物価とは何か　渡辺　努
SNS天皇論　茂木謙之介
英語の階級　新井潤美
目に見えない戦争　イヴォンヌ・ホフシュテッター　渡辺　玲訳
英語教育論争史　江利川春雄
人口の経済学　野原慎司
「社会」の底には何があるのか　菊谷和宏
楽しい政治　小森真樹

講談社選書メチエ　宗教

MÉTIER

「私」とは何か　浜田寿美男
記号創発ロボティクス　谷口忠大
知の教科書 フランクル　諸富祥彦
来たるべき内部観測　松野孝一郎
「こつ」と「スランプ」の研究　諏訪正樹
意思決定の心理学　阿部修士
フラットランド　エドウィン・A・アボット　竹内 薫訳
母親の孤独から回復する　村上靖彦
こころは内臓である　計見一雄
AI原論　西垣 通
魅せる自分のつくりかた　安田雅弘
「生命多元性原理」入門　太田邦史
なぜ私は一続きの私であるのか　兼本浩祐
養生の智慧と気の思想　謝心範
記憶術全史　桑木野幸司
天然知能　郡司ペギオ幸夫
事故の哲学　齊藤了文

アンコール　ジャック・ラカン　藤田博史・片山文保訳
インフラグラム　港 千尋
ヒト、犬に会う　島 泰三
発達障害の内側から見た世界　兼本浩祐
実力発揮メソッド　外山美樹
とうがらしの世界　松島憲一
快楽としての動物保護　信岡朝子
南極ダイアリー　水口博也
ポジティブ心理学　小林正弥
地図づくりの現在形　宇根 寛
第三の精神医学　濱田秀伯
機械式時計大全　山田五郎
心はこうして創られる　ニック・チェイター　高橋達二・長谷川 珈訳
現代メディア哲学　山口裕之
恋愛の授業　丘沢静也
人間非機械論　西田洋平
〈精神病〉の発明　渡辺哲夫